조선족주말학교
운영방식 모색
10년

조선족주말학교
운영방식 모색
10년

박창근 지음

- 우리말글 배움의 요람
- 전통문화 전승의 거점
- 글로벌 경쟁력 함양의 장
- 민족정체성 수호의 보루

學古房

올해는 화동조선족주말학교 개교 10돌이다. 이 주말학교가 10년이나 살아 왔음에 감개무량하다. 대학교에서 학문을 한답시고 공부를 열심히 하여 머리속에 지식도 적지 않게 쌓아두었었는데 지난 10년 동안 조선족 어린이 한글 교육을 하노라니 배워놓은 많은 지식들은 머릿속 한 구석에서 달콤히 잠자게 되었다고 할 수 있겠다. 아마도 그것들이 편안히 잠을 잔 덕분에 내가 덜 자도 괜찮았나 보다.

시스템학 연구를 하다가 한국학 연구를 시작할 때 나는 한국학 연구를 10여년이나 하리라고는 생각하지 않았었다. 이와는 달리 조선족주말학교를 시작할 때 나는 이 일은 결코 몇 년 하고 그만 둘 일이 아님을 잘 알고 있었다. 하지만 "한글 가르치기"보다 "한글 가르치기"를 위해 해야 할 일이 몇 배 되리라고는 생각하지 못하였다. "교장"을 하면서 교장 본연의 업무보다 교장 본연의 업무를 완수하기 위한 일들을 더 많이 해야 한다는 것을 심심히 느꼈다.

나는 허울이 "교장"이지 누가 임명한 것도 선거를 통해 당선된 것도 아니다. 그냥 교사들과 학부모들이 그렇게 부른 것 같고 나도 편의를 위해 그렇게 받아들인 것 같다. 하지만 아직도 그들이 나를 "교수"라고 부르면 마음속으로는 더 편하다. 사실상 전임(專任) 직원이 단 한 명도 없는 이 학교에서 나는 거의 모든 종류의 일을 다른 분들과 함께 하지 않으면 안 된다. 학생 모집, 교사 모집, 교실 임차, 교학 안배, 교실 청소, 교과서 주문, 도서 정리, 재무관리, 책걸상 구입, 책장 구입과 조립 등등, 닥치는 대로 하지 않을 수 없다. 어떤 교실은 임차하여 실내장식을 간단히 하기도 했는데 부족한 데가 있으면 내가 직접 손질하기도 했다. 이루 다 말할 수 없다.

아마 그중에서 도서관 "이사"가 제일 힘들었던 것 같다. 나는 어려서 부터 책 모으기를 책 읽기만큼이나 좋아했다. 내가 이사할 때 가장 힘든 것이 책을 옮기는 일이었다. 주말학교를 하면서 도서관이 있어야 되겠다고 생각하여 공간을 하나 마련해 놓고는 "상하이조선족어린이도서관"이란 거창한 이름으로 호칭하기도 하였다. 도서관 정관도 근사하게 만들어 놓았지만 제대로 시행해 본 적은 없다. 2012년부터 시작된 도서관은 떠돌이 신세다. 양푸 - 민항 - 숭장(4차) - 쟈딩, 이렇게 거의 해마다 1회씩 "이사"한 셈이다. 도서관은 교실로도 이용되기에 "이사"할 때마다 한글 도서 1만 권(초기에는 수백 권, 얼마 지나지 않아 수천 권, 현재는 1만여 권)에 책장, 책궤, 책상, 걸상, 그리고 기타 사무 용품들을 옮기고 또 옮긴다는 것은 정말 말장난이 아니었다. 언젠가는 이 도서들을 어찌할까 잘 검토해 봐야 할 것 같다.

도서관 공간에서 주말에는 수업도 하였기에 모종 의미에서는 도서관의 역사가 바로 우리 주말학교의 역사이기도 하였다. 지난 10년간 나는 책을 읽고 글을 쓸 시간이 별로 없었다. 초기에는 학교 규모가 작아서 그래도 여유 시간이 좀 있었는데 5-6년 전부터는 정말 시간이 없었다. 개교 10돌을 맞아 10년간에 쓴 주말학교 관련 글을 모아 책으로 엮는 일은 아주 쉽게 될 수 있으리라 생각하고 착수하였는데 정작 하면서 보니 곤란이 적지 않았다. 우선, 자료 수집, 특히 개교 초기에 쓴 글을 모으기가 쉽지 않았다. 둘째, 교사연수회 등에서의 강의 자료 중 미완성고는 문집에 수록하지 않는 것이 좋겠다고 판단되었다. 셋째, 생각과는 달리, 쓴 글이 적지 않음을 발견했다. 넷째, 눈앞에 놓여 있는 학교 사무를 수시로 처리해야 하기에 문집 편집에 할애할 수 있는 시간이 제한되어 있다.

그래서 이 문집은 그냥 쉽게 손이 닿는 자료들을 시간 순서에 따라 엮어놓은 것이다. 마음속으로 "향후 시간이 있으면 자료를 모두 수집하여 더 완전한 문집을 만들면 되지."라고 생각할 때도 있지만 지금 내 나이에 이런 말을 한다는 것은 오히려 독자들에 대한 불경이라 생각되기도 한다. 이 문집을 만들게 된 동기는 단순하다. 즉 지난 일들을 회고하면서 향후 노력 방향, 방법과 수단을 찾아보려는 것이다.

중국의 광활한 대지에서 일정한 규모의 산재지역 조선족인들이 하나의 사회를 구성함에 있어서, 그리고 조선족 "모임"이 하나의 사회로 존속함에 있어서 조선족주말학교 교육은 하나의 핵심 요인으로 작용할 수 있다. 조선족인들 간의 정치적 · 경제적 · 사회적 관계가 점차 소원화되는 현실에서 조선족 사회의 구성은 전통 문화 및 언어 · 문자적 요소에 더욱 많이 의존하지 않을 수 없게 되는데 전통 문화 및 언어 · 문자의 전승은 교육에 의해서만 가능하다. 조선족 가정교육, 조선족 사회교육, 조선족 학교교육 중에서 조선족 사회의 형성과 존속에 가장 큰 기여를 할 수 있는 것은 조선족 학교교육이다. 조선족 학교교육이라면 전일제 교육을 우선시할 수도 있는데 현실을 보면 향후 산재지역에 전일제 조선족 학교를 세운다는 것은 그 가능성이 이제 더욱 희박하게 되었다. 그러므로 여기서 말하는 조선족 학교교육은 체계화된 조선족 주말학교 교육, 또는 체계화된 조선족 비정규 교육을 가리킨다. 향후 조선족 주말학교 교육을 중심으로 조선족 비정규학교 교육, 조선족 가정교육과 조선족 사회교육이 유기적으로 결합될 경우 조선족인들은 산재지역에서도 디아스포라를 형성하여 조선족 정체성을 보전하면서 살아갈 수 있을 것이라 전망해 본다. 현재의 한반도와 중국 동북지역을 발원지로 하는 우리민족이 중국 강남지역에서 민족사회의 형성과 발전을 운운하는 것은 우리민족의 위대한 생명력을 보여주는 한 대목이라고도 할 수 있겠다.

　현재 중국 각지에서 조선족 주말학교가 적지 않게 설립 운영되고 있다. 현 단계에서 중요한 것은 다양화이다. 각지 실정에 걸맞은 주말학교가 각지에 설립되는 것이 바람직하다. 화동조선족주말학교는 호 · 소 · 절(상하이 · 강소성 · 절강성)에 설립된 조선족 주말학교이다. 만약 이 문집이 강남 조선족의 주말학교 발전에 도움 될 뿐만 아니라 중국 기타 지역에서 조선족 주말학교를 세우고 운영해 보려는 분들에게 조금이라도 도움이 된다면 나에게는 보람 있게 느껴질 것이다.

지난 10년간 나는 별로 쉬지 않았다. 그냥 일하였다. 나에게는 그것이 삶의 재미였다. 그러나 화동조선족주말학교가 오늘의 규모로 성장한 것은 결코 나 개인의 노력에 의한 것이 아니다. 이 기회를 빌어 지난 10년간 강남 조선족 어린이들의 우리말글과 전통문화 교육에 노력한 모든 교사들에게, 제2의 담임교사로서 기여한 모든 학부모들에게, 여러 모로 우리학교를 성원하고 후원한 모든 개인과 단체들에 충심으로 깊은 사의를 표한다. 여러분의 노력으로 화동조선족주말학교의 지난 10년이 있었다면 화동조선족주말학교의 향후 10년도 여러분의 노력과 기여와 성원과 후원이 있어야만 가능하리라 생각된다.

우리의 원정은 10년 전에 이미 시작되었다. 우리는 이미 우리가 선택한 목표를 향해 10년간 걸었다. 향후 우리는 계속 걸어 나가야 한다. 어디로? 앞으로! 길은? 우리의 발자국이 모이면 길이 된다!

2021년 3월 1일
박창근

목 차

복단구시연수학원
조선어반 개학식에서의 발언

2011년 9월 17일

존경하는 왕충도 원장님, 동요종 부원장님,
존경하는 전문가, 학자, 귀빈, 학부모님들,
사랑하는 어린이들,

안녕하십니까!

우선, 저는 복단구시연수학원 조선어반을 대표하여 오늘 개학식에 참석하신 학원 정·부 원장님께 충심으로 경의와 사의를 표합니다! 동시에 오늘 의식에 참석하신 전문가, 학자, 귀빈, 학부모와 학생들에게 깊은 사의를 표합니다!

아울러 저는 여기서 복단구시연수학원, 상하이 양푸구 교육국과 길림성 연변조선족자치주 교육국에 대한 우리의 감격의 마음을 담아 열렬한 박수로 상하이 복단구시연수학원 조선어반이 정식 설립되었음을 축하할 것을 제의합니다!

우리는 영원히 잊을 수 없습니다. 그 악독한 일본 제국주의 침략자들이 한반도와 중국 동북지역을 점령하였던 시기에 한반도와 중국 동북지역 조선인들은 자기의 언어와 문자를 사용할 권한을 박탈당하였었습니다. 1945년 항일전쟁의 승리와 1949년 중화인민공화국의 성립 이후 중국 조선족은 자기의 언어와 문자를 사용할 권리와 자유를 되찾게 되었습니다.

저는 미국, 러시아와 일본을 방문하여 거기 한인들의 민족 언어와 문자 사용 상황을 알아 본 적이 있습니다. 저는 추호의 부풀림도 없이 세계상의 700만 해외 각국 동포 중 오늘 현재 우리말글을 아는 인구가 제일 많은 것이 중국 조선족이고 우리말글 평균 수준이 제일 높은 것도 중국 조선족이라고 말할 수 있습니다.

그런데 오늘날 상황은 급변하고 있습니다. 중국 개혁개방의 발전으로 중국 조선족 사회는 급격한 변화가 발생하고 있습니다. 중국 조선족은 전통 농업사회에서 현대 공업사회 · 현대 정보사회로 급격히 전환하고 있고, 수많은 조선족인들이 기존 집거지역을 떠나 세계 각국으로, 전국 각지로 이동하고 있습니다. 불완전한 통계에 의해서도 현재 재한 중국 조선족 인구는 40만 명이고, 재미 · 재일 · 재타국 중국 조선족 인구는 20만 명, 그리고 중국 국내에서 기존 집거지역을 떠나 연해 일대 등 새터로 이동한 조선족 인구는 50만 명에 달합니다.

그리하여 연변조선족자치주와 중국 동북지역 조선족 집거지역의 수많은 조선족학교는 학생이 없어 문을 닫게 되었고, 새터로 이전한 조선족은 아직 자기의 민족교육기관과 기제를 수립하지 못하여 그 자녀들이 자기 민족 언어 문자의 제도화적 교육을 받지 못하고 있습니다. 결국 자기의 언어 문자를 말할 줄도, 들을 줄도, 쓸 줄도 모르는 새로운 세대의 조선족인이 양산되고 있습니다.

이러한 상황을 개변하기 위하여 상하이 각계 조선족 인사들은 오랫동안 끊임없이 노력하여 왔습니다. 오늘 복단구시연수학원 조선어반의 설립은 상하이 조선족이 장기간 노력한 결과이고, 복단구시연수학원과 양푸구 교육국의 올바른 의사결정의 결과이며, 또한 연변조선족자치주 교육국에서 적극 관심하고 열정적으로 지지한 결과입니다. 이로써 상하이 조선족은 반(半)제도화한, 주말학교 성격의 자기 민족 언어 문자 교육기관이 있게 되었습니다. 우리는 이 기회를 소중히 여기고 이 플랫폼을 소중히 여겨야 합니다. 동시에 우리는 계속 노력하여 조선족 자녀들을 위한 더욱 많고 더욱 다양한 우리말글 교육기관과 교육기제를 만들어야 합니다.

여러분,

이러한 목표를 달성하기에는 곤란이 적지 않습니다. 정부와 학원의 관심과 지도는 불가결합니다. 우리의 노력도 대단히 중요합니다. 여기서 저는 자문 전문가, 담임교사, 학부모과 학생들에게 몇 가지 제안을 하려 합니다. 첫째, 자문 전문가 여러분이 교학 상황을 수시로 살펴 실황에 부합되는 제안과 의견을 제출하기 바랍니다. 둘째, 담임교사들이 참답게 책임지고 적극적으로 모색하여 주말학교 우리말글 교육에 걸맞은 새 방안을 개발하기 바랍니다. 셋째, 학부모들이 담임교사들과 잘 협력하여 제2의 교사, 또는 가정교사의 역할을 잘 하기 바랍니다. 마지막으로 여러 어린이들이 학습 중 우리말글에 대한 취미를 함양하고 유쾌한 분위기 속에서 우리말글을 배우기 바랍니다. 꼬마 친구들 잊지 맙시다. 상하이 조선족의 다음 세대가 우리의 말글을 전승할 수 있는가 하는 것은 여러분들에 의해 결정됩니다. 여러분들 노력하세요. 어린이들은 이것이 무슨 말인지 모를 수 있지만 이 자리에 있는 학부모들은 잘 알리라고 생각합니다.

마지막으로 저는 학원 정·부 원장님께 조선어반 전체 인원들은 법규를 잘 지키고 열심히 공부하여 조선어반을 복단구시연수학원의 우수학급으로 만들기 위해 노력할 것을 다짐합니다.

고맙습니다.

[당시는 중국어로 발표]

복단구시연수학원
메이룽거점 조선어반 개학식에서의 발언

2011년 11월 5일

존경하는 이계발 주임,

존경하는 전문가, 학자, 귀빈, 교사, 학부모 여러분,

사랑하는 어린이들,

우선, 저는 복단구시연수학원 메이룽거점 조선어반을 대표하여 오늘 이 개학식에 참석하신 복단구시연수학원 이계발 주임에게 경의와 사의를 표합니다! 그리고 오늘 이 개학식에 참석하신 전문가, 학자, 귀빈, 교사와 학부모들에게 깊은 사의를 표합니다!

저는 우리 모두가 상하이 양푸구 교육국, 민항구 교육국과 길림성 연변조선족자치주 교육국, 그리고 복단구시연수학원, 메이룽문화체육 중심 및 지역 학교에 대한 감격의 마음을 담아 열렬한 박수로 복단구시연수학원 메이룽거점 조선어반의 정식 설립을 충심으로 축하할 것을 제의합니다.

이 반의 설립을 위해 지난 수개월간 꾸준히 노력하신 박철 변호사, 박국동 사장, 김창석 지사장, 권진희 선생님 등 분들에게도 깊은 사의를 표합니다.

오늘부터 우리는 상하이조선족주말학교 복단반, 푸둥반과 메이룽반이 3개의 우리말 교육 거점을 갖게 되었습니다. 특히 메이룽반의 설립은 중요한 의미가 있다고 생각됩니다. 왜냐하면 민항구와 숭쟝구는 상하이 조선족 인구가 가장 집중되어 있는 지역이기 때문입니다. 오늘

은 학생이 10명이지만 향후 점차 많아지리라고 믿습니다.

학부모 여러분,

여러분은 자녀들의 우리말 교육을 위하여 이 자리에 모였습니다. 그러므로 여러분은 우리말 학습의 중요성을 잘 알고 있으리라고 생각되지만 아래의 몇 가지는 강조하고 싶습니다.

우리말은 우리민족의 고유 언어입니다. 우리민족은 유구한 역사를 지닌 민족이고 우리말은 유구한 역사가 있는 언어입니다. 우리말은 우리민족 정체성의 불가결의 요소이므로 우리말이 없는 우리민족은 상상할 수 없습니다. 때문에 우리말을 잘 배워야 한다는 것은 너무나도 자명한 일입니다.

우리말은 날로 그 사용인구가 많아지고 있습니다. 세계상의 수많은 언어들은 점차 소멸되고 있습니다. 현존하는 6천여 개의 언어 중 평균 2주에 하나씩 소멸된다는 말도 있습니다. 하지만 우리말의 사용인구는 증가하여 현재 8000만 명, 세계 10위권에 육박하고 있습니다.

우리말은 그 쓸모가 날로 커져가는 언어입니다. 지난 50년간 한국의 비약적인 발전으로 우리말의 세계적 위상은 전례 없이 높아졌습니다. 미국에서는 우리말이 5번째 중요 언어로 간주된다는 말이 있으며, 2007년 우리말은 국제특허조약 공식 언어 10개 중의 하나가 되었습니다. 중한 무역관계만 보아도 한국어가 얼마나 유용한가를 알 수 있습니다. 중한 무역액은 1991년 44억불이었는데, 2010년에는 2000억불을 넘었고, 2015년이면 3000억불을 상회할 전망입니다. 우리의 다음 세대가 우리말을 모른다는 것은 중국 조선족이 이 거대한 시장을 포기한다는 것, 또는 이 시장에서 밀려난다는 것을 의미합니다. 이 얼마나 유감스러운 일이겠습니까.

언어학적으로 한글은 아주 선진적인 문자로 평가되고 있습니다. 문자는 보통 표의 문자, 음절 문자, 음소 문자 이 3가지로 나뉩니다. 구조적으로 물론 음소문자가 가장 선진적이라 할 수 있는데 다른 음소 문자와 비교할 때에도 한글은 아주 선진적인 문자로 평가되고 있습니다. 컴퓨터에서 영어 자판과 한국어 자판의 자모 배열 구조를 비교하면 한글은 컴퓨터에서 사용하기도 매우 편리한 문자라는 것을 알 수 있습니다.

그리고 우리는 우리말을 배우기에 비교적 좋은 환경에서 살고 있다는 것을 망각하지 말아야 합니다. 저는 미국, 러시아, 일본 등 국가들을 방문하였을 때 거기서 살고 있는 우리민족 구성원들의 우리말 사용 상황을 알아보기도 하였습니다. 그 결과, 중국 조선족은 다른 국가들에 사는 우리민족 구성원들보다 우리말과 우리글을 잘 한다는 것을 알 수 있었습니다. 우리는 우리 정부의 소수민족 정책에 감사해야 합니다. 가장 중요한 것은 우리말을 자자손손 잘 배워 나가는 실제 행동으로 감사드리는 것입니다.

물론 우리는 연변과 동북지역 수많은 조선족 학교가 폐교되고 우리말을 모르는 조선족 신세대가 형성되고 있다는 것도 잘 알고 있습니다. 상하이도 마찬가지입니다. 가장 중요한 원인은 수많은 중국 조선족 구성원들의 연변 등 공동체로부터의 이탈입니다. 중국 조선족 인구는 200만 정도인데, 그 중 약 40만 명이 한국에 가 있고, 약 20만 명이 미국, 일본 등 기타 외국에 가 있으며, 약 50만 명이 연변과 동북지역을 떠나 연해지역으로 이동하였습니다.

예를 들면, 상하이만 봐도 지난 20여 년간 조선족 인구가 급증하여 왔습니다. 1953년에 35명이던 상하이 조선족 인구는 1964년에는 245명, 1982년에는 462명으로 증가하였습니다. 1980년대에 별로 빨리 증가하지 않던 상하이 조선족 인구는 1990년대에 급속도로 증가하여 1990년의 734명으로부터 2000년의 5120명, 2010년 11월의 22257명으로 증가하였습니다. 그러나 이는 전 상하이 상주인구의 0.1%도 안됩니다. 즉 1000명 중 1명도 안된다는 말입니다. 그리고 상하이에는 아직 조선족인들의 조선어 학습을 위한 교육기관이 거의 없는 상황입니다. 결국 상하이에서 태어나서 상하이에서 자란 애들은 우리말을 알 수 없게 된 것입니다.

그럼 과연 속수무책인가?

그렇지도 않습니다. 중요한 것은 마음가짐과 노력입니다. 우리 자신이 해야 합니다. 지난 반 년 간 조선족 주말학교를 만드느라고 하여 좀 알게 되었는데 정부에서는 결코 반대하지 않습니다. 이전에 안 된 것은 우리의 노력이 부족해서였습니다.

우리는 계속 노력하여야 합니다. 여기서 저는 구체적 학습 방법을 몇 가지 제시해 보고자 합니다.

자녀를 우리말 주말학교에 보내는 것은 정확한 선택입니다. 언어는 그 언어를 사용하는 여러 사람들이 모이는 환경이 있어야 잘 배울 수 있습니다. 복단대 한국어학과 교수가 자기의 자녀를 저희 조선어주말학교에 보내는 이유가 바로 여기에 있습니다.

부부간에 되도록 우리말을 쓴다면 자녀들의 우리말 학습에 대단히 도움이 됩니다. 외국어 학습에서 제일 힘든 것이 듣기입니다. 때문에 이제부터는 자녀들을 위해서라도 부부간에 우리말을 써야 할 것입니다.

자녀들과도 우리말을 써야 합니다. 애들은 유치원에 다니면서부터 부모와 중국어를 사용하기 좋아합니다. 그렇더라도 여러분은 애들과 우리말을 하기 바랍니다. 그러면 애들의 우리말 듣기 능력뿐만 아니라 통역능력도 높아집니다. 특히 중국어를 잘 못하시는 할아버지, 할머니들은 손녀, 손자들에게서 그 어려운 중국어를 배우시느라 할 필요가 없습니다. 우리말로 애들과 대화하기 바랍니다. 상하이에서 살면서 애들이 중국어를 잘 배우지 못할까봐 걱정할 필요는 없습니다.

애들에게 우리말 그림책을 읽어주는 것이 좋습니다. 매우 피곤한 일일 수도 있지만 이것은 매우 좋은 방법입니다. 애들도 처음에는 습관되지 않겠지만 좀 지나면 날마다 책을 몇 권씩 안고 와서 읽어 달라고 할 것입니다. 물론 한 권도 다 듣지 못하고 콜콜 코를 골면서 잘 때가 많기에 별로 큰 부담이라고 생각하지 않아도 괜찮을 것입니다.

"하루 한 단어" 또는 "하루 한 마디" 식으로 가르치는 것도 좋은 방법입니다. 달력을 사용하면 편리합니다. 중요한 것은 견지하는 것입니다. 1년만 견지해도 대단합니다. 10년만 견지하면 대성공입니다. 그리고 이 방법을 이용하여 영어와 한국어를 동시에 애들에게 가르쳐도 좋습니다.

집안의 가구들에, 특히 애들이 쓰는 가구들에 우리말을 적어놓는 것도 좋은 방법입니다. 저는 50여 년 전 연변에서 문맹퇴치운동을 할 때 이러한 방법을 사용하는 것을 본 적이 있습니다.

언어학습에서 중요한 것은 반복입니다. 애들은 같은 말을 반복하는 것을 싫어하지 않습니다.

한국 방송을 듣거나 드라마를 보는 것도 좋은 방법입니다.

그 외에도 방법이 많습니다. 위에서도 말했지만 가장 중요한 것은 마음가짐과 노력입니다. 우리는 보통 외국어 수준은 배우는 데에 이용한 시간과 정비례한다고 말합니다.

마지막으로 저는 여러 자문 전문가, 담임교사, 학부모와 학생들에게 아래와 같이 제안하고 싶습니다. 우선, 여러 전문가들이 수업 현황을 잘 파악하고 실제에 부합되는 제안과 의견을 제출하기를 바랍니다. 둘째, 여러 담임 선생님들이 참답게 책임지고 적극적으로 모색하여 주말학교 우리말 교육에 걸맞은 새로운 교육 방식을 개발하기를 바랍니다. 셋째, 학부모들이 담임교사와 잘 협력하여 제2의 담임교사, 또는 가정교사의 역할을 하시기 바랍니다. 마지막으로 학생들이 학습 중에서 취미를 키우고 유쾌한 분위기 속에서 우리말을 배우기 바랍니다.

꼬마 친구들, 기억하세요, 상하이 조선족의 다음 세대가 우리의 말과 글을 전승해 나갈 수 있는가 하는 것은 친구들에 의해 결정된다는 것을. 노력하세요. 애들이 이런 말이 무슨 뜻인지 모를 수도 있지만 학부 모님들은 다 알고 있으리라 생각됩니다.

너무 많이 말한 것 같은데 감사합니다.

[2012년 3월 10일 소주주말학교 설립식에 참석하여서도 필자는 위와 같은 내용의 발언을 하였다.]

상하이조선족주말학교 복단반·푸둥반
새해맞이 모임 개회식에서의 발언

2012년 1월 7일

존경하는 왕충도 원장님, 동요종 부원장님, 이계발 주임님,
존경하는 전문가, 학자, 기업계 인사들,
존경하는 교사, 학부모, 그리고 사랑하는 어린이들,

우선, 왕 원장님의 오늘 모임 참석에 깊은 사의를 표합니다. 복단구
시연수학원 조선어반 설립은 2011년 9월 8일 왕 원장과 제가 "合作办
学协议书"에 서명하여 확정한 것입니다.

그 전후 부원장 동요종 교수와 이계발 주임 등은 이 조선어반 설립
을 위해 많은 일들을 하였습니다. 양푸구 교육국의 동의를 거쳐 정식
으로 설립 운영한 후 학원에서는 저희들에게 많은 편의를 제공하였습
니다.

우리는 복단구시연수학원 조선어반은 상하이 역사에서 처음으로 정
부 교육부문의 정식 동의하에 설립된 조선족 자녀들의 조선어 학습을
위한 교육 단위라는 것을 알아야 합니다.

현재 중요한 것은 어떻게 이 조선어반을 잘 운영하는가 하는 문제입
니다. 이는 하나의 아주 특수한 학급으로서 많은 특수성을 갖고 있습
니다. 이 반을 어떻게 운영할 것인가? 선례가 별로 없어 우리가 모색해
야 합니다. 즉 돌을 더듬어 가며 강을 건너야 합니다.

한 학기를 시험적으로 운영해 보았습니다. 저는 교사, 학부모, 학생
등으로부터 상황을 조사하여 이 반이 어떠하였는가, 앞으로 어떻게

하겠는가를 검토하겠습니다. 비록 여러 가지 평가가 있지만 총적으로는 '이것은 하나의 양호한 시작이고 아주 의미 있는 시험'이라는 것을 인정합니다. 반드시 견지하여 우리의 자녀들이 상하이라는 초대규모 도시의 교육질서에 적응하면서 자기의 민족 언어인 조선어를 습득할 수 있는 실행 가능한 방안을 개발해야 합니다. 저는 여러 전문가들과 학부모들이 이 문제를 잘 고려하여 좋은 제안을 내놓기 바랍니다.

이것이 제가 얘기하려는 첫째 문제입니다.

다음으로 오늘은 송구영신 모임입니다. 올 1월에는 원단도 있고 춘절도 있습니다. 원단은 이미 지나갔고 춘절은 머지않습니다. 어떤 분들은 상하이에서 설을 쇠고 어떤 분들은 고향에 돌아가서 설을 쇠게 됩니다. 어디에서든지 설을 잘 쇠기 바랍니다. 여러분이 새해에 건강과 행운이 함께 하시고 복 많이 받으시길 기원합니다!

고맙습니다.

상하이조선족주말학교
룽바이반 개학식에서의 발언

2012년 3월 3일

안녕하십니까?

작년 9월 17일 오전에 복단구시연수학원 조선어반이 개설되었고, 그날 오후에 푸둥 조선어반이 개설되었습니다. 그리고 11월 5일에는 메이룽반이 개설되었습니다.

오늘은 2012년 3월 3일, 룽바이반이 개설됩니다. 제가 조선어반 설립을 추진하여 네 번째로 설립되는 조선어반입니다. 이제 3월 10일에는 수저우 조선족 주말학교가 설립됩니다.

앞으로도 계속하여 조선어반 설립을 밀고 나갈 것입니다. 제가 이렇게 이 일에 집착하는 이유는 간단합니다. 우리민족의 일은 우리 자신이 앞장서서 추진하여야 합니다. 누가 와서 도와주리라고 기다려서는 안 됩니다.

수많은 정규 대학교의 한국어 학과와 비정규 학교의 한국어 반들이 중국인들의 한국어 공부에 기여하고 있습니다. 중국 각지에 설립된 수많은 한국인 학교와 한국인 주말학교가 재중국 한국인들의 한국어 학습에 기여하고 있습니다.

그런데 우리 산재지역 조선족들을 위한 학교나 학원은 어디에 있습니까? 우리의 자녀들은 어디에서 우리말을 배워야 합니까? 보이지 않습니다.

그냥 정부에서 학교를 만들어 줄 것을 기다리고만 있어야 합니까? 아닙니다. 우리 자신이 학교를 만들고 우리말을 가르쳐야 합니다. 이는 우리 자녀들에게도 좋고 정부의 부담도 덜 수 있는 아주 현명한 방법입니다.

그냥 한국인들이 우리 조선족을 지원하여 우리말 공부를 시킬 것을 기다려야 합니까? 아닙니다. 우리 자신이 해야 합니다. 우리 자신이 할 수 있습니다.

제가 일관적으로 유료 조선어반을 주장하는 원인이 바로 여기에 있습니다.

우선 우리민족의 정체성은 우리 자신이 지켜야 합니다. 우리 자신의 자주적 · 자조적 노력에 의하여 고수하는 정체성만이 진정한 정체성입니다. 때문에 우리는 우리의 자각에 의하여 자녀의 우리말 교육에 책임져야 합니다.

다음으로 우리 자녀들의 우리말 교육은 남을 위한 것이 아니라 우리의 자녀를 위한 것입니다. 즉 우리의 자녀들이 우리말을 알도록 노력하는 것은 우리의 자녀들을 위한 투자입니다. 중한 양국은 연간 무역액 3000억불 목표를 향하여 노력하고 있습니다. 3000억불입니다. 어마어마한 시장입니다. 이렇게 방대한 시장의 형성을 위하여 중국 조선족은 너무나 큰 기여를 하였습니다. 가령 조선족의 참여가 없었더라면 이렇게 큰 시장은 20여 년간에 형성될 수 없습니다.

그런데 지금의 현실을 보십시오. 자녀들을 보십시오. 자녀들이 우리말을 아는가, 어느 정도 아는가를 보십시오. 우리의 다음 세대는 중한 무역이란 이 큰 시장에서 밀려나게 됩니다. 왜냐하면 조선족 외의 수많은 중국인들이 한국어를 열심히 배우고, 또 수많은 한국인들이 중국어를 열심히 배우기 때문입니다.

향후에는 중국어와 한국어에 익숙한 수많은 인재들이 중국과 한국에서 양성됩니다. 중국 조선족은 지금 상태로 살다가는 자기의 언어를 상실하고 민족 정체성을 상실할 뿐만 아니라 중한 시장이라는 거대 시장에서도 밀려나게 됩니다.

우리 자녀들의 우리말 교육은 남을 위한 일이 아니라 우리 자신을 위한 일이기도 합니다. 언젠가 한 학부모가 집의 애가 주말학교에서 우리말을 배우더니 집에 와서 자기를 "아버지~"라고 부르더란 거예요. 이 부모는 이 말을 듣고 처음으로 "아버지"가 된 듯 하더란 겁니다. 그전에는 애가 그냥 "빠빠"라고 하여 자기의 아들이 자기를 부르는 것 같지 않더라는 것입니다. 이러한 감정은 돈으로 살 수 있는 것이 아닙니다.

얼마 전에 한설매 선생님한테서 그가 다닌, 100년의 역사를 가진 조선족 학교가 폐교되었다는 얘기를 들었습니다. 얼마나 가슴 아픈 일입니까? 우리는 어떻게 해서든지 이러한 상황이 지속되도록 방치할 수 없습니다.

우리는 돈으로 우리의 물질생활을 부유하게 할 수 있습니다. 그러나 우리의 민족 정체성은 돈으로 살 수 있는 것이 아닙니다. 우리의 문화를 돈으로 살 수 있는 것이 아닙니다. 우리의 전통 풍습을 돈으로 살 수 있는 것이 아닙니다.

우리는 애들에게 우리말을 가르치고 우리 문화를 전승케 하고 우리의 풍습을 보전토록 하여야 합니다.

2010년 제6차 인구통계에서 상하이에서 살고 있는 조선족 상주인구가 22257명이라는 것이 밝혀졌습니다. 그러므로 상하이에는 수천 명의 조선족 어린이들이 살고 있는 것입니다. 그중 과연 우리말을 제대로 구사하는 애들이 얼마나 될까요? 때문에 계속 노력하여 주말학교를 더욱 많이, 더욱 잘 만들어야 합니다.

마지막으로 상하이 조선족 주말학교 설립과 운영, 강의에 힘쓰신, 그리고 현재도 힘쓰시는 모든 분들에게 감사를 드립니다. 그리고 바쁘신 와중에도 애들의 우리말 공부 때문에 휴일도 쉬지 못하시는 여러 학부모님들에게 경의를 표합니다.

우리 모두 함께 우리 자녀들의 미래를 위하여, 우리민족의 미래를 위하여 손에 손을 잡고 분투할 것을 제의합니다.

고맙습니다.

복단구시연수학원 조선어반 설립 1주년 기념 및
제1회 상하이 조선족 어린이 장기자랑 모임 개회사

2012년 7월 14일

이 기회에 저는 아래의 3가지에 대하여 말씀드리겠습니다.

우선, 복단구시연수학원 조선어반의 책임자로서 학부모들과 담임교사들이 준비위원회의 인솔 하에 이렇게 성대한 행사를 조직한 데에 진심으로 감사드립니다! 동시에 다망함에도 시간을 타서 오늘 행사에 참석하신 동요종 복단구시연수학원 부원장과 리계발 선생에게 충심으로 감사드립니다! 그리고 장연호 교수 등 교육계 친구들, 이양근 회장 등 기업계 친구들, 전철학 교수 등 중국조선족과학기술자협회 회원들, 박철 사무국장 등 중국조선족과학기술자협회 상하이 후원회 회원들, 김창석 연변인민출판사 상해지사장, 나영은 상하이 민항구 홍쵸진 진달래 예술단 총감, 전은종 흑룡강일보사 특약기자 등 각계 친구들에게 정성어린 사의를 표합니다! 또한 오늘 행사에서 장기를 과시할 어린이들에게 사의를 표합니다.!

다음으로, 자기 민족 언어를 배우려는 상하이 조선족 자녀들을 위하여 주말학교 성격의 조선어반을 설립한 우리의 노력방향은 어린이들로 하여금 "배울 데가 있고, 집 가까이에서 배우고, 배움의 효과가 있도록" 하는 것입니다. 여기서 "배울 데가 있도록" 하는 것은 이미 초보적으로 실행하였습니다. "집 가까이에서 배우도록" 하는 것은 바로 추진하고 있어 이미 7개 반을 설립하였고 향후 수년간 더욱 편리하도록 할 것입니다. "배움의 효과가 있도록" 하는 데서는 학부모들과 교사들은 모두 작년 1년, 또는 1년 6개 월 동안에 어린이들이 우리말 학습에서 큰 진보가 있었음을 인정하고 있습니다. 이러한 성과들은 수월하게 얻은 것이 아닙니다. 우리는 연변조선족자치주 교육국의 지지, 상해 양푸구 교육국과 민항구 교육국의 지지와 복단구시연수학원 지도자들의 관심을 잊을 수 없으며, 조선어반 설립과 확대에 끊임없이 노력한 수많은 유지들의 노력을 잊을 수 없으며, 상하이조선족 차세대의 성장에 관심하는 각계 인사들의 아낌없는 지원을 잊을 수 없으며, 수많은 학부모들의 열정적인 관심과 협력을 잊을 수 없으며, 특히 모든 교사들의 탁월한 성과는 신고스러운 노동을 통해 얻었음을 잊을 수 없습니다.

셋째, 중요한 것은 견지하는 것이다. 주말학교 성격의 민족어 배움터를 운영하는 것은 중국 상하이 조선족이 직면한 문제만이 아니라 전세계 허다한 민족들이 두루 직면한 문제입니다. 지구화 시대에서 세계 각국 각 민족은 비슷한 문제에 직면하고 있습니다. 우리는 반드시 성공의 길을 모색해 내야 합니다. 견지하는 것이 중요합니다. 학교 운영자가 견지해야 할 뿐만 아니라 더욱 중요한 것은 배우는 학생들이 견지해야 합니다. 가장 중요한 것은 학부모들의 선택입니다. 학생들의 학습 부담이 너무 커서 학부모들은 자녀들이 어려서부터 조선어를 배워야 하는가 하는 선택에 직면하게 됩니다. 저는 여기에 오신 모든 학부모들은 정확한 선택을 하였다고 생각합니다. 저는 여러분들이 견지해 나가기를 바랍니다. 여기에 있는 어린이들은 커서 어른이 된 후 자기 부모들의 오늘의 선택에 숭고한 경의를 표할 것이며 여기에 있는 학부모들은 연로한 후 자기들의 오늘의 선택에 진심으로 기쁨과 위안을 느낄 것입니다. 결코 어쩔 수 없이 언짢고 후회되는 선택을 하였었다고 생각하지 않을 것입니다.

마지막으로 오늘 행사가 원만히 성공하고 여러분들이 모두 유쾌하기를 충심으로 기원합니다.

상하이조선족주말학교 푸둥2012반 개학식에서의 발언

2012년 9월 1일

존경하는 푸둥신구 오버교육연수센터 송지민 교장 선생님,
존경하는 귀빈, 학부모 여러분,
사랑하는 꼬마 친구들,

안녕하세요!

현재 우리는 이 자리에 모여 푸둥신구 오버교육연수센터 조선어반 설립을 축하하고 있습니다. 이에 저는 송지민 교장 선생님, 김성옥 교사와 양계홍 교사에게 특별히 감사드리며, 여러 학부모들의 지지와 협조에 깊이 감사드립니다. 우선 열렬한 박수로 송지민 교장 선생님의 관심과 지지에 사의를 표합시다.

작년 9월 17일 복단구시연수학원 조선어반과 푸둥 조선어반이 개설 되었고, 11월 5일에는 메이룽반이 개설되었습니다. 그리고 올 3월 3일에는 룽바이반, 3월 10일에는 수저우 싱강반이 개설되었습니다. 오늘은 또 2개 반이 신설됩니다. 하나는 치보2012반이고, 다른 하나는 푸둥2012반입니다. 향후 더욱 많은 학급이 설립될 것입니다.

제가 이렇게 이 일에 집착하는 이유는 간단합니다.

수많은 정규 대학교의 한국어 학과와 비정규 학교의 한국어 반들이 중국인들의 한국어 학습에 기여하고 있습니다. 중국 각지에 설립된 수많은 한국인 학교와 한국인 주말학교가 재중국 한국인들의 한국어 학습에 기여하고 있습니다.

그런데 우리 상하이 조선족을 위한 학교는 어디에 있습니까? 우리

의 자녀들은 어디에서 우리말을 배워야 합니까? 그냥 누가 학교를 만들어 줄 것을 기다리고만 있어야 합니까?

아닙니다. 누가 와서 해 주리라고 기다려서는 안 됩니다. 우리 자녀들의 우리말 교육은 우리 스스로 해야 합니다. 또한 우리 스스로 할 수 있습니다.

우선, 우리 자녀들의 우리말 교육은 남을 위한 것이 아니라 우리의 자녀들을 위한 것입니다. 중한간 방대한 무역 시장의 형성에 중국 조선족은 큰 기여를 하였습니다. 그러나 우리의 다음 세대는 이 방대한 시장에서 밀려나게 됩니다. 왜냐하면 조선족 외의 수많은 중국인들이 한국어를 열심히 배우고, 또 수많은 한국인들이 중국어를 열심히 배우는데 중국 조선족의 다음 세대는 우리말을 배우지 않고 있기 때문입니다.

다음으로, 우리 자녀들의 우리말 교육은 우리 자신을 위한 것이기도 합니다. 한 어린이 아버지의 이야기인데 이전에 아들이 "빠빠"란 중국말로 불러 자기를 부르는 것 같지 않았는데 주말학교에서 우리말을 배우면서 언젠가 "아버지"라고 불러 처음으로 "아버지"가 된 느낌이 생기더라는 겁니다. 이것이 바로 언어의 힘입니다.

우리 자녀들의 우리말 교육은 우리민족의 정체성 보전에 기여하게 됩니다. 우리민족의 정체성은 구성원들의 자각적 · 자주적 · 자조적 노력에 의해서만 보전될 수 있습니다.

그런데 우리의 현실은 어떠한가? 자녀들이 우리말을 아는가, 어느 정도 아는가를 보십시오. 민족 언어의 상실은 바로 민족 정체성의 상실로 이어집니다. 민족 정체성 보전을 위해서는 자녀들에게 우리말을 가르치고, 우리풍습을 보전케 하고 우리문화를 전승토록 하여야 합니다.

2010년 제6차 인구통계에서 상하이 조선족 상주인구는 22257명입니다. 이는 상하이 수천 명 조선족 어린이들이 우리말 교육의 예비 대상이라는 것을 보여주는 것입니다. 때문에 우리는 계속 노력하여 조선족 주말학교를 더욱 많이 설립하고 더욱 잘 운영해야 합니다.

여기서 저는 특히 이 자리에 계시는 학부모님들에게 경의를 표하고 싶습니다. 수많은 선택과목 중에서 여러분은 자녀들에게 우리말도 선택하셨습니다. 여러분은 정말 현명한 선택을 하셨습니다. 오늘 여기에 온 어린이들은 수십 년이 지나 어른이 된 후 자기 부모님들의 오늘의 선택에 숭고한 경의를 표할 것이고, 오늘 여기에 오신 학부모님들은 수십 년이 지나 노인이 된 후 자기들의 오늘의 선택에 진심으로 만족과 위안을 느낄 것입니다.

마지막으로 상하이조선족주말학교 설립과 운영, 강의에 힘쓰신, 그리고 현재도 힘쓰시는 모든 분들에게 사의를 표합니다.

우리 모두 함께 우리 어린이들의 미래를 위하여, 우리민족의 미래를 위하여 손에 손을 잡고 분투합시다!

상하이 조선족 주말학교 소개

- 상하이조선족주말학교는 조선족 어린이들을 위한 비영리적인 교육 기관입니다.
- 상하이조선족주말학교는 상하이 최대 규모의 조선족 주말학교입니다.
- 상하이조선족주말학교는 여러분의 거주지 근처에 있습니다.
- 상하이조선족주말학교는 여러분의 마음속에 있습니다.
- 상하이조선족주말학교는 나날이 커가고 있습니다.

[취지]

1990년에 742명밖에 안되던 상하이 조선족 인구가 2010년에는 30배로 증가하여 22257명이 되었습니다. 그런데 조선족 교육기관의 부재로 인하여 상하이 조선족 사회에서는 '우리말 벙어리', '우리글 문맹'이 급증하고 있습니다. 이는 결국 상하이 조선족의 민족 고유 언어 상실, 나아가서는 민족 전통 문화의 단절과 민족 정체성의 실종으로 이어지게 됩니다. 이에 대한 가장 시급한 대책은 조선족 자녀들에 대한 우리말글 교육이고, 오늘 현재 실행 가능한 가장 현실적인 교육체제는 조선족 주말학교라고 인지되어 상하이 조선족 주말학교를 설립 운영하기로 하였습니다.

[발전]

2011년 9월 연변조선족자치주 교육국과 상하이 양푸구 교육국의 지지와 허가, 복단구시연수학원의 지지와 협력, 그리고 상하이에서 활약

조선족주말학교 운영방식 모색 10년 37

하는 조선족 지성인들과 기업인들, 학부모들의 지지와 노력으로 출범한 '복단구시연수학원 조선어반'으로서의 상하이조선족주말학교는 지난 1년 6개월간 급속히 성장하여 오늘 현재 상하이 최대 규모, 최고 수준의 조선족 주말학교로 부상, 조선족 어린이들의 우리말 학습에 기여하고 있습니다. 학급 수는 10개로 늘어나고, 학생 수는 100명을 눈앞에 두고 있습니다.

[지역 분포]

상하이의 면적이 6340.6제곱킬로미터, 인구가 2347.46만 명, 그중 조선족 인구가 22257명(2010년 11월)임을 고려하면, 상하이에서의 조선족주말학교 소속 학급 분포는 '소규모 다지역'적이어야 합니다. 그래야만 학생들이 거주지 근처에서 학교를 다닐 수 있습니다. 이미 설립한 학급은 10개이고, 향후 더욱 많은 학급을 설립할 계획입니다. 현재 설립된 학급은 아래와 같습니다.

양푸구
- 복단2011반, 复旦求是进修学院 杨浦区国达路58号, 2011년 9월 개설

푸둥신구
- 푸둥2011반, 浦东新区奥博教育培训中心, 锦绣路888弄御景园会所, 2011년 9월 개설
- 푸둥2012반, 浦东新区奥博教育培训中心, 锦绣路888弄御景园会所, 2012년 8월 개설
- 푸둥2013반, 浦东新区奥博教育培训中心, 锦绣路888弄御景园会所, 2013년 3월 개설

민항구
- 메이룽2011반, 闵行区梅隆镇社区学校 闵行区高兴路108号, 2011년 11월 개설

- 룽바이2012반, 金棕榈文化艺术专修学校 闵行区金汇南路188号, 2012년 3월 개설
- 치보2012반, 闵行区七宝镇社区学校 沪松公路450号, 2012년 8월 개설
- 항화2013반 : 2013년 1월 개설 확인, 9월 7일 개강 예정

수저우

- 싱강2012반, 舞韵艺文培训中心 苏州工业园区星港街278호, 2012년 3월 개설
- 싱강2013반, 舞韵艺文培训中心 苏州工业园区星港街278호, 2013년 3월 개설

[총책]

지난 30여 년간 박창근 복단대학 교수는 시스템학의 개척자로서 『系統科學論』, 『系統學基礎』, 『시스템학』 등 저서를 내놓았고, 복단대학 한국연구센터의 발기인으로서 『韓國産業政策』, 『세계화와 한국의 대응』, 『중국의 개혁개방과 신동북아질서』, 『解讀漢江奇跡』 등 저서를 내놓았습니다. 정년퇴임 후 학문을 계속 하면서도 중국조선족과학기술자협회 상하이 지역 활동을 주도하는 등 상하이 조선족 사회의 건전한 발전에 주력하고 있습니다. 그 일환으로 상하이조선족주말학교 총책을 맡고 민족 언어의 전승에 노력을 아끼지 않고 있습니다.

[자문 교수]

상하이탄에서 활약하는 대학교 한국어 교수들을 비롯한 우리 민족의 유명한 학자들이 자문 전문가로서 주말학교 운영에 기여하고 있습니다. 민족 언어의 이해, 민족 언어 교육의 노력 방향, 조선족주말학교의 운영 원칙 등에 대한 전문가들의 지도와 조언은 저희 주말학교가 성공할 수 있는 필수 불가결한 요인이기도 합니다. 현재 저희 주말학교의 자문 교수는 아래와 같습니다.

김기석 : 교수, 박사, 상해외국어대 동방언어학원 부원장
강보유 : 교수, 박사, 복단대 한국어학과장
이춘호 : 교수, 박사, 상해외국어대 한국어학과장
장연호 : 교수, 박사, 상해상학원 외국어학원 원장, 한국어학과장
장상국 : 석좌 교수, 상해해양대

[교사진]

저희 주말학교는 최고 수준의 교사진을 자랑하고 있습니다. 이는 저희 주말학교가 성공할 수 있는 가장 중요한 요인 중의 하나입니다. 6명의 교사들(4명은 교사자격증 소지자, 1명은 싱가폴CAY등록강사, 1명은 사범대 졸업, 한글 신문 편집 겸 기자)은 오늘 현재 상하이탄 조선족 사회에서는 최고 수준의 소학교 한국어 교사들로서, 조선족 민족 교육에 깊은 애정을 갖고 우리 민족의 나이어린 자녀들을 열심히 가르치고 있습니다. 경제 이익을 너무 따지는 이 세상에서 저희 주말학교 교사들처럼 헌신적으로 어린이들을 가르치는 교사들은 보기가 힘듭니다. 그 외에도 저희 주말학교는 10여명의 교사 인재풀 등록자를 보유하고 있습니다. 그리고 복단대 조선족 대학생들이 학교 운영을 돕기도 합니다.

[후원회]

학비로 모은 자금은 학교 운영에 크게 도움이 됩니다. 부족한 부분은 회원들의 후원에 의해 설립 운영되는 중국조선족과학기술자협회(상해)후원회의 지원으로 보완합니다. 주로 기업인들로 구성된 이 후원회는 중국조선족과학기술자협회 상하이 지역 활동과 상하이주말학교 운영에 아주 큰 기여를 하고 있습니다. 가장 많이 헌금한 분은 김원춘·김홍란 사장 부부, 헌금액은 7만원(RMB)입니다.

[학부모회]

학부모들의 주말학교 교육에 대한 참여도와 책임감을 높이기 위하여 학급별로 학부모회를 조직하여 운영하고 있습니다. 학부모회 회장·부회장은 담임 선생님을 협조하여 당 학급의 운영에 참여하고 있으며, 담임 선생님은 학부모회를 통해 학부모들의 의견과 요구를 수렴하여 학교 운영에 반영하고 있습니다. 학부모회의 활약이 학급 운영에 큰 역할을 한다는 것은 이미 입증되어 있습니다.

[월례 교사회의]

경제적인 원인으로 단 한 명의 직원도 채용하지 못하는 상황에서 총책의 사회로 1개월에 1회씩 열리는 월례교사회의는 저희 주말학교의 중요한 운영방식입니다. 각 학급 교사의 보고와 교류, 협력의 장입니다. 각 학급에 존재하는 문제들은 이 회의에서 제기되고 논의되며 방책이 강구됩니다. 교사들은 수업만 하는 것이 아니라 학교 운영에 직접 참여하고 있습니다.

[학생 모집]

6살 이상의 조선족 자녀이면 모두 입학이 가능합니다. 조선족주말학교이기 때문에 주로 조선족 학생을 모집하지만 자기 자녀의 학습진도에 문제가 발생하지 않으리라는 부모의 판단을 전제로 타민족 학생도 입학이 가능합니다. 보통 2월말 3월초와 8월말 9월초에 신입생 모집과 재학생 재등록을 하고 당 학기 수업을 시작합니다. 하지만 각종 사정에 의한 수시 편입과 전학(상하이조선족주말학교 소속 학급 사이에서의 전출·전입)은 언제든지 가능합니다.

[학비]

주말학교의 지속 가능한 운영은 자금을 필요로 합니다. 어느 한 개인이나 단체가 주말학교 운영에 필요 되는 자금을 전부 부담할 수 없는 상황에서 학교 운영에 필요 되는 교실 임차료, 교사 강의료, 학원 관리비 등 비용을 지급하기 위해 소정의 학비를 받습니다. 현재로는 한 학기(4개월)에 1인당 800원(RMB) 기준입니다. 상하이에서는 아주 낮은 표준이라 할 수 있습니다. 학비 납부는 학부모들의 학교 운영에 대한 관심과 감독에 기여할 수 있습니다. 한편, 가정 형편이 어려운 어린이는 조학금 신청이 가능합니다.

[교육방식 다원화]

주말학교는 현재로서는 상하이 조선족 자녀의 한국어 교육을 위한 최적화 방식이지만 주말학교만으로는 역부족입니다. 향후 교육방식의 다원화를 추구하여 학생들의 수요에 따라 단기반, 속성반, 방학반, 문화반 등도 개설할 예정입니다.

[상하이 조선족 어린이 장기자랑]

상하이조선족주말학교 주도로 상하이시 전체 조선족 어린이들이 참가할 수 있는 상하이 조선족 어린이 장기자랑 모임을 매년 1회씩 조직합니다. 조선족주말학교 학생들은 물론, 조선족주말학교를 다니지 않는 조선족 어린이들도 참가할 수 있습니다. 2012년 제1회 모임 참가자는 130여명이었고, 현재는 2013년 제2회 모임을 준비 중입니다.

[한국어 · 한국학 특별강좌]

주말학교 교사들의 한국어 · 한국학 수준 향상, 나아가서는 상하이 조선족의 한국어 · 한국학 수준 향상을 위하여 대학 교수와 전문가들을 초청하여 2012 - 2013학년 제1학기부터 한 학기에 2 - 4회씩 한국어 · 한국학 특별강좌를 시행합니다. 이미 2회 시행하였고, 제3회는 준비 중입니다. 제1회 강좌 제목(강사 박창근 교수, 2012 - 11 - 04)은 '요약 한국사'였고, 제2회 강좌 제목(강사 방수옥 교수, 2012 - 11 - 25)은 '대국 요인과 조선반도'였으며, 제3회 강좌 제목(강사 김기석 교수, 2013 - 03 - 24)은 '한국어 특징의 재인식'입니다.

[도서실]

2012년 8월부터 상하이조선족주말학교 도서실을 설립하기 위해 한국어 · 한국학 관련 도서를 모으고 있는 중인데, 대한출판문화협회 등 기관과 개인들의 지원으로 이미 500여권의 책자를 모아 놓았습니다. 장서 확충을 추진해 나갈 것입니다.

[웹사이트]

올해에 독자적으로 상하이조선족주말학교 웹사이트를 개설하기로 하였습니다. 주말학교 운영과 학생들의 학습, 학부모들의 참여에 크게 기여하리라고 기대합니다.

오늘은 이상으로 소개를 마칩니다. 갈 길은 멀고 할 일은 많습니다. 그러나 '하면 된다'는 말만 생각하면 아무 것도 염려되지 않습니다. 이 글이 저희 조선족주말학교의 이해에 도움 되기를 기대합니다.

[이 글은《中国朝鮮族科技工作者协会(上海)第六次学术交流会论文集》부록(149 - 153) 으로서 2013년 4월 14일에 편집 인쇄되었다.]

한국 민주평화통일자문회의
고양시 협의회 후원금 수령식에서의 발언

2013년 5월 11일

한국 민주평화통일자문회의 고양시 협의회 우일덕 회장님, 방문단원 여러분,

금방 우일덕 회장님의 말씀을 감명 깊게 들었습니다.

그리고 전달해 주신 성금을 감사히 받았습니다. 저희 주말학교가 설립되어 3년째인데 처음으로 조상의 나라인 한국으로부터 받은 성금입니다. 정말 감사합니다.

지난 수천 년간의 중한관계사를 돌이켜 보면 한국어를 배우는 중국인이 오늘처럼 많아 본 적이 없었습니다. 현재도 갈수록 많아지고 있습니다. 그런데 '우리말 벙어리', '우리글 문맹'이 급증하고 있는 것이 중국에서 최고의 평균 문화교육수준을 자랑하는 조선족 사회가 오늘날 직면하고 있는 가장 심각한 문제입니다. 상하이만 봐도, 조선족 인구가 이제 3만 명 정도인데 90% 이상의 어린이들이 우리말 우리글을 모르고 있습니다. 우리민족의 미래가 우려됩니다.

저희 상하이조선족주말학교는 상하이 조선족 어린이들에게 우리말 우리글을 가르치려는 취지에 의해 설립된 것입니다. 상하이 정부 유관 부문의 허가를 얻어 설립된 저희 주말학교는 학부모들이 납부한 학생들의 학비, 중국조선족과학기술자협회 상해 후원회의 후원, 그리고 관련 인사들의 자원 봉사 등에 의해 운영되고 있습니다.

때문에 저희 상하이조선족주말학교는 상하이 조선족의, 상하이 조선족에 의한, 상하이 조선족을 위한 교육기관입니다. 그 어떠한 곤란

이 있더라도 저희 주말학교는 계속 성장 발전하여 나갈 것입니다.

향후 저희 주말학교는 상하이 조선족 어린이들이 우리말글을 배우고, 민족 전통문화를 배우며, 민족 정체성을 고수하면서 우리 민족의 발전에, 중국의 발전에, 중한 양국의 교류 협력에, 그리고 한반도 남북의 민주 평화 통일에 기여할 수 있는 인재로 성장하는 데에 일조할 것입니다.

마지막으로 다시 한 번 한국 민주평통 고양시 협의회의 후원에 감사드립니다.

감사합니다.

상하이 조선족이 나아갈 길

2013년 6월 3일 완성,
2013년 9월 20일 수개

급증하는 상하이 조선족 인구

중화인민공화국 인구센서스에는 상하이 조선족 인구도 조사되어 나온다. 1953년에 35명, 1964년에 245명, 1982년에 462명, 1990년에 734명이던 상하이 조선족 인구는 2000년에 5120명으로, 2010년에는 22257명으로 급증하였다.

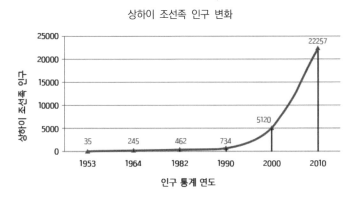

상하이 조선족 인구 변화

(이 그래프는 2021년 1월 20일 추가함)

상하이 조선족 인구는 1990년대 푸둥 개발·개방의 본격적 추진으로 가속화된 상하이 개혁개방과 1992년 중한 수교를 계기로 지난 20여 년간에 급증하여 왔음을 알 수 있다. 상하이 개혁개방이 상하이 조선족의 성장을 추진하였고, 상하이 조선족도 상하이 개혁개방에 나름대로의 기여를 하였다.

2010년 인구센서스에서 중국 조선족 인구가 1,830,929명으로 55개 소수민족 중 제14위를 기록한 데에 대비하면 상하이 조선족 인구는 1964년 제2차 인구센서스부터 상하이 소수민족 중 줄곧 제5위를 기록하고 있다. 2010년 현재 상하이에서 조선족보다 인구가 많은 소수민족은 회족(78,163명), 토가족 (33,584명), 묘족(31,351명), 만족(25,165명)이다.

2000년 중국 조선족 인구가 1,923,842명임을 고려하면 그 후 10년간 중국 조선족 인구는 92,913명이 감소한 반면, 2000년 상하이 조선족 인구가 5120명임을 고려하면 그 후 10년간 상하이 조선족 인구는 17,137명이 증가했다. 2010년 제6차 인구센서스에서 중국 인구는 1,339,724,852명, 중국 조선족 인구는 전국 인구의 0.1367%이고, 상하이 인구는 23,019,148명, 상하이 조선족 인구는 상하이 인구의 0.0967%이다. 이는 지난 20년간 상하이 조선족 인구가 기적적으로 증가했음에도 상하이 인구 중에서 차지하는 비율은 여전히 아주 적음을 보여준다.

상하이 조선족의 활약상

중화인민공화국 공민으로서의 중국 조선족은 건국 초부터 중국 사회에서 매우 활약적이었다. 상하이 조선족도 마찬가지다. 상하이 조선족이 하나의 '민족 공동체'('민족 커뮤니티', 또는 '민족 사회')를 형성하기 시작한 것은 1953년에 동북 지역으로부터 상하이에 온 100여명의 조선족 통번역 인재에 의해서였다.

1950년대에 제기된 '과학을 향해 진군하자'는 호소에 향응하여 이공과 대학에 진학한 일부 조선족 대학생들이 1960년대 초 대학을 졸업하고 상하이로 배치 받아 오면서 상하이 소재 연구기관이나 공장에서는 조선족 과학기술자들의 활약이 돋보이게 되었다. 특히 1970년대 후반에 '문화대혁명'이 끝나고 개혁개방이 시작되면서 그들은 1980 - 90년대에 매우 활약적이었다.

개혁개방이 시작되면서 상하이 조선족 인구의 증가가 가속화되기 시작하였다. 상하이 조선족 인구의 증가 속도는 상하이 개혁개방의 추진 속도에 비례하는 것 같았다. 푸둥 개발·개방에 힘입은 1990년대 상하이 개혁개방의 가속화, 특히 1992년 중한 수교를 계기로 급증하기 시작한 한국 기업의 상하이 지역 진출의 가속화는 상하이 조선족 인구의 급성장과 상하이 조선족 역할의 급증을 초래하였다.

21세기에 들어서서 원로 과학기술자들의 퇴진으로 저조되던 상하이 조선족 과학기술자들의 역할은 해외에서 유학하여 박사 학위를 취득하고 귀국하여 상하이에 정착한 조선족 과학기술자들의 증가로 새로이 활기를 띠게 되었고, 2008년부터 중국조선족과학기술자협회 (상해)학술교류회가 매년 1회씩 열리고 있다. 조선족 과학기술자, 기업인과 대학생들이 동참하는 이 회의는 상하이 조선족의 현주소를 보여주는 가장 중요한 모임 중의 하나로 성장하게 되었다.

1990년대 이후 상하이 조선족 인구의 급증과 역할 증대에 가장 큰 기여를 한 것은 산업계의 조선족인들이다. 그중 대다수는 한국 회사 등 외국인 회사와 중국 회사의 보통 회사원이지만 회사 창업자나 경영인으로 활약하는 조선족인도 적지 않다. 그중 무역업, 관광업, 제조업 3업종은 조선족 기업인들이 가장 활약하는 업종이라 할 수 있다. 세계적인 도시 상하이에서 제1대 조선족 기업인이 성장하고 있는 것이다.

그리고 중국인들에게 한국어를 가르치는 대학과 기타 학교의 한국어 교육, 문화예술 분야, 조선족 어린이들에게 우리말을 가르치는 주말학교 등에서 상하이 조선족의 활약상을 볼 수 있다. 상하이 정치·행정 분야에서도 조선족 인사들의 활약이 새로이 시작되었음을 알 수 있다. 필자가 1978년 복단대학 대학원생으로 상하이에 왔을 때 몇 명밖에 안되던 상하이 조선족 대학생·대학원생이 이제 500명 정도나 되었다는 것도 특기할 만한 일이다.

상하이 조선족 모임

'인간은 사회적 동물'이라는 말이 있듯이, 인간은 각종 사회적 관계 속에서 서로 더불어 산다. 인간은 다른 인간과의 만남과 모임 속에서 살아간다. 상하이 조선족도 마찬가지이다.

상하이에서의 역사가 일천한 대다수 상하이 조선족인들은 우선 조선족끼리의 만남과 모임을 중요시하지 않을 수 없다. 결과는 각종 조선족 모임이다. 대체적으로 정규적 기구에 의한 모임과 비정규적 기구에 의한 모임으로 나눌 수 있다.

현재 상하이에 존재하는 조선족 모임 중 중국조선족과학기술자협회 상해'분회', 연변대학교우회 상해'분회', 상해조선족기업가협회, 상해축구협회 조선족동맹회, 상해 조선족노인협회 등은 그 활동 규모가 비교적 큰 모임이다. 예를 들면, 2008년부터 해마다 열리는 중국조선족과학기술자협회(상해)학술교류회는 올해까지 6회 열렸는데 참가자는 연인수로 547명, 그중 특강 연사는 7명, 교류된 학술논문은 32편, 학습포럼 발표자는 20명(교수 1명, 학생 19명)이다. 올해부터 우수한 조선족 대학생들에게 장학금을 지급하고 있다.

조선족 학부모들이 상하이에서 살면서 가장 애절히 심리적 고통을 느끼는 것은 자녀들에 대한 우리말 우리글 교육이다. 역사상 우리말의 위상이 제일 높고, 우리말을 배우는 중국인과 세계인이 제일 많으며, 우리말의 사용가치도 제일 높은 이 시기에 '우리말 벙어리', '우리글 문맹'이 되어가는 자녀들을 보는 학부모들의 마음이 편할 수 없음은 당연하다. 그래서 2011년 9월에 생긴 상하이 조선족 주말학교는 설립 초기의 2개 학급으로부터 현재의 13개 학급으로 증가하여 상하이 조선족 사회에서 하나의 중요한 '모임'이 되었다고 할 수 있겠다.

위의 모임들 외에도 조선족여성기업인협회, 조선족골프협회, 동방살롱, 등불회, 청담회, 여러 형태의 독서회 등이 있다. 그리고 조선족 축구대회, 조선족 종교 모임 등이 있다.

이러한 모임들이 모두 건전한 방향으로 나아갈 때 상하이 조선족 사회의 건전한 발전이 가능하며 상하이 조선족 사회의 구성원들의 건전한 발전도 가능하게 된다.

상하이 조선족의 향후 발전을 위한 제언

상하이 조선족은 상하이에서 살고 있는 56개 중국 민족 중의 한 개 민족이다. 중국 조선족은 정치적으로는 중국 국민이면서 혈통적으로는 한반도의 한민족과 동일하며, 문화적으로는 중한 문화를 공유하고 있다. 대다수 상하이 조선족인은 최근 20여 년간에 이주해 온 '신이민'(新移民)이어서 상하이에서의 역사가 일천하고 그 영향력도 별로 축적되어 있지 않다. 때문에 과연 무엇이 상하이 조선족이 걸어야 할 정도(正道)이고, 과연 어떻게 하는 것이 상하이 조선족의 향후 발전에 유익하겠는가 하는 것을 심사숙고함이 필요 된다고 생각하면서 몇 가지 제언을 해 보고자 한다.

1. 상하이 조선족의 상하이에서의 역할에 대한 올바른 이해가 필요 된다. 전 중국이나 상하이에서 조선족 인구가 차지하는 비율은 매우 낮다. 이는 전 중국이나 상하이에서 조선족의 역할은 제한 적일 수밖에 없음을 알려 준다. 때문에 상하이 조선족은 자기 응 분의 역할을 하고 응분의 지위를 향유하는 것으로 만족해야 할 것이다. 물론 특수 재능을 가진 개인들의 사회적 지위나 역할은 상하이 조선족 전체의 사회적 지위나 역할의 제한을 받지 않을 수 있다.

2. 상하이 조선족의 미래 위상에 대한 올바른 설정이 필요 된다. 논 쟁의 여지가 있으리라고 생각하면서 일단, "상하이 시민으로서 상하이의 개혁개방과 발전에 기여를 하는 조선족, 민족 정체성의 보유와 민족 공동체 결성에 성공한 조선족, 정치·경제·사회· 문화·교육 등 모든 분야에서 활약하는 조선족, 기타 55개 형제민 족들과 상부상조하면서 화목하게 살아가는 조선족", 이것이 상하 이 조선족의 바람직한 미래 위상이라고 설정해 본다.

3. 상하이 조선족은 각 분야에서의 제도권 편입 노력이 필요 된다. 상하이 조선족은 그 활동이 제도권에 편입되어야 정부 공공정책 의 지원을 받을 수 있고, 상하이 시민 생활에 더욱 잘 참여할 수 있으며, 상하이 시민사회에 더욱 잘 융합될 수 있다. 특히 상하이 호적 취득, 정부의 허가를 얻어 설립된 단체들의 역할 강화, 꼭 필요한 조선족 단체들의 공식 등록, 정부 교육부문의 인허가와 지원을 받는 조선족 교육기관의 발전, 조선족 노인들의 노후 생활에 대한 정부 공공정책의 지원 취득 등을 추진하여야 할 것이다.

4. 정치·행정 분야에 진출한 상하이 조선족인들이 많아지기를 기 대해 본다. 상하이 조선족 시민들의 요구나 기대 사항을 정부 공

공정책에 반영하려면 쉽지 않다. 그 원인 중의 하나가 상하이 정부나 상하이 인민대표대회 등에 진출한 조선족 인사가 너무 적기 때문이다. 공무원 시험에 참가하는 조선족 대졸생들이 많아지기를 기대해 본다.

5. 일류의 조선족 과학자 · 기업인 · 문화인 · 교육자들이 많이 배출되기를 기대해 본다. 역사상 상하이 조선족 중에는 상하이나 중국에서 이름을 떨친 우수 인물들이 일부 있었고, 현재도 중국이나 세계적으로 비교적 높은 지명도를 가진 인재들이 일부 있다. 향후 더욱 많아지리라고 기대하면서, 특히 조선족 기업인의 정진을 기대해 본다.

6. 상하이 조선족은 민족 공동체 건설을 위한 인프라 축적을 중요시해야 할 것이다. 상하이 조선족 사회는 '상하이 드림'을 품고 전 중국 각지로부터 모여 온 각 개인들에 의하여 자발적으로 조성된 것이므로 서로 포용하는 마음가짐으로 조화를 이루어야 할 것이다. 동시에 민족 언어 교육, 민족 전통 문화 교육, 젊은 세대들의 결혼과 노인들의 노후 생활 등을 위한 조선족 사회의 인프라를 축적하여 건전하고 지속가능한 조선족 사회를 건설해야 할 것이다. 특히 이를 위한 조선족 지도층 인사들의 솔선수범이 필요하다고 생각한다.

7. 상하이 조선족은 기타 민족과의 조화도 잘 추진해야 할 것이다. 상하이 조선족 사회는 중국 사회의 일부분이고 상하이 사회의 일부분이므로 상하이 조선족 구성원들은 조선족 사회의 울타리를 벗어나지 못하고 그 안에서만 맴돌 것이 아니라 기타 55개 형제 민족들과 상부상조하면서 화목하게 살아가야 한다. 동이불화(同而不和) 가 아니라 화이부동(和而不同)이 민족 내부 및 민족 관 관계를 처리하는 기본 원칙이 되어야 할 것이다.

8. 상하이 조선족은 재상하이 한국인과의 관계를 잘 처리하여 중한 교류와 협력에 더욱 큰 기여를 하여야 할 것이다. 중한간의 경제·문화 교류와 협력이 단기간에 기적적으로 발전한 데에서는 중국 조선족의 가교 역할을 무시할 수 없다. 특히 '장강 하유 지역'(상하이, 강소성, 절강성, 안휘성)의 대한국 교역액이 중한 전체 교역액의 40%를 차지한다는 것은 그 동안 상하이 조선족이 상당히 중요한 가교 역할을 하였다는 것을 보여준다. 이 과정에서 상하이 조선족 - 재상하이 한국인을 구성원으로 하는 느슨한 민족 공동체도 형성되고 있다. 이는 중한 양국의 발전에 기여하게 될 뿐만 아니라 상하이 조선족과 재상하이 한국인의 발전에도 기여하게 될 것이다.

[설명]

이 글을 처음 만들게 된 것은 2010년이었다. 연변 TV방송 최선화 제작인의 청탁에 의해 썼는데 5월 30일 모임에서 발표할 때의 제목은 '상해 조선족의 현황과 발전 방향'이었다. 그 후 몇 번 수정을 하였는데 2013년에는 『문화시대』(상해특집)의 출간을 계기로 권두언 집필 부탁을 받고 5월 중순부터 2주간 밤낮으로 고치고 고쳐 6월 3일 탈고한 글이 지난 7월 4일 '상하이탄'에 실은 '우리 민족이 나아갈 길'이다. 그러나 뒤늦게야 알았지만 위의 잡지가 출간할 때 나의 글은 수록되지 않았다. 아직까지도 그 영문은 잘 모르고 있다. 기왕 써놓은 글이라 나는 9월 20일 제목을 '상하이 조선족이 나아갈 길'이라 하고 내용상에서도 또 한두 곳 수개하여 이구홍 한국 『월간 해외동포』 발행인에게 보냈다. 한국으로부터는 즉시 답장을 받았다. 결국 인터넷 신문 『세계한인신문』은 2013년 9월 24일에, 『월간 해외동포』는 2013년 9월 23일에 나의 글을 실었다. 경과는 대체적으로 이러하다. (2013 - 11 - 08)

복단구시연수학원 조선어반 설립 2주년 기념 및
제2회 상하이 조선족 어린이 장기자랑 모임 개회사

2013년 7월 7일

이제 '복단구시연수학원 조선어반 설립 2주년 기념 및 제2회 상하이 조선족 어린이 장기자랑 모임'이 시작되었습니다.

2011년 9월, 복단구시연수학원 조선어반의 설립은 '상하이 조선족 주말학교'의 출범을 의미하기도 합니다.

지난 2년간 저희 주말학교는 획기적인 성장을 이룩하였습니다.

첫째, 학생수가 30여명에서 90여명으로 늘었습니다. 오는 9월이면 130 - 150명으로 늘 전망입니다.

둘째, 학급수가 2개에서 9개로 늘었습니다. 오는 9월이면 13 - 14개로 늘 전망입니다.

셋째, 교사수가 2명에서 6명으로 늘었습니다. 오는 9월이면 9명으로 늘 전망입니다.

넷째, 학생들의 거주지 근처에 학교를 설립한다는 취지에 따라 학급의 지역적 분포가 합리화되고 있습니다. 상하이 각 구로만 아니라 주변 도시로도 퍼져 나가고 있습니다.

다섯째, 학생들의 우리말 수준이 점차 제고되고 있습니다. 〈한국어〉 교과서 1·2·3을 다 배운 어린이들은 한국 초등학교 국어 읽기 교과서를 배우기 시작하였습니다.

여섯째, 학생들은 단순히 한글만이 아니라 우리 민족의 노래와 춤, 민속놀이, 전통 예의 등도 배우면서 전통 문화를 아는 신세대로 자라나고 있습니다.

지난 2년간, 각종 합리적인 제도와 수많은 분들의 노력이 있었기에 위의 모든 것이 가능하였습니다. 중국조선족과학기술자협회(상해)후원회, 복단구시연수학원 등 여러 학원, 월례교사회의, 학부모회, 한국어 · 한국학 특별강좌, 자문교수제도, 웹사이트, 도서실 개설 등입니다. 저희 조선족주말학교는 상하이 조선족 주류사회의 강력한 지지를 받고 있습니다. 한국으로부터는 지난 5월 처음으로 민주평통 고양시 협의회의 후원을 받기도 하였습니다. 저희 주말학교는 미래가 밝습니다.

　저희 주말학교에서 추진하는 행사 중에는 학급별 행사인 송년회와 매년 1회씩 열리는 상하이 조선족 어린이들의 모임인 장기자랑이 있습니다. 오늘 모임에는 아직 그 숫자는 많지 않지만, '홍쵸진 구역학교 조선어반' 학생 참가자가 있을 뿐만 아니라 조선족주말학교를 다니지 않는 조선족 학생 참가자도 있으며, 강소성 소주와 절강성 소흥에서 온 조선족 학생 참가자도 있습니다. 저는 '상하이 조선족 어린이 장기자랑'이 명실공이 전체 상하이 조선족 어린이 장기자랑으로 자리매김하게 되리라고 굳게 믿습니다.

　마지막으로 오늘 장기자랑에 출연하는 모든 어린이들이 멋있게 하기를 바라고, 무더위를 무릅쓰고 참석하신 귀빈 여러분과 학부모님들이 어린이들의 장기자랑을 재미있게 보시면서 저희 주말학교의 발전과 상하이 조선족 어린이 교육을 위하여 더욱 많은 성원과 조언을 보내주시길 부탁드립니다.

　이상입니다. 고맙습니다.

상하이조선족주말학교
숭쟝다쉐청2013반 개학식에서의 발언

2013년 9월 7일

안녕하십니까?

오늘 이 자리에 서게 된 저는 정말 여러분들과 마찬가지로 기쁩니다. 숭쟝다쉐청의 어린이들이 우리말을 배울 수가 있게 되었습니다.

저와 저의 친구들은 벌써 2년 전부터 류란 선생님과 함께 쥬팅에 조선족주말학교를 세우려고 시도하였고 노력하였었습니다. 그러나 일이 제대로 추진되지 않았습니다. 그러나 이번에는 류란 선생님과 권진희 선생님의 도움으로 쥬팅에 2개 학급을 설립하게 되었고, 김승화 회장과 류란 선생님의 도움으로 숭쟝다쉐청2013반이 신설되었습니다. 우선 우리 모두 열렬한 박수로 김승화 회장 부부와 류란 선생님에게 감사드립시다!

이리하여 2011년 9월 2개 학급으로 시작된 상하이조선족주말학교는 오늘 13개 학급으로 성장하게 되었습니다. 학생 수는 초창기의 20-30명에서 140명 좌우로 증가하게 되었습니다. 지역분포를 보면, 양푸, 푸둥, 민항, 숭쟝, 수저우, 이 5개 지역에 학급이 설립되었습니다.

저희 조선족주말학교는 상하이 조선족 주류사회의 강력한 지지와 후원을 받고 있습니다. 우선, 5분의 전문가들이 자문 교수를 맡고 주말학교 운영에 도움을 주고 있습니다. 상하이에서 활약하는 조선족 기업인들과 학자들이 후원회를 조직하여 저희 주말학교를 후원하고 있습니다. 학부모들은 학급별로 학부모회를 조직하여 담임 선생님과 저를 돕고 있습니다. 교사들은 월례교사회의를 통해 서로 정보와 경험, 그리고 교훈을 교환하면서 학생들에 대한 교수 수준을 높여가고 있습니다. 그리고 저희 주말학교에서는 한국어 · 한국학 특별강좌, 상하이 조선족 어린이 장기자랑, 상하이조선족어린이도서실, 주말학교 웹사이트 등도 운영하고 있습니다.

여러분,

인생은 끊임없는 선택입니다. 인생살이는 마치 칼날 위를 걷는 것과 같습니다. 결국 우리는 인생의 중요한 시각마다에서 칼날의 오른쪽이 아니면 왼쪽을 선택하게 됩니다. 매번의 선택이 우리의 운명을 결정할 수 있습니다. 여러분이 자녀들에게 우리말을 가르치려고 저희 주말학교를 선택하신 데에 깊이 감사드립니다.

여러분의 자녀들이 우리민족 정체성을 보전하려면 우리말글을 배워야 합니다. 여기에는 별로 심오한 이론이 필요 없습니다. 그리고 여러분은 자녀들이 "아빠, 엄마"라는 우리말로 부르기를 기대합니다. 마찬가지로 여러분의 부모님들은 얼마나 "할아버지, 할머니"라는 말을 듣고 싶겠습니까? 우리는 자기의 자녀들이 "우리말 벙어리", "우리글 문맹"이 되도록 방치하여서는 안 될 것입니다.

중한 교역액은 중한 수교 후 급성장하여 이미 한미 교역액과 한일 교역액의 합보다 더 많습니다. 이 방대한 시장을 둘러싸고 한국인, 중국인, 그리고 중국 조선족은 치열한 경쟁을 벌이고 있습니다. 만약 다음 세대가 우리말글을 모른다면 부모님들이 노력하여 개척한 이 시장에서 밀려나게 될 것입니다.

우리민족의 역사를 보면 현시대는 그 위상이 가장 높고 그 언어와 문자가 가장 쓸모 있는 시대입니다. 역사상 한국인이 중국으로 유학하러 온 사례는 많았지만 중국인이 한국으로 유학하러 간 사례는 별로 없었습니다. 현재는 한국으로 유학 간 중국인이 가장 많은 시대입니다. 이러한 시대에 우리 조선족 어린이들이 우리말글을 모른다는 것은 정말 아쉬운 일이 아닐 수 없습니다. 현실적으로 한국어를 아는 것이 적지 않은 대졸생들의 취직에 도움 되는 것은 사실입니다.

그리고 아마도 유전적인 원인으로 인해 조선족 어린이들은 우리말 글 학습에서 발음상의 곤란이 비교적 적은 것 같습니다. 예를 들면 보통 중국인들은 "ㅅ, ㅆ, ㅊ"를 잘 구분하지 못합니다. 그런데 조선족 어린이들은 비교적 쉽게 구분합니다.

적지 않은 학부모들은 얼마 동안 배워야 우리말을 할 수 있느냐고 질문합니다. 이는 답하기 힘든 문제입니다. 제 생각에는 주말학교에서 공부하는 경우 가장 적어도 3년 정도는 배워야 한다고 생각합니다. 저희 학교 학생들의 1년 수업시간은 60시간밖에 안됩니다. 그런데 상하이 모 대학 한국어학과 학생들의 4년간 한국어 학습시간은 1772시간입니다. 때문에 비교적 짧은 시간에 애들이 많이 배우기를 원한다면 학부모와 주말학교가 잘 협력하여야 합니다.

마지막으로 숭쟝다쉐청2013반이 잘 운영되어 하나의 모범적 학급이 되기를 기대합니다.

감사합니다.

복단구시연수학원 조선어반 설립 3주년 기념 및
제3회 상하이 조선족 어린이 장기자랑 모임 개회사

2014년 7월 6일

이제 '복단구시연수학원 조선어반 설립 3주년 기념 및 제3회 상하이 조선족 어린이 장기자랑 모임'이 시작됩니다. 1년 전과 비교하여 가장 눈에 뜨이는 변화는 두 가지입니다.

하나는 화동조선족주말학교라는 학교 이름입니다. 오늘 현재 이 이름에는 본부인 상하이조선족주말학교 외에 가흥조선족주말학교, 소주조선족주말학교가 포함되어 있습니다. 머지않아 소흥, 무석, 곤산, 남통 등 지역에도 조선족주말학교가 설립되리라고 믿습니다.

다른 하나는 학교 규모의 확대입니다. 작년 이맘때의 상하이조선족주말학교와 비교할 때 현재의 화동조선족주말학교는 학급은 9개에서 16개로, 학생은 90여명에서 150여명으로, 교사는 6명에서 11명으로 늘었습니다. 머지않아 학생수가 200명을 상회하지 않을까 생각해 봅니다.

우리가 화동조선족주말학교의 지역적 확산과 규모 확대를 중요시하는 것은 상하이와 주변 3성의 조선족 사회에서 '우리말 벙어리, 우리글 문맹'이 급증하고 있기 때문입니다. 이에 저는 이 자리를 빌려 여러 학부모님들이 어렵게 하신, 자녀의 언어 교육에서 민족어의 우선 선택은 결코 후회되지 않을 현명한 선택이라고 다시 한 번 강조하고 싶습니다.

우선, 이는 조선족의 민족 정체성 보전을 위한 선택입니다. 우리는 우리 민족의 후손들이 영원히 우리말을 하면서 우리 민족으로 살아가기를 희망합니다.

둘째, 이는 조선족의 글로벌 경쟁력 강화를 위한 선택입니다. 여기에 앉아 있는 어린이들은 동서 통일을 이룩한 통일 중국과 남북통일을 이룩한 통일 한국이 서로 협력 발전하는 시대에 살게 될 것입니다. 21세기 통일 중국 - 통일 한국의 시대에서 한국어는 글로벌 경쟁력의 중요한 요인입니다.

셋째, 이는 조선족 가정의 삶의 질 향상을 위한 선택입니다. 상하이에는 여러 분야에서 성공한 조선족 인사들이 많습니다. 개인의 삶을 고려할 때 그들은 별로 유감이 없습니다. 하지만 자녀를 포함한 가정을 고려할 때는 그렇지 못한 경우가 적지 않습니다. 자녀가 우리말과 문화를 모르고, 후손들이 이민족에게 동화된다는 것이 그들의 마음속에는 영원한 아픔으로 남아 있게 됩니다. 이 과정에서 불화와 충돌이 발생하는 경우도 적지 않습니다. 여러분의 선택은 이런 결과를 미연에 방지할 수 있는 선택입니다.

넷째, 이는 조선족 가정에서 경제적으로 교육 투자 효과를 최대화할 수 있는 선택입니다. 조선족 자녀들이 가장 쉽게 배워 낼 수 있는 말은 단군 조선 이래 전승되어 온 우리말이고, 가장 쉽게 배워 낼 수 있는 글은 세종대왕 이래 전승되어 온 우리글이기 때문입니다.

요컨대 저희 주말학교 여러 학부모님들의 현명한 선택은 영원히 후회되지 않을 선택입니다. 아울러 학부모님들의 후회하지 않을 선택은 바로 자녀들의 원망하지 않을 운명입니다. 여러분의 자녀들은 향후 여러분의 오늘의 선택에 무한한 경의를 표할 것입니다.

마지막으로 이 기회를 빌려 지난 수년간 물심양면으로 저희 주말학교를 도와주신 모든 분들에게 감사드립니다. 그리고 오늘 이 모임에 참석하신 모든 분들에게 감사드립니다. 또한 오늘 이 모임을 준비하느라 수고하신 선생님들과 학부모님들에게 감사드립니다. 특히 오늘 모임에 참가한 모든 어린이들이 각자의 장기를 멋지게 자랑하기를 기대합니다.

그럼 우리 모두 오늘 모임이 성공리에 진행되기를 축하합시다.

화동조선족주말학교 소흥분교 설립식에서의 축사

2014년 11월 4일

존경하는 월수대학 유은종 교수님,

존경하는 소흥조선족협회 조 회장님,

존경하는 소흥한인학교 윤 교감 선생님,

존경하는 장동진 교장 선생님, 담임 선생님, 학부모님과 학생 여러분, 우선 소흥분교의 설립을 열렬히 축하합니다! 특히 그 동안 분교 설립을 위해 수고하신 장동진 사장님에게 축하드리고 싶습니다. 2011년 상하이에서 저희 화동조선족주말학교의 설립에도 동참하셨던 장동진 사장은 2013년 초 소흥에 이사한 후 소흥분교 설립을 꾸준히 추진하여 마침내 결실을 보게 되었습니다.

우선 화동조선족주말학교를 좀 소개해 드리겠습니다.

2011년 9월에 정식으로 시작되었습니다. 만 3년여의 노력을 거쳐 저희 주말학교는 큰 발전을 이룩하였습니다.

학생 수는 20여 명에서 150여 명으로 증가했고, 학급 수는 처음의 2개에서 현재의 16개로 증가했으며, 지역적으로는 초창기의 상하이 2개 구에서 현재의 3개 구, 그리고 상하이뿐만 아니라 소주, 무석, 가흥, 소흥으로 확산되었습니다.

저희 주말학교는 주로 조선족 어린이들에게 우리말과 우리글을 가르치는 장소입니다. 동시에 우리는 어린이들에게 우리 민족의 노래와 춤 등 전통문화, 풍속습관도 가르치고 있습니다.

해마다 1회씩 상하이 조선족 어린이 장기자랑 모임을 개최하고 있습니다. 소흥에서는 장위 학생이 3회나 참가하였습니다.

저희 주말학교는 자그마한 도서실도 하나 운영하고 있습니다.

저희 주말학교는 조선족에 의한, 조선족을 위한, 조선족의 한글주말학교입니다. 설립 시기부터 조선족 학자, 기업인들의 적극적인 지지와 지원을 받고 있습니다. 작년부터는 화동지역 한국인들의 후원도 받고 있으며, 올해부터는 한국 재외동포재단의 지원도 받고 있습니다.

여기서 저는 특히 자기의 자녀를 저희 조선족주말학교에 보내신 모든 학부모들에게 경의를 표하고 싶습니다. 여러분의 현명한 선택은 영원히 후회되지 않을 선택입니다. 아울러 여러분의 후회하지 않을 선택은 바로 자녀들의 원망하지 않을 운명입니다. 여러분의 자녀들은 향후 여러분의 오늘의 선택에 무한한 경의를 표할 것입니다.

우선, 이는 조선족의 민족 정체성 보전을 위한 선택입니다. 우리는 우리민족의 후손들이 영원히 우리말을 하고 우리글을 쓰면서 우리민족으로 살아가기를 희망합니다.

둘째, 이는 조선족의 글로벌 경쟁력 강화를 위한 선택입니다. 조선족의 기성세대들은 내년에 3000억불을 기대하는 중한 무역의 거대 시장 구축의 공신들이었습니다. 여기에 앉아있는 어린이들은 동서 통일을 이룩한 통일 중국과 남북통일을 이룩한 통일 한국이 서로 협력 발전하는 시대에 살게 될 것입니다. 21세기 통일 중국 - 통일 한국의 시대에서 한국어는 글로벌 경쟁력의 중요한 요인입니다.

셋째, 이는 조선족 가정의 삶의 질 향상을 위한 선택입니다. 상하이와 그 주변에는 여러 분야에서 성공한 조선족 인사들이 많습니다. 개인의 삶을 고려할 때 그들은 별로 유감이 없습니다. 하지만 자녀를 포함한 가정을 고려할 때는 그렇지 못한 경우가 적지 않습니다. 자녀가 우리말과 문화를 모르고, 후손들이 이민족에게 동화된다는 것은 그들의 마음속에는 영원한 아픔으로 남아 있게 됩니다. 이 과정에서 불화와 충돌이 발생하는 경우도 적지 않습니다. 여러분의 선택은 이런 결과를 미연에 방지할 수 있는 선택입니다.

넷째, 이는 조선족 가정에서 경제적으로 교육 투자 효과를 최대화할 수 있는 선택입니다. 조선족 자녀들이 가장 쉽게 배워낼 수 있는 말은 단군 조선 이래 전승되어 온 우리말이고, 가장 쉽게 배워낼 수 있는 글은 세종대왕 이래 전승되어 온 우리글이기 때문입니다.

학부모님 여러분! 추호의 동요 없이 이미 한 선택 대로 하기 바랍니다. 주말학교가 잘 운영됨에서 가장 중요한 요인 중의 하나가 바로 여러분의 관심과 지지입니다.

마지막으로 소흥분교 설립과 운영을 관심하고 지지해 주시는 모든 분들에게 사의를 표하는 동시에 소흥분교가 성공적으로 잘 운영되기를 기원하면서 이만 줄입니다.

감사합니다.

화동 조선족 주말학교 : 회고와 전망1)

2015년 3월 5일 작성, 2015년 3월 25일 수정,
2015년 7월 31일 재수정

[머리말]

한반도 밖의 우리 민족 구성원들이 민족 정체성을 보전함에 가장 중요한 것은 민족 고유 언어를 대대손손 이어가는 것이다. 중국에서 최고의 평균 문화교육 수준을 자랑하는 조선족의 상황2)을 보면 비록

---

1) 필자는 '상하이 조선족 주말학교 : 어제 · 오늘 · 내일'(2013 - 11 - 18)이란 제목의 글을 발표한 적이 있다. 그 후의 자료를 추가하여 이 글을 만들어 본다. '화동 조선족 주말학교'란 이름이 사용되었음에 유의하기 바란다.
  〔참조〕:
  (1)http://www.oktimes.co.kr/news/articleView.html?idxno=3659;(2)http://www.oktimes.co.kr/news/articleView.html?idxno=3661;(3)http://www.oktimes.co.kr/news/articleView.html?idxno=3662;(4)http://www.oktimes.co.kr/news/articleView.html?idxno=3663.
  필자는 중국 조선족이 직면하고 있는 가장 중요한 과제는 조선족 어린이들의 우리말 교육이라고 생각한다.

2) "朝鮮族聚居地区基本普及了高中教育。延边有5所大学 (为了进入国家21世纪100所大学行列，现合并为1所)，朝鮮族每千人中有大学文化程度人口44名 (汉族14名，少数民族平均是6名)。朝鮮族男性文盲率为4.69%，是中国各民族中最低的。在中国各民族的文化教育程度综合指数中朝鮮族最高，为8.55 (满族为6.37,蒙古族为5.58,汉族为5.47,藏族为1.82)。只有200万人口的朝鮮族拥有用本民族文字图书的出版社4个 (全国出版社只有1000余个)，新闻社 (报社)4个，朝鮮文杂志十多种。一些城市还有朝鮮民族图书馆、文化馆、广播电台、电视台。朝鮮族的科学技术人才较多，占在业人数的10%以上。" "在中国各民族的生活水平综合指数中朝鮮族最高，为71.2，满族为67.1，汉族为63.4，哈尼族为38.3等。"
  출처 : http://item.jd.com/1058202713.html, 2015 - 02 - 24 열독.

그 동안 곡절은 있었지만 1970년대까지는 우리말글 교육을 제대로 실행하여 구성원의 절대 다수가 자기 민족어를 알고 있었다. 이는 한민족의 역사에서 보면 하나의 기적으로 평가할 만한 일이기도 하다.

그러나 1970년대 말부터 개혁개방이 추진되면서 중국 조선족 사회에서는 대규모 인구 이동이 발생하여 다수의 조선족 인구가 농촌에서 도시로, 소도시에서 대·중 도시로, 중국에서 외국으로 이동하면서 조선족 인구가 비교적 집중되어 있던 연변조선족자치주와 동북 3성에서도 조선족 인구의 급감으로 민족어 교육은 심각한 위기에 처하게 되었다. 이들 지역 민족어 교육의 요람이었던 조선족 학교가 80% 정도 폐교(정확한 통계인지는 좀 더 확인이 필요하지만)되었다고 한다.[3]

비록 규모가 크게 위축되었어도 위의 지역들에 남아 있는 조선족인들은 남아 있는 조선족 학교를 이용하여 민족어를 배울 수 있다. 심각한 것은 베이징, 칭도, 상하이 등 도시의 상황이다. 조선족 인구가 급증하였지만 우리 민족 교육 기관이 거의 없는 이들 도시의 조선족 어린이들은 그 대다수가 민족어를 전혀 모르고 있다.

일례로 상하이를 보면 1953년에 35명, 1964년에 245명, 1982년에 462명, 1990년에 734명이던 상하이 조선족 인구는 2000년에 5120명으로, 2010년에는 22257명으로 급증하였다. 그중 5 - 14세 어린이 숫자가 얼마인지는 정확히 모르지만 2010년 현재 중국 조선족 인구중 5 - 9세 연령조의 비율 2.53%와 10 - 14세 연령조의 비율 2.80%[4]를 상

---

3) 이석호. 중국 동북3성 조선족 인구 감소 - 조선족 학교 80% 폐교. 출처 : http://blog.hani.co.kr/kh99/45840. 2013 - 02 - 24 열독.

4) 이 2개 비율은 아래의 참고문헌에 의한 것이다. 박광성. '글로벌화'와 '대도시화' 과정 속에서의 중국 조선족 민족교육. 조글로, 2014 - 02 - 04. http://www.korean3040.com/bbs/board.php?bo_table=0601&wr_id=13010, 2015 - 02 - 24 열독.

하이 조선족에 적용할 경우 전자는 563명, 후자는 623명이므로 5 - 14세 어린이 인구는 1186명이다. 현재는 1500 - 2000명 정도 되리라고 추정할 수 있겠다. 그중 우리말을 아는 어린이 숫자가 얼마인가에 대한 정확한 통계는 없지만 화동 조선족 주말학교 입학 신청을 한 상하이 조선족 어린이들의 90% 이상이 우리말글을 모르는 것으로 집계되어 있다. 사실상 상하이 주변 도시들인 소주, 가흥, 무석, 소흥, 곤산 등 지역 조선족 어린이들의 상황도 별로 차이가 없으리라 생각된다.

우리말·우리글은 이들 지역 조선족 어린이들로부터 점점 멀어져 가고 있다. 조선족 학교가 없을 뿐만 아니라 조선어를 쓰지 않는 가정이 많아지고 있으며, 심지어 '조선어 무용론'까지 확산되고 있다. 결과적으로 '한국어 세계화'가 추진되고 있는 이 시점에 중국 조선족 사회에서는 '우리말 벙어리', '우리글 문맹'이 양산되고 있다.

이에 대한 대안은 무엇일까? 여러 가지 연구가 실행되고 있지만 아직 좋은 대안이 없는 것 같다. 이에 필자는 가장 현실적인 대안은 현단계에서는 조선족 주말학교를 기본으로 다양한 교육방식을 도입하는 것이라고 생각한다.[5]

실제로 화동 지역 조선족의 현실을 보면, 비록 그 규모가 아직 아주 작지만 조선족 주말학교가 '우리말 벙어리', '우리글 문맹'의 확산을 막는 가장 중요한 일종의 민족어 교육 기관으로서 개설·활용되고 있다. 우리 민족어 교육은 말로만 그 중요성을 강조하여서는 의미가 없다. 이론적인 연구에만 그쳐서도 가치가 없다. 또한 이론적으로 별로 심오한 연구가 필요 되는 것도 아니다. 중요한 것은 각종 방법과 수단

---

5) 박창근. 상하이 조선족의 우리말 교육 어찌 하면 좋을까?. 이글은 처음에는 http://www.chinavill.com (알림·동호·동문, 2013 - 01 - 21)에 실렸고, 그 후에는 http://blog.naver.com/parangsae14/220268556521 (2015/02/10)에 실렸다.

으로 우리 민족의 미래를 이끌어나갈 어린이들에게 우리 민족어를 가르치는 것이다. 이에 2011년부터 화동 조선족 주말학교를 설립하여 '교장'을 맡고 있는 필자는 우리 민족 주말학교를 설립·운영하고 있는 세계 각국의 관련 인사들과 교류하기 위하여 화동 조선족 주말학교를 소개해 본다.

[설립 취지]

화동 조선족 주말학교에 자기의 자녀를 보내는 학부모들의 동기를 통해 화동 조선족 주말학교의 설립 취지를 고찰해 볼 수 있다. 학부모들이 자녀를 조선족 주말학교에 보내는 동기는 우선 주로 그들로 하여금 우리말글을 배우게 하려는 데에 있다. 아래의 4측면에서 그 당위성을 살펴 볼 수 있다.6)

첫째는 우리 민족 정체성의 보전을 위해서이다. 주지하다시피 민족 고유 언어의 상실은 민족 전통 문화의 단절을 의미하며, 나아가서는 민족 정체성의 실종으로 이어진다. 특히 보편성을 띤 고유 종교가 없는 우리 민족의 정체성을 보전하는 가장 중요한 내용과 수단은 우리 민족의 후손들이 대대손손 우리말을 하고 우리글을 사용하도록 하는 것이다. 중국에서 타민족 구성원이 조선어를 배워 조선족이 되는 것은 아니지만 조선어를 모르는 조선족 구성원은 타민족에게 수월히 동화될 수 있다. 때문에 우리 민족어의 습득은 우리 민족 정체성의 보전에 절대 필요한 것이다.

둘째는 우리 민족 전체 및 다수 구성원들의 글로벌 경쟁력 강화를 위해서이다. 농경민족으로서의 중국 조선족은 '벼농사 기술'을 민족

---

6) 박창근. 복단구시연수학원 조선어반 설립 3주년 기념 및 제3회 상하이 조선족 어린이 장기자랑 모임 개회사(2014 - 07 - 06). 출처 : 조선족 어린이들의 우리말글 학습의 당위성, http://blog.naver.com/parangsae14/220259851897

경쟁력으로 이용한 시기가 있었다.[7) 그러나 개혁개방과 산업화가 추진되어 도시로 이동하는 조선족 인구가 증가하면서 중국 조선족의 비교우위는 중국 56개 민족 중 평균 문화교육 수준이 제일 높은 민족이라는 것으로 나타났다. 특히 한중 수교 후 급속도로 성장하는 중한 무역에서 중국 조선족의 경쟁력은 민족어를 바탕으로 생산된 것이다. 그러나 교역액 3000억불 규모를 눈앞에 두고 있는 이 거대 시장을 둘러싼 중국인, 한국인, 중국 조선족 사이의 경쟁이 백열화되면서 한국어를 아는 중국인과 중국어를 아는 한국인은 급증하는 반면, 중국 조선족 중에는 '우리말 벙어리', '우리글 문맹'이 급증하고 있다. 이런 상황이 지속될 경우, 조선어를 앎으로 형성된 조선족 기성세대의 비교우위를 조선족 차세대가 상실하게 되리라는 것은 불 보듯 뻔하다. 때문에 우리 민족어의 습득은 우리 민족 경쟁력의 수호에 절대 필요한 것이다. 민족어를 앎은 조선족의 민족적 경쟁력 수호에 기여할 뿐만 아니라 조선족 구성원 개개인의 경쟁력 강화에도 유익하다. 대한민국의 세계적 위상이 높아짐에 힘입어 현시대는 우리 민족 역사상 우리말의 세계적 위상이 가장 높은 시대이다. 우리말은 상당히 쓸모 있는 언어로 평가되고 있다. 이러한 우리말은 중국 조선족에게 있어서는 자기 민족어인 동시에 외국어이기도 하다. 때문에 우리 민족어의 습득은 대다수 조선족 자녀들 개개인의 경쟁력 강화에 필요한 것이다. 예를 들면, 그들의 취직에 도움이 될 것이다.

셋째, 조선족 가정의 삶의 질 향상을 위해서이다. 화동 지역에는 여러 분야에서 성공한 조선족 인사들이 많다. 개인의 삶을 고려할 때 그들은 별로 유감이 없다. 하지만 자녀를 포함한 가정을 고려할 때는

---

7) 리수봉 마국광 기자. 조선족의 벼농사 공헌 영원히 빛난다.
http://hljxinwen.dbw.cn/system/2011/07/21/000379790.shtml

그렇지 못한 경우가 적지 않다. 자녀가 우리말과 문화를 모르고, 후손들이 이민족에게 동화된다는 것이 그들의 마음속에는 영원한 아픔으로 남아 있게 된다. 이 과정에서 불화와 충돌이 발생하는 경우도 적지 않다. 예를 들면, 3대가 함께 생활하는 가정일 경우, 우리말만 하는 조부모, 중국어와 한국어를 아울러 하는 부모, 중국어만 할 줄 아는 자녀들 상호간에는 의사소통이 잘 되지 않아 일상생활에서 불편할 뿐만 아니라 장기적으로는 세대 간의 갈등도 생길 수 있게 된다. 이런 결과를 미연에 방지할 수 있는 방안이 바로 자녀들에게 우리말을 가르치는 것이다.

넷째, 조선족 가정에서 경제적으로 교육 투자 효과를 최대화하기 위해서이다. 조선족 자녀들이 가장 쉽게 배워 낼 수 있는 말은 단군 조선 이래 전승되어 온 우리말이고, 가장 쉽게 배워 낼 수 있는 글은 세종대왕 이래 전승되어 온 우리글이다. 생리학적으로 우리 민족 자녀들이 다른 민족 자녀들보다 쉽게 우리말을 배워 낼 수 있는가 하는 것은 연구를 필요로 하는 과제이다. 그러나 예를 들면, 다른 민족 학생들은 우리말을 배울 때 'ㅅ, ㅊ, ㅆ'의 발음을 자꾸 혼동하지만 우리 민족 자녀들은 별로 어려움 없이 이 3자를 구별한다. 부부 사이의 우리말 사용, 자녀들에 대한 부모들의 우리말 사용, 부모와 친척·친구 사이의 우리말 사용, 그리고 기타 방식에 의한 우리말 사용은 자녀들의 듣기 능력 향상에 크게 기여할 뿐만 아니라 좋은 언어 환경을 조성하여 그들의 우리말 일상생활 용어의 축적에 기여하게 된다. 일상생활에서 우리말 언어 환경에 노출되어 있는 우리 민족 자녀들은 수시로 우리말을 사용할 기회가 있어 한 번 배워 놓으면 잊어버릴 근심도 별로 없다.

화동 조선족 주말학교의 설립 취지는 우리말 학습의 필요성에 국한되는 것이 아니다. 우리말 학습을 통한 전통 문화의 학습과 전승(傳承), 조선족 어린이들끼리의 만남, 주말학교를 통한 조선족 학부모들의 만남 등이 갖는 의미도 동시에 고려해야 할 것이다. 사실상 조선족 주말학교는 직·간접적으로 건전한 화동 지역 조선족 사회의 형성과 발전에 기여를 하고 있다.[8]

지난 수년간 조선족 주말학교 운영을 보면, 다수 조선족 학부모들이 자녀를 주말학교에 보냄에서 부담으로 느끼는 것은 자녀들의 학습 부담이 아주 큰 상황에서 우리말을 배울 시간과 정력이 없다는 것이다. 중국 중소학교 교육의 현실을 보면 학생들의 학습 부담이 너무 큰 것은 사실이다. 그런데 이 때문에 자녀들에게 우리말을 가르치지 않는다는 것은 잘못된 판단이다. 대체적으로 조선족 자녀들을 아이큐가 높은 부류와 낮은 부류로 나누어 보자. 우리가 경험한 데에 의하면 아이큐가 높은 애들의 경우 중국어와 영어를 배우는 동시에 한국어를 더 배우는 것은 별로 부담이 되지 않는다. 한편, 아이큐가 낮은 애들의 경우 학교에서 가르치는 중국어나 영어에서 비교우위를 차지한다는 것은 거의 불가능하므로 차라리 중국어와 영어를 배우는 동시에 한국어를 잘 배우는 것은 중한 간에 형성된 대규모 시장에서 언어적 비교우위를 확보하여 활약할 수 있는 하나의 훌륭한 선택일 것이다.

요컨대 자녀들을 조선족 주말학교에 입학시킨 학부모들의 현명한 선택은 영원히 후회되지 않을 선택이다. 아울러 학부모들의 후회되지 않을 선택은 바로 자녀들의 원망하지 않을 운명이다. 현재 조선족 주말학교를 다니는 어린이들은 향후 부모들의 오늘의 선택에 무한한 경의를 표할 것이다.

---

8) 박창근. 상하이 조선족이 나아갈 길, 2013년 6월 3일 완성, 2013년 9월 20일 수개. http://blog.naver.com/parangsae14/220259822131

[조선족 주말학교]

상하이 등 새로이 형성된 규모적 조선족 거주 지역에 조선족 교육기관을 설립하여야 한다는 논의가 지속되고 있다. 그 중에는 전일제 조선족 학교를 설립해야 한다는 논의도 포함된다. 그런데 필자의 조사에 의하면 상하이에 전일제 조선족 학교가 설립되어도 거기에 자녀를 보내겠다는 학부모는 별로 없다.

상하이에서 전일제 조선족 학교의 설립은 시기상조이다. 우선, 상하이 조선족 사회에는 아직 전일제 조선족 학교의 설립과 운영을 감당하려고 나선 교육자가 없다. 둘째, 소요되는 자금을 제공할 재력적·정신적 준비가 되어 있는 기업인이나 기업인 단체가 없다. 셋째, 다수의 상하이 조선족 학부모들은 아직 전일제 조선족 학교 교육에 대한 수용 준비가 되어 있지 않다. 넷째, 상하이 정부의 허가를 받으려면 상당한 노력과 시일이 소요될 것이다.

상하이 전일제 조선족 학교를 설립하려면 우선 이에 관심 있는 교육자, 수준 있는 학자와 재력 있는 기업인들로 구성된 준비팀을 구성하여 그 당위성과 가능성에 대한 참다운 조사와 심도 있는 연구를 선행하여야 할 것이다.

여기서 특히 상하이의 전일제 조선족 학교를 옛날 '인성학교'의 승계 학교로서 설립하려는 것은 실현 불가능한 허황한 생각에 지나지 않는다는 것을 지적하고 싶다.

상하이의 '인성학교'(1916 - 1935년, 1946 - 1981년)는 1916년 학생 4명으로 개교한 '상해기독교소학교'가 이듬해 '인성학교'로 개명하여 출범하였다가 1981년 학생 4명밖에 남지 않은 '상해조선인민인성학교'의 폐교로 막을 내렸다.

'인성학교'는 그 발전의 제1단계에는 한국의 '독립운동을 전개하기 위한 인재 양성'에 주안점을 두고 있었고, 제2단계에는 점차 조선민주

주의인민공화국 정부가 관장한 학교로 변모하였다. '인성학교'는 중국인에게는 중국 조선족의 학교가 아니라 외국인, 즉 '한국인'이나 '조선인'의 학교였다. 현재 '인성학교'의 승계학교는 1999년에 설립된 '상해한국학교'이다.

때문에 상하이에서 설립하려는 조선족 학교를 '인성학교'의 승계학교로 하려는 시도는 역사에 대한 무지에서 출발한 상당히 위험한 발상으로서 오해의 소지가 많고 상하이 조선족에게 엄청난 재난을 초래할 가능성이 있으므로 조속히 없어져야 한다.

상하이 조선족의 민족 언어 교육에 대한 토론이 전개되기를 바라는 마음에서 아래의 제안을 하는 바이다.

1) 유치원 적령기 자녀의 우리말 교육. 조선족 유치원의 설립과 운영이 필요하다. 우리말을 주로 하고 한어를 동시에 가르치는 것이 바람직하다. 우리말 학습에 중요한 기초를 닦아 놓는 시기가 될 것이다.
2) 소학교 및 초급중학교 저급 학년 적령기 자녀의 우리말 교육. 조선족 주말학교의 설립과 운영이 필요하다. 이 시기는 조선족 자녀들의 우리말글 학습에서 가장 중요한 시기가 될 것이다.
3) 초급중학교 고급학년 및 고급 중학교 적령기 자녀의 우리말 교육. 우리말 실력과 취미에 의해 조직된 각종 독서회가 이 시기 우리말 교육의 좋은 방식이 될 것이다.
4) 우리말을 모르는 조선족 대학생 및 사회인을 대상으로 하는 우리말 교육. 각종 형식의 속성반, 예를 들면 학교 방학을 이용한 속성반, 한국어능력시험에 대비한 보습반, 한국 유학을 선택한 자녀들을 위한 속성반 등이 적합하다.
5) 여타 우리말 교육 방식. 위와 다른 교육 방식도 시행해 볼 수 있다. 예를 들면, 상하이 조선족의 단독 노력으로, 또는 연변 모

소학교와 상하이 모 소학교의 자매결연으로 상하이 모 소학교 내에 조선족 학급을 설립하는 방식도 시행해 볼 수 있다.

6) 전일제 조선족 학교. 전일제 정규 조선족 학교 설립도 고려해 볼 수 있다. 하지만 이는 신중을 기해야 하는 일로서 상하이 조선족 주류 사회의 지지와 조선족 전문가들의 참여가 있어야 성공이 가능하다. 특히 상해시 정부의 허가와 지지가 필요 되는 사업이라 할 수 있다.

여기서 특별히 지적하고 싶은 것은 위의 각 단계의 우리말 교육은 주도 교육 방식 외에 다른 교육 방식이 결부되어 다양화·다원화한 조선족 민족 언어 교육 체제를 구축해야 한다는 것이다.

상하이나 화동 지역 현황을 고려하면 조선족 자녀에 대한 우리말 교육에서 현재로는 조선족 주말학교가 가장 중요한 위치에 놓여 있다. 이러한 인식을 바탕으로 상하이와 화동 지역에서의 조선족 주말학교 설립이 추진되어 지난 수년간 화동 조선족 주말학교 소속 학급들이 우후죽순처럼 상하이와 주변 도시들에서 설립·운영되고 있지만 아직은 설립·운영의 시행(試行) 단계에 처해 있다고 생각된다.

[연혁]

한국 재외동포재단에 등록되어 있는 '화동 조선족 주말학교'는 중국에서는 아직 독자적인 사단법인이 아니다. 그렇다고 불법적으로 설립·운영되는 교육기관도 아니다. 독자적인 사단법인 설립이 아직 시도되지 않은 상황에서 화동 조선족 주말학교는 합법적인 수속을 거쳐 설립된 기존 학원 내에 조선어반을 설립하는 방식으로 설립·운영되고 있다.

처음은 2011년 9월 17일, 연변조선족자치주 교육국과 상하이 양푸구 교육국의 지지와 허가, 복단구시연수학원의 지지와 협력, 그리고 상하이에서 활약하는 조선족 지성인들과 기업인들, 학부모들의 지지로 '복단구시연수학원 조선어반'이 공식 출범하였다. 같은 날 푸둥반이 설립되었고 11월에는 메이룽반이 설립되어 양푸구, 푸둥신구, 민항구에 각각 1개 학급씩 있게 되었다.

지난 4년 동안 화동 조선족 주말학교는 급속도로 발전하여 왔다. 오늘 현재 소속 학급 수는 초창기의 3개에서 20개로, 학생 수는 초창기의 30여 명에서 170여 명으로, 교사 수는 초창기의 2명에서 10여 명으로, 학급 분포는 초창기의 상하이 3개 구(양푸구, 푸둥신구, 민항구)에서 오늘 현재 상하이 3개 구(민항구, 푸둥신구, 숭쟝구)와 주변 5개 도시로 증가하였다.(표1 참조)

이러한 변화를 감안하여 2013년 말부터 '화동 조선족 주말학교' 개념을 새로이 도입하여 '상하이 조선족 주말학교' 명칭은 화동 조선족 주말학교 본부, 또는 화동 조선족 주말학교 소속 상하이 분교 개념으로 사용하게 되었다.

상하이의 면적이 6340.6㎢(서울 면적의 10배 상회), 인구가 2347.46만 명 (2010년 11월), 그중 조선족 인구가 22,257명(2010년 11월의 통계, 현재는 근 3만 명)임을 고려하여 상하이 조선족 주말학교는 초창기부터 학생들이 거주지 근처에서 다닐 수 있도록 소속 학급 분포의 '소규모 다지역' 원칙을 실행하였다. '상하이 조선족 주말학교는 여러분의 거주지 근처에 있습니다.'는 슬로건은 학부모들의 열렬한 지지를 얻었다.

본부인 상하이 조선족 주말학교의 학급 분포를 보면 대체적으로 상하이 동부 지역에 3개 학급, 서부 지역에 8개 학급이 설립되어 있다. 좀 더 구체적으로 말하면, 동부 지역은 푸둥신구에 푸둥2012반, 푸둥2013반, 푸둥2014반이 설립되어 있다9). 상하이 조선족 인구가 가장 집중되어 있는 곳은 서부 지역의 민항구이고 숭쟝구는 조선족 인구가 새로이 증가하고 있는 지역이다. 오늘 현재 민항구에 메이룽2011반, 진후이 2012반, 진후이2013반, 진후이2015반, 신좡2014반이 설립되어 있고, 숭 쟝구에는 숭쟝2013반, 쥬팅2013반, 쥬팅2014반이 설립되어 있다.

상하이 주변 도시들에 주말학교를 설립하는 사업은 2012년 소주시 로부터 시작되었다. 당시는 상하이 조선족 주말학교에서 소속 학급을 신설·관리하는 방식을 채용하였다가 점차 관련 소주시 조선족 인사 들이 자체 운영하는 방식으로 전환하였다. 가흥 분교는 그 지역에 자 체적으로 설립된 주말학교가 화동 조선족 주말학교에 편입되는 방식 에 의한 것이다. 무석 분교와 소흥 분교는 화동 조선족 주말학교에서 협조하고 그 지역 인사들이 주도하는 방식으로 설립·운용하고 있다.

표1에서 보다시피 화동 조선족 주말학교는 지난 3년여 동안 획기적 인 성장을 이룩하였다. 하지만 2015년 3월 현재 상하이 조선족 인구가 약 3만 명이라 할 때 5 - 14세의 조선족 어린이가 약 1500 - 2000명 정도 될 것인데, 화동 조선족 주말학교 본부의 학생 수는 100여명 정도밖에 안 된다. 즉 아직까지 화동 조선족 주말학교를 다니는 학생 수가 너무 적다. 대다수 적령기 조선족 어린이들이 우리말을 배우지 못하고 있다.

그 원인은 크게 두 가지라 할 수 있다. 하나는 화동 조선족 주말 학교에서 지난 4년 동안 많은 노력을 했음에도 아직 상하이에 우리말 배움터가 있다는 것을 모르는 학부모들이 많다는 것이다. 다른 하나는 아직도 우리말 학습의 당위성을 제대로 인지하지 못하는 학부모들이 많다는 것이다. 향후 이 두 측면에서 노력하여 더욱 많은 조선족 주말학 교와 학급을 개설하고 더욱 많은 조선족 학생들을 모집해야 할 것이다.

학급 신설은 쉬운 일이 아니다. 관련 수속이 필요한 동시에 교실 임차, 교사 채용, 학생 모집 등 모두 쉽지 않다. 그럼에도 지난 수년

---

9) 오는 9월초 새 학기가 시작될 때는 푸둥2015반이 새로이 설립될 것이다. - 필자.

간 각종 곤란을 극복하면서 조선족 인구 분포 상황에 근거하여 학급 신설을 추진함으로써 각 지역 조선족 어린이들은 상대적으로 가까운 거리에서 조선족 주말학교를 다닐 수 있게 되었다. 교통난이 심각한 상하이에서 보다 많은 어린이들이 거주지 근처에서 우리말을 배울 수 있는 기회를 갖게 된 것이다.

[조직 구도]

화동 조선족 주말학교는 구조적으로 정규 학교와 크게 다르다. 조직 구도를 구축할 때 아래의 사항들을 고려해야 한다.

1) 느슨성 - 당 학교는 소속 분교들의 느슨한 연합체이고, 각 분교는 소속 학급들의 느슨한 연합체이다. 학급이 학교 운영에서 특별히 중요한 위치에 놓여 있다.
2) 업여성 - 당 학교는 전임 교사, 전임 직원이 없다. 즉 모든 교사와 직원이 '업여'로 조선족 어린이들에 대한 우리말 교육에 종사한다. 또한 우리말은 화동 지역 조선족 학생들이 의무교육 단계에서 다니는 학교의 교과에 포함되어 있는 것이 아니다.
3) 분산성 - 현존하는 20개 학급은 상하이와 주변 5개 도시에 분산되어 있다. 상하이의 11개 학급은 3개 구, 6개 곳에 분산되어 있다.
4) 소규모 - 각 학급의 학생수는 평균 10명 정도이다. 15명 정도 되는 학급이 얼마 안 된다. 가장 적게는 학생수가 4명인 학급도 있다.

[표 1] 화동 조선족 주말학교 본부 / 분교 및 학급 일람(2015년 7월 현재)

상하이	본부(상하이 조선족 주말학교)	
상하이 민항구	메이룽2011반	闵行区梅隆镇社区学校 闵行区高兴路108号 2011년 11월 개설 ; 매주 토요일 오전 2시간 수업
	진후이반 장소 : 闵行区合川路2928号A幢3楼新乐坊(闵行中心)	
	진후이2012반	2012년 3월 개설 ; 매주 토요일 오전 2시간 수업
	진후이2013반	2013년 9월 개설 ; 매주 토요일 오후 2시간 수업
	진후이2015반	2015년 5월 개설 ; 매주 토요일 오후 2시간 수업
	신좡2014반	闵行区宝城路155弄名都新城俱乐部二楼 2014년 5월 개설 ; 매주 토요일 오전 2시간 수업
상하이 푸둥신구	장소 : 浦东新区奥博教育培训中心 锦绣路888弄御景园会所	
	푸둥2012반	2012년 8월 개설; 매주 토요일 오후 2시간 수업
	푸둥2013반	2013년 3월 개설; 매주 토요일 오후 2시간 수업
	푸둥2014반	2014년 3월 개설; 매주 토요일 오전 2시간 수업
상하이 쑹장구	쥬팅반 장소 : 沪亭北路涞坊路556弄28号225室	
	쥬팅2013반	2013년 9월 7일 개강; 매주 토요일 오전 2시간 수업
	쥬팅2014반	2014년 9월 6일 개강; 매주 토요일 오후 2시간 수업
	다쉐청2015반	松江区龙腾路1015弄6-606室 2013년 9월 7일 개강; 매주 토요일 오후 2시간 수업
강소성 소주시	소주 분교(소주 조선족 주말학교) - 2012년 3월 10일 개강	
	장소 : 苏州工业园区雅戈尔雷迪森广场国际中心1909室	
	소주2015(1)반	매주 토요일 수업
	소주2015(2)반	매주 토요일 수업
강소성 무석시	무석 분교(무석 조선족 주말학교)	
	장소 : 无锡新区红旗路红旗社区内 2楼	
	무석2014(1)반	2014년 9월 7일 개강; 매주 토요일 오후 12 :40 - 2 :30 수업
	무석2014(2)반	2014년 9월 7일 개강; 매주 토요일 오후 2 :30 - 4 :00 수업
강소성 곤산시	곤산 분교(곤산 조선족 주말학교)	
	곤산2015반	昆山北门路283号 2015년 3월 15일 개강, 매주 일요일 오전 2시간 수업
절강성 가흥시	가흥 분교(가흥 조선족 주말학교)	
	장소 : 嘉兴市中山西路527号财富广场10楼1006室	
	가흥2012(1)반	2012년 3월 1일 개강; 매주 토요일 오전 2시간 수업
	가흥2012(2)반	2012년 3월 1일 개강; 매주 토요일 오전 2시간 수업
	가흥2015반	2015년 3월 7일 개강; 매주 토요일 오전 2시간 수업
절강성 소흥시	소흥 분교(소흥 조선족 주말학교)	
	소흥2014반	绍兴市柯桥区温渎路139号宝汇大厦701室 2014년 9월 21일 개강; 매주 일요일 오후 2시간 수업

5) 불균형 - 조선족 학생 수가 많지 않아 한 지역에 여러 개 학급을 설립할 수 없기 때문에 한 학급에서 수업하는 학생들 간의 연령 차이, 우리말 수준의 차이가 비교적 크다. 고도의 교수 예술이 수요 되는 원인도 여기에 있다.

6) 불연속 - 1주 1회씩 수업하기 때문에 학생들의 학습 과정에서 기억과 망각의 번복이 심하고 관련 인원들 간의 교류와 협력은 한계가 있다.

7) 비주체 - 학생이 주로 5 - 14세의 어린이들이기 때문에 주말학교 입학은 학생이 주체적으로 하는 것이 아니라 부모들이 대신해 한다. 뿐만 아니라 학교의 제반 운영에서 학부모들의 역할이 아주 중요하다. 모종 의미에서는 학부모들이 어느 정도 긍정적으로 관여하는가에 따라 학생들의 학습 효과 및 학교 운영 효과가 현저히 다르다. 하지만 학생들의 주동성 양성도 중요시해야 한다.

8) 불안정 - 주말 학교 학급의 존속, 학생의 구성, 학생의 수량, 교사의 구성 등은 정규 학교에 대비하여 매우 강한 불안정성이 있다. 이는 상하이나 화동 지역 조선족 사회의 역동적인 변화에 의한 것이기도 하지만 주말학교의 특성에 의한 것이기도 하다. 예를 들면 주말학교는 새 학기가 시작될 때마다 새로이 학생 모집을 해야 한다.

이러한 학교 운영에 적합한 안정적 조직구도의 구상과 구축은 쉽지 않다. 주말학교의 운영 관리에서 어떻게 하면 위의 요소들의 장점을 살리고 단점을 극복하겠는가 하는 것이 중요하다. 수년간의 모색을 거쳐 저희 주말학교는 '교장의 총괄, 교사들의 분담 관리, 학부모들의 자원 협력, 자문 교수들의 합리화 제의'를 기본적 운영 관리 요소와 기제로 하고 있다.(그림1 참조)

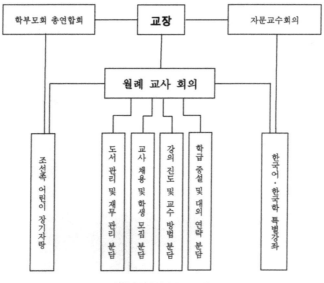

그림 1. 화동조선족주말학교 조직구도

이 구도에서 각 부문의 역할 분담은 비교적 명확하다고 할 수 있다. 교장은 주말학교 전체에 대해 총괄책임을 진다. 학급 담임교사는 담당 학급의 운영을 구체적으로 책임진다. 월례교사회의는 교장의 사회 하에 전체 교사가 참가하여 매월 1회씩 열리는 회의로서 주말학교 운영의 주요 제도이다. 각 학급의 상황은 이 회의에서 보고되며 주말학교 관련 모든 중요 사항은 이 회의에서 검토 결정된다. 주말학교 제반 운영 관리에 관련되는 사항을 학급 증설 및 대외 연락, 교사 채용 및 학생 모집, 강의 진도 및 교수 방법, 도서 관리 및 재무 관리 등으로 나누고 관련 교사들이 분담하여 교장을 보좌한다.

[교사진]

화동 조선족 주말학교의 성공적인 운영을 가능케 하는 가장 중요한 요인 중의 하나는 우수한 교사진을 보유하고 있다는 것이다. 그들은 인격과 학력, 경력, 지식 구조 등에 의해 형성된 자질에서 주말학교 교사직에 적합하다. 특히 아래의 몇 가지를 강조하고 싶다.

하나는 책임감이다. 모든 교사들은 고도의 책임감으로 자기가 맡은 1개 또는 2개 학급에 대해 책임지고 있다. 어린이들에게 우리 민족어를 배워줄 뿐만 아니라 자기가 맡은 학급이 여러 면에서 훌륭한 학급이 되도록 노력하고 있다.

다른 하나는 자각성이다. 위로부터의 감독, 교사 상호간의 감독이 별로 없는 상황에서 제각기 독립적으로 수업을 하는 교사들의 고도의 자각성은 화동 조선족 주말학교가 정상적으로 운영됨에 있어서 무엇보다도 중요한 자질이다.

또 하나는 사명감이다. 교사들은 우리 민족의 미래를 위해 반드시 해야 한다는 사명감을 갖고 조선족 주말학교에서의 우리말 교육에 임하고 있다. 그들은 조선족 자녀들에 대한 사랑과 민족 교육 사업에 대한 애정을 갖고 우리 민족의 어린이들을 열심히 가르치고 있다. 경제 이익을 너무 따지는 오늘날 현실에서 저희 주말학교 교사들처럼 헌신적으로 일하는 교사들은 보기가 드물다. 특히 정규 학교가 아닌 학원에서 그러하다.

저희 주말학교 교사들은 학생들의 출석, 숙제, 기말고시 등에서 정규 학교처럼 엄격히 요구하고 있다. 한 학급 내 학생들의 수준이 현저히 달라 2 - 3개 모둠별 수업을 해야 할 경우가 많아 강의 준비나 실제 강의나 모두 매우 힘들어도 마다지 않고 열심히 한다. 정상적인 수업을 따라가기 힘들어 하는 학생들에게는 교습료를 받지 않고 과외교습을 하기도 한다. 저희 주말학교 교사들은 강의만 하는 것이 아니라 학생 모집과 관리 등 학교 운영에도 참여하여 한 명의 학생이라도 더 모집하고, 한 명의 학생이라도 중도 퇴학하지 않도록 노력에 노력을 더하고 있다.

날로 커가는 저희 주말학교의 실정과 개혁개방 시대의 인구 유동성을 고려하여 저희 주말학교에서는 화동 조선족 주말학교 교사 인재풀을 조성하여 각종 변화에 대응하고 있다. 아직까지 교사의 부족으로 학급 신설이나 수업 중단이 발생한 적은 거의 없다. 다른 일부 국가들의 상황과는 달리 중국 조선족 사회에는 우리말 주말학교에 소요되는 교사직을 담당할 수 있는 우수한 인재들이 다수 축적되어 있다.

하지만 교사들의 지식수준과 교수 수준은 꾸준히 제고해야 한다. 이를 위해 시행하는 조치의 하나가 한국어·한국학 특별 강좌이다. 주말학교 교사들의 한국어·한국학 수준 향상, 나아가서는 상하이조선족의 한국어·한국학 수준 향상을 위하여 대학 교수와 전문가들을 초청하여 2012 - 2013학년 제1학기부터 한국어·한국학 특별강좌를 시행하고 있다. 이미 5회 시행했다. 제1회 강좌 제목(강사 박창근 교수, 2012 - 11 - 04)은 '요약 한국사'였고, 제2회 강좌 제목(강사 방수옥 교수, 2012 - 11 - 25)은 '대국 요인과 조선반도'였으며, 제3회 강좌 제목(강사 김기석 교수, 2013 - 03 - 24)은 '한국어 특징의 재인식'이었고, 제4회 강좌 제목(강사 고륙양 교수, 2013 - 05 - 19)은 '한중 호칭어의 이동 및 그 사회적 요인', 제5회 강좌제목(강사 이선우 영사, 2014 - 11 - 30)은 '한국 현행 교육 제도'였다. 청강자는 주로 저희 주말학교 교사들이고, 소수의 학부모와 대학생들이 참여하기도 한다. 향후 경우에 따라 학부모와 대학생 청강자 숫자를 어느 정도 늘릴 계획이다.

교사들의 수준 향상을 위한 또 하나의 중요한 조치는 한국 관련 기관에서 조직하는 여러 가지 교사 연수회에 참가하는 것이다. 한국 재외동포재단 등 기관의 도움으로 2014년부터 이 방면에서 적지않은 활동에 참여하고 있다.

여기서 가장 중요한 것은 조선족 주말학교 운영과 수업에 대한 교사들의 관심과 탐구이다. 중국내 조선족 주말학교에서의 조선족 어린이들에 대한 우리말 교육은 중국 전일제 조선족 학교에서의 조선족 학생들에 대한 우리말 교육, 중국 대학교 한국어 학과에서의 타민족 학생들에 대한 우리말 교육, 중국내 한국인 주말학교에서의 한국 어린이들에 대한 우리말 교육 등과 현저히 다르다. 때문에 중요한 것은 중국내 조선족 주말학교를 위한 특수한 교육체제, 교육방식에 대한 개념의 정립과 실행이다. 화동 조선족 주말학교 교사들은 "실천 - 학습 - 실천" 과정을 번복하면서 자기의 수준을 높이는 동시에 주말학교의 수준도 높이고 있다.

또 하나 부언하고 싶은 것은 화동 조선족 주말학교에서는 아직까지 교사로 자원봉사자를 이용한 적이 없었다는 것이다. 향후 단기 자원봉사자는 활용할 수 있겠다고 생각되지만 장기 수업을 담당하는 교사에 자원봉사자를 채용하려고는 하지 않는다. 왜냐하면 주말학교의 건전한 운영을 위한 교사, 학부모, 학생들 사이의 돈독한 상호관계 형성을 위해서는 시간이 수요 되며, 교수 질의 향상을 위해서는 학생들의 우리말 수준에 대한 투철한 이해가 필수적이라 생각되는데 자원봉사자는 이러한 요구를 만족시키기 어렵기 때문이다.

[월례 교사 회의]

화동 조선족 주말학교는 구조적으로 20개 학급이 상하이 3개 구와 주변 5개 도시에 나뉘어 있고, 경제적 원인으로 단 한 명의 직원도 채용하지 못하고 있다. 때문에 교장과 각 부문 책임자들이 어떻게 각 학급 상황을 포함한 학교 전체의 운영 상황을 파악하겠는가 하는 것이 매우 중요한 과제이다.

학급 수가 적을 때는 교장이 각 학급 수업 현장을 돌아다니면서 상황 파악을 할 수 있었지만 학급 수가 많아지고 분포가 광역화되면서 교장이 모든 학급의 수업 현장을 돌아보는 것은 거의 불가능하게 되었다. 때문에 현재는 교장이 일부 학급을 직접 돌아보는 동시에 메일, 휴대 전화 등 통신 수단을 많이 이용하고 있다.

그런데 이러한 통신 수단에 의한 정보 수집과 정보 교환, 정보 처리에는 한계가 있다. 하여 고안된 것이 월례 교사 회의이다. 교장의 사회로 1개월에 1회씩 열리는 월례 교사 회의는 화동 조선족 주말학교 본부(상하이 조선족 주말학교)의 가장 중요한 운영 방식으로 자리매김하고 있다. 각 학급 교사들은 이 회의에서 담임 학급의 상황을 보고하고 상호간 교류하면서 존재하는 문제들을 검토하고 해결 방책을 강구한다. 이는 교사들이 저희 주말학교 운영에 참여하는 중요한 조치이기도 하다. 또한 교장은 이 회의에서 여러 사항들을 처리하기도 한다.

각 학급 담임교사들이 보고하는 내용은 개학 초기, 중기와 말기에 차이가 있다. 초기에는 주로 교실 임차, 신청 학생 수, 교과서 발급, 학비 납부, 학생 출석 등 상황과 학부모회 정·부회장 명단, 학기 강의 진도 계획, 기타 특별 사항 등이다.

중기에는 위 사항 중 변화가 발생한 내용에 대한 설명에 이어, 특히 중요한 것은 강의 진도와 학생 출석 상황에 대한 보고이다. 출석에 대해서는 매번 수업이 끝난 후 담임교사가 교장에게 보고한 자료에 근거하여 학교 전체의 평균 출석률, 각 학급 출석률을 통보하는 동시에 출석률이 낮은 학급에 대해서는 그 원인에 대한 설명이 있게 된다. 강의 진도와 관련하여 강의 중의 애로점, 교과서에 존재하는 문제점, 학생들의 학습 열정, 학부모들의 요구 사항 등에 대한 보고와 검토가 실행된다.

한 학기 마지막 월례 교사 회의에서는 학기 총화가 있게 되는데, 우선 각 학급 담임교사들에 의한 담당 학급의 총화가 있고, 교장에 의한 전 학교의 총화가 있다. 특히 각 학급에서는 기말 시험과 관련하여 학생들의 학업에 대한 총체적 평가를 하게 된다. 그리고 다음 학기 학생 모집, 강의 진도 등에 대한 검토를 한다.

그 외에도 학교 전체에 관련된 이슈들이 월례 교사 모임에서 검토된다. 매년 연말 행사로서 각 학급 단위로 조직하는 송년회가 있기 때문에 그전에 열리는 월례 교사 회의에서는 송년회와 관련된 논의가 있게 된다. 매년 6 - 7월에 열리는 상하이 조선족 어린이 장기자랑 모임을 조직하기 위해서는 그 전의 월례 교사 회의에서 관련 사항을 검토하기도 한다. 그리고 한 학년이 마감할 때는 이수증 발급 관련 사항도 검토되어 그 명단을 확인한다.

[학부모회]

중국의 현황을 보면 거의 모든 중소학교 학생들이 과외를 한다. 이런 과외는 주로 고등학교나 대학교 입시를 위한 것으로서 학생들의 부담을 크게 하는 것은 사실이나 해소할 방법은 아직 별로 없다. 저희 주말학교 학생들도 마찬가지다.

학생들의 나이가 어리고 상하이 교통 사정이 복잡하기 때문에 학부모들이 학생들을 학교에 데려오고 데려가야 한다. 학생들이 수업할 때 학부모들은 보통 교실 밖에서 기다려야 한다. 때문에 학부모들은 각종 요인들을 종합적으로 고려하여 자녀의 주말학교 입학 여부를 결정한다.

그런데 화동 조선족 주말학교일 경우 수업시간이 주당 2시간, 한 학기 30시간(40교시) 밖에 안 된다. 4년간 배운다 해도 320교시밖에 안 된다. 하지만 상하이에 있는 모 대학교 정규 한국어 학과 학생들의 4년 간 한국어 수업 시간은 1772교시다. 때문에 저희 주말학교의 제한된 수업 시간에 어린이들의 우리말 수준을 어느 정도까지 높일 수 있겠는가 하는 문제는 주말학교 측과 학부모들의 공동 관심사다.

주말학교 내의 수업만으로는 시간이 역부족이다. 때문에 학생들의 우리말 수준을 높이기 위해서는 학부모들의 협력이 절대 필요하다. 학부모들이 우리말을 안다는 자원을 이용하여 자녀들의 우리말 학습에 유리한 기존 언어 환경을 활용하고 신규 언어 환경을 창조하여야 한다. 우선, 자녀들의 우리말 학습 필요성에 대한 학부모들의 인식을 높여 학부모들이 자녀들을 우리말 주말학교에 열심히 보내도록 한다. 둘째, 학부모들이 자녀들의 우리말 학습을 위해서라도 가정 내에서 부부간, 부모 - 자녀 간 우리말을 사용하도록 권장한다. 셋째, 주당 1회씩 수업하기 때문에 자녀들이 주말학교에서 배운 지식을 잊지 않도록 학부모들이 도와주어야 한다. 요컨대 학부모들은 각종 수단과 방법을 동원하여 자녀들의 우리말 사용(보기, 듣기, 말하기, 읽기, 쓰기, 통역 등)이 가능한 기회를 만들어야 한다. 모종 의미에서는 조선족 주말학교의 성공 여부는 학부모들의 참여도에 의해 결정된다고 할 수 있다.

학부모들의 주말학교 우리말 교육에 대한 참여도와 책임감을 높이기 위하여 저희 주말학교에서는 학급별로 학부모회를 조직하여 운영하고 있다. 학부모회는 회장·부회장의 책임으로 담임 선생님을 협조하여 당 학급의 운영에 참여하고 있으며, 담임 선생님은 학부모회를 통해 학부모들의 의견과 요구를 수렴하여 학교 운영에 반영하고 있다. 학부모회가 주말학교 운영에서 큰 역할을 한다는 것은 이미 입증되어 있다.

학부모들의 저희 주말학교 운영에 대한 협조를 더욱 강화하기 위하여 2013년 10월에는 상하이 조선족 주말학교 학부모회 총연합회를 설립하기도 하였다. 이 총연합회는 아직 제대로 역할하지 못하고 있지만 향후 이 방향에서 계속 노력하여 나갈 것이다.

아무튼 주말학교 교장, 교사들과 학부모들이 일심협력하여 조선족 어린이들의 우리말 학습을 이끌어 나감에 있어 조선족 주말학교에서의 학부모들의 역할은 다른 정규 학교에서보다 훨씬 큼을 강조하고 싶다. 메이룽2011반 학부모와 담임 선생님이 공동으로 야유회를 조직하거나 장기자랑 모임에서 출연하는 모습 등은 주말학교 운영에서 교사와 학부모들이 어떻게 협력해야 할 것인가 하는 데에 하나의 성공적 실례를 보여주고 있다. 이는 또한 2011년에 설립된 이 학급이 학생들의 끊임없는 흐름 속에서도 계속 존속되어 온 비결을 보여주기도 하는 것이다. 물론 해결을 기다리는 문제도 있다. 예를 들면 이런 방식의 학교 운영에서 어떻게 하면 모든 학생들의 우리말 수준을 효과적으로 높이겠는가 하는 문제 등이다.

[학비]

조선족 주말학교 운영과 관련하여 가장 많이 제기되는 문의 사항 중의 하나가 학생들로부터 학비를 받는가 안 받는가 하는 문제다.

조선족 주말학교가 중국 중앙 정부나 지방 정부의 의무 교육 체계에 편입되어 소요의 모든 운영 자금을 정부로부터 지급받는 경우에는 학생들로부터 학비를 받지 말아야 한다. 그렇지 않을 경우에도 흔히 조선족 주말학교 운영에 필요 되는 자금을 조선족 개인이나 단체, 기업, 재단 등의 후원에 의뢰하는 데에 별 문제가 없으리라는 낙관적인 견해가 들려온다. 그러나 필자는 그렇게 생각하지 않는다. 경우에 따라 외부 후원에 의한 주말학교 운영은 수개월 또는 수년간은 가능하겠지만 장기적으로 볼 때 그것은 지속가능한 체제라고 하기 어렵다.

필자는 처음부터 '유료' 운영을 주장하여 왔다. 국공립학교 교육을 포함한 모든 산업이 시장경제 원리에 의해 운영되거나 시장경제 원리를 무시하지 못하는 상황에서 유독 조선족 주말학교 교육만을 '무료'로 운영해야 한다는 것은 합리성이 결여한 주장이다. 모든 공무원들도 급여를 받는데 유독 주말학교 교사들에게만 '무료 봉사'를 기대하는 것은 잘못된 발상에 의한 주장이다.

조선족 주말학교 운영에 소요되는 비용 중 인건비가 하나의 중요 항목이다. 조선족 어린이들에게 우리 민족어를 가르치는 노동은 충분히 존중되어야 하고 경제적으로 교사들에게 보상이 따라야 한다. 중국의 위대한 교육자이고 사학(私學)의 창시자인 공자도 학생을 모집할 때 '학비'를 받았다고 한다. 그리고 위나라 관학(官學)에서 학생을 가르칠 때 그의 급여는 연봉으로 '俸粟六万(斗)', 즉 무려 90톤의 좁쌀이었다고 한다. 매우 높았음을 알 수 있다. 저희 주말학교에서는 교사들에게 합리적인 급여를 주기 위하여 노력하여 왔고 향후에도 노력할 것이다.

주말학교 운영에 필요 되는 기본 자금은 반드시 학부모들이 부담해야 한다는 것이다. 외부로부터의 지원이 전혀 없는 상황에서도 학비로 거둔 자금으로 교실 임차료, 교사 강의료, 학원 관리비 등 학교 운영에 필요 되는 최저 기본비용의 지출이 가능해야 한다. 자원봉사에 의한 강의 등도 경우에 따라서는 필요하지만 장기적으로 보면 강의의 질을 보장하기 어렵다.

하여 저희 주말학교는 소정의 학비를 받고 있다. 그 당위성에는 학비 납부는 학부모들의 자녀 양성에 필요한 투자라는 점을 제외하고도 학교 운영에 대한 관심과 감독에 기여할 수 있다는 점도 포함된다. 이른바 '무료' 학교의 학부모들이 그 학교가 아무리 엉터리 운영을 하여도 전혀 관여하지 못하고 유일한 대안으로 '퇴학'을 선택한다는 것은 '유료' 학교의 정당성을 반증한다고 할 수 있다.

물론 화동 조선족 주말학교의 학비는 이 지역에서 운영되는 다른 학원에 비해서는 아주 저렴하다. 초창기인 2011년 9월부터 2014년

7월까지는 한 학기(4개월)에 1인당 800원(RMB) 이었고, 2014년 9월부터는 1인당 1000원(RMB)으로 인상하였다. 한 학급 학생수가 10명 좌우임을 고려하면 이는 상하이에서 아주 저렴한 표준이다. 거의 모든 학생 가정에 경제적으로 부담이 되지 않는다. 한편, 이러한 학비 표준에서도 가정 형편이 어려워 입학이 어려운 어린이가 있으면 조학금 지급이 가능하며 현재로서는 몇 명 학생들에게 조학금을 지급하고 있다.

이른바 '무료'인 모 조선족 주말학교와의 비교에서도 이 주말학교 학생 수가 처음보다 많이 감소한 반면, '유료'인 화동 조선족 주말학교의 학생 수가 꾸준히 증가하고 있는 현실은 '유료' 운영의 합리성을 보여주는 일례라고 할 수 있다.

'영리성'과 '비영리성'에 대한 그릇된 견해도 시정되어야 한다. '유료' 주말학교이면 영리적이고 '무료' 주말학교이면 비영리적이라는 견해는 잘못된 것이다. '유료' 학교는 영리적일 수 있지만 비영리적일 수도 있다. 예를 들면 중국의 국공립 대학교는 학비를 받지만 비영리적이다.

'무료' 학교는 흔히 비영리적이라 평가되지만 영리적일 수 없는 것도 아니다. 왜냐하면 여기서 '무료', '유료'라는 말은 단순히 학비 납부 여부에 의해 사용되는 것이기 때문이다.

화동 조선족 주말학교는 학비를 받지만 비영리적이다. 학비를 적게 받기 때문에 후원을 받아 수지 균형을 유지하고 있다. 그리고 초창기부터 오늘 현재까지 운영 책임자가 '자원 봉사자'로서 운영하는 현체제는 지속가능한 체제라 할 수 없지만 현재로서는 부득이한 선택이다.

화동 조선족 주말학교 운영 현황을 보면 학급수의 증가와 분포지역의 확대, 교실 임차료의 인상 등으로 학비만으로는 학교 운영에 적자가 발생하게 된다. 부족한 부분은 회원들의 후원에 의해 설립 운영되는 중국조선족과학기술자협회(상해)후원회의 지원으로 보완한다. 재

상하이 조선족 기업인(다수)과 학자(소수)로 구성된 이 후원회는 중국 조선족과학기술자협회 상하이 지역 활동(학술교류회 개최, 상하이 조선족 대학생 장학금 발급 등)과 상하이 조선족 주말학교 운영(상하이 조선족 어린이 장기자랑, 상하이 조선족 어린이 도서관 운영, 교사 강의 보조금 지급 등)에 아주 큰 기여를 하고 있다. 오늘 현재까지 후원회 가입자는 16명이다. 그리고 상하이 다어우 수출입회사(사장 김철), 중국인민대학 상하이 조선족 동문회 등도 저희 주말학교에 후원의 손길을 펼쳤다.

2013년 5월 한국 민주평통자문회의 고양시 협의회의 후원금 50만 원(한국 원화)을 시작으로 한국 측으로부터도 후원을 받고 있다. 오늘 현재까지 상해한상회, 월드옥타 상해지회(2회), 상하이 한무리 물류협회, 상해대한체육회(2회), 한국 재외동포재단 등의 화동 조선족 주말학교 운영비 지원이 있었다. 한국인 개인이나 단체들의 지원에 화동 조선족 주말학교 학생들과 교사들, 학부모들은 대단히 감사하게 생각한다.

그리고 뒤에서 자세히 언급하겠지만 상하이 조선족 어린이 도서관 설립 운영을 위한 기업인들의 특별 지원, 도서 자료의 기증 등도 대단하다.

이로써 알 수 있는바, 주말학교 운영 관련 비용을 모두 학생들의 학비로 지불할 수는 없다. 그러므로 화동 조선족 주말학교의 향후 발전은 자금적인 측면에서 여전히 '학비+후원' 방식에 의존하지 않으면 안 될 것 같다.

[학생 모집]
저희 주말학교는 조선족 주말학교이기 때문에 원칙적으로는 조선족 학생만 모집한다. 조선족 학생만 모집하는 주요한 이유는 우리말을

아는 학부모들의 도움이 있어야 학생들이 학업을 제대로 완수할 수 있기 때문이다. 그러나 현실적으로는 자기 자녀의 학습 진도에 문제가 발생하지 않으리라는 학부모의 판단을 전제로 타민족 학생도 입학이 가능하다. 그리고 재상하이 한국인 자녀도 입학이 가능하다. 소수의 한족 자녀와 한국인 자녀가 저희 주말학교를 다니고 있거나 다닌 적이 있다.

연령상으로는 6살 이상이면 입학이 가능하다. 그러나 극소수의 5살짜리 어린이도 입학하여 공부하고 있다. 5살짜리 어린이를 받을 때는 교사들이 엄격히 체크하여 결정하며, 통상 한두 번 수강케 한 후 담임교사와 학부모가 협의하여 최종 결정을 한다.

보통 매년 2월말 3월초와 8월말 9월초에 신입생 모집과 재학생 재등록을 하고 당 학기 수업을 시작한다. 하지만 각종 사정에 의한 수시편입과 수시 전학(화동 조선족 주말 학교 소속 학급 사이에서의 전출·전입)은 언제든지 가능하다.

학생 모집은 주말학교 운영 성공 여부에 관련되는 가장 큰 이슈중의 하나다. 사실상 모든 학급은 학기 초마다 학급의 존속 가능 여부를 고민하게 된다. 학생과 학부모들의 이러저러한 사정 때문에 학생들의 퇴학, 전학이 발생한다. 학생 수가 너무 적을 경우 그 학급을 철폐하지 않을 수 없게 된다. 노력 방향은 여전히 저희 조선족 주말학교에 대한 홍보, 적령기 자녀가 있는 학부모들에 대한 설득, 그리고 화동 지역의 더욱 많은 곳에 주말학교와 학급을 설립하는 것이다.

학생 모집 수단으로는 전단지 배포, 인터넷 광고 게재, 한글 신문 광고 게재, 각종 회의에서의 홍보, 친척이나 지인을 통한 홍보 등이 있다. 그중 가장 효과적인 홍보는 기존 학급 학부모들을 통한 구전광고라고 생각된다. 예를 들면, 모 학급은 전 학기 말까지 6명이었는데 그 다음 학기에는 9월 개학 초기부터 증가세를 보여 11월 중순에는

19명으로 증가되었다. 거의 전적으로 구전 광고에 의한 것이었다.

그럼에도 조선족 주말학교 학생 수가 별로 많지 않은 가장 근본적인 원인은 2가지라 생각된다. 하나는 우리말 학습의 당위성이나 절박성에 대한 인식의 부재이고 다른 하나는 현존하는 조선족 주말학교에 대한 정보의 부재라고 할 수 있다. 전자의 경우 다수의 학부모들이 자녀들을 조선족 주말학교에 보내려는 동기를 갖지 않게 되고, 후자의 경우 자녀들을 조선족 주말학교에 보내려 해도 보낼 데를 몰라 보내지 못한다.

[한국어]

학생을 모집할 때 가장 많이 듣게 되는 질문의 하나가 '가르치는 것이 조선어냐 아니면 한국어냐?'이다. 어떤 학부모들은 만약 '조선어'이면 자기는 자녀를 안 보낸다고 명확히 말하기도 한다.

이는 확실히 답하기 어려운 질문이다. 왜냐하면 '한국어'나 '조선어'는 동일한 언어에 대한 두 가지 표현에 불과하기 때문이다. 한국적 입장에서는 한국어에 조선어가 포함되고, 북한적 입장에서는 조선어에 한국어가 포함된다.

문제는 어느 것이 표준적인가 하는 것이다. 한국에서는 '교양 있는 사람들이 두루 쓰는 현대 서울말'을 표준어라 하고, 북한에서는 '평양의 말을 중심으로 노동계급의 이상 및 생활 감정에 맞도록 어휘 · 문법 · 철자법 따위를 규범화한 말'을 문화어라 하면서 표준어로 삼는다.[10]

그런데 중국에는 '중국 조선어'(또는 '연변 조선어'라 불린다)가 있다. 이는 북한의 표준어를 바탕으로 규정된 것이나 중국 상황이 반영되면서 북한에서 쓰지 않는 어휘나 표달 방식이 첨가되어 있다. 지난

---

10) 동아 새국어사전. 서울 : 두산동아 사서편집국, 제5판, 2005년. 제2759쪽, 제879쪽.

20여 년간 한국과의 교류가 추진되면서 '중국 조선어'에는 북한에서 안 쓰지만 한국에서 쓰는 어휘와 표달 방식이 첨가되기도 했다. 하여 '중국 조선어', 또는 '연변 조선어'는 점차 북한 문화어도 아니고 한국 표준어도 아닌 어정쩡한 '연변만의 조선어', 또는 '중국만의 조선어'가 되어가고 있다. 어쩌면 이는 '중국 조선어'('연변 조선어')가 한국식 표준어로 전환되는 과도적 단계의 상황일 수도 있지만 이로 인해 생기는 문제의 후과는 심각하다.

우선, 연변에서 조선족 전일제 고등학교 졸업생들은 한국어 수준이 상당히 높으면서도 그들이 사용하는 '조선어'의 억양이나 일부 표기법 등이 표준 한국어와 불일치하기 때문에 한국어를 기본으로 하는 경쟁에서 불이익을 당한다. 예를 들면 연변에서 조선족 고등학교를 졸업하고 대학에 입학한 학생일 경우 상하이 명문대 한국어 학과 졸업생들보다 한국어 수준이 훨씬 더 높지만 연변식 억양이나 표기법 때문에 제대로 평가받지 못할 수 있다.

둘째, 흑룡강성과 요녕성 조선족의 다수는 가령 조선족 학교를 다니어 '연변식 조선어'를 배웠다 하더라도 구어로는 보통 '남한식 한국어'를 사용하기 때문에 결국 불이익을 가장 많이 당하는 것은 연변 조선족 자녀들이다. 한국인들과의 교류를 통해 구어에서는 한국식를 사용한다 하여도 문어에서의 한국식 사용은 그렇게 쉽지 않다. 그들이 쓴 글을 읽어 보면 '연변 조선어'라는 것을 쉽게 알 수 있다.

셋째, 연변(그리고 동북 지역) 및 기타 지역 한국어 사용자와의 교류에도 불리하다. 현재 중국의 대학교 한국어 학과를 보면 공식적으로는 '조선어 학과'라 하지만 실제상에서는 '한국어'를 가르치고 있듯이, 화동 지역 조선족 가정에서나 주말학교 등 교육기관에서 자녀들에게 가르치는 것은 모두 '한국어'이다. 때문에 연변에서 출판하는 도서나 신문 등은 이들 지역에서는 환영 받지 못하고 있으며, 오히려 적지 않은 학부모들은 자녀들이 연변 지역 출판물에 접근하는 것을 꺼리면서 저지시킨다. 초보자인 어린이들이 연변식 조선어와 표준 한국어를 서로 혼동할까봐서 그러는 것이다.

결국 시대착오적인 언어 정책으로 불이익을 가장 많이 당하는 것이 바로 연변 조선족 자녀들이다. 이러한 상황은 연변 조선족 어린이들의 조선어 학습 거부와 한족 학교 입학을 부추기기도 한다. 때문에 중국 조선족 사회의 교육, 출판, 언론 등 부문에서 일하는 기성세대가 자기들의 이익이 아니라 민족의 이익과 차세대의 이익을 위해 조속히 '한국어'와 '조선어'의 유일한 표준어인 표준 한국어를 그들의 사업에서 사용하는 것이 바람직하다.

화동 조선족 주말학교에서는 물론 표준 한국어를 가르친다. 초기에 사용한 교과서는 연변 교육 출판사에서 출판한 '한국어 1'과 '한국어 2'였다. 그 다음에는 한국에서 출판한 '맞춤 한국어' 교과서를 사용한다. 만약 북한 문화어를 배워준다고 한다면 배우러 오는 학생이 없을 것이다.

한편, '북한 억양', '연변 억양'에 대한 일부 한국인들의 알레르기적인 반응은 합당한 자태가 아님을 지적하고 싶다. 사용 인구가 어느 규모 되는 언어는 이러 저러한 방언이 있기 마련이다. 그런데 한국인들처럼 특정 방언에 대해 민감하게 반응하고 심지어 차별시하는 민족은 있는 것 같지 않다. 중국에는 말이 서로 통하지 않는 '방언'이 많고도 많지만 특정 방언에 대한 한국식 차별시는 별로 보이지 않는다. 중국에서 생활하는 조선족인들은 그 조상들이 중국에 정착하여 150년 정도나 지난 오늘날에도 우리말을 잘 한다. 이는 그들의 발음이나 억양이 표준 한국어와 다르더라도 한민족 역사상 충분이 존중되어야 할 기적적인 현상임을 알아야 할 것이다. 인구 유동이 극심한 오늘날 자기 지역 방언이 소실될까봐 특정 방언 보호 운동을 하는 중국인들을 보면 '연변 조선어'도 우리 민족의 언어생활에서 보호되어야 할 하나의 방언이라고 주장하고 싶다.

[상하이 조선족 어린이 장기자랑]

화동 조선족 주말학교의 교과는 우리말이다. 실제 운영에서는 우리말만 가르치는 것이 아니라 민족 문화도 가르친다. 주로는 노래와 춤, 예의범절 등도 가르친다. 어린이들은 이 과정에서 이미 배운 우리말을 활용하기도 한다.

이에 고안된 것이 상하이 전체 조선족 어린이들이 참가할 수 있는 상하이 조선족 어린이 장기자랑 모임이다. 2012년부터 매년 1회씩 열리고 있다. 화동 조선족 주말학교 학생들은 물론, 상하이와 주변 지역에 사는 조선족 어린이들은 필요한 절차를 거쳐 모두 이 행사에 참가할 수 있다

2012년 제1회 상하이 조선족 어린이 장기자랑 모임은 7월 14일 복단대학 工會禮堂에서 개최되었다. 학생 40여명, 학부모 70여명, 그리고 교육계, 기업계 등 사회 각계 인사 10여명, 도합 130여명이 이 모임에 참가하였다.

2시간여 진행된 장기자랑에서 어린이들은 그 동안 배운 우리말로 여러 가지 프로그램에 출연하여 어른들의 호평을 받았다. 어린이들은 독창·중창·합창 등 다양한 노래 형식, 홀춤(독무, 獨舞)·무리춤(군무, 群舞) 등 다양한 춤, 피아노·바이올린·드럼 세트 등 다양한 악기, 동화극·율동·수화(手話) 등으로 다양한 장기를 한껏 뽐내어 어른들의 감탄을 자아내기도 하면서 많은 박수를 받았다. 그리고 메이룽반 학부모들의 사교춤은 상하이탄에서 활약하는 조선족인들의 멋진 풍채를 보여주기도 하였다.

이어서 제2회 상하이 조선족 어린이 장기자랑 모임은 2013년 7월

7일에, 제3회 상하이 조선족 어린이 장기자랑 모임은 2014년 7월 6일에 홍커우문화예술관에서 열렸다. 참가자는 매회 200여 명, 학생들과 학부모들 외에 후원회 회원, 자문교수, 그리고 저희 주말학교를 관심하는 각계 인사들이 이 모임에 참가하였다. 이평세 상해한상회 고문, 안태호 상해한상회 회장, 이삼섭 월드옥타 상해지회장, 이동한 한국 민주평통자문회의 상하이 협의회 간사, 이혜순 상해한국학교장 등 한국인들도 초청을 받고 이 장기자랑 모임에 참가하였다.

상하이 조선족 어린이 장기자랑 모임의 참가자는 제2회부터는 상하이 지역에 국한되지 않는다. 상하이와 강소성 소주, 절강성 가흥에 있는 조선족 주말학교 학생, 그리고 상하이, 강소성 소주, 절강성 소흥 등에 있는 보통 학교 학생들도 있었다.

제2 - 3회 장기자랑은 프로그램 종류나 내용, 연기 등에서 제1회보다 수준이 높아져 수차례 귀빈들과 학부모들의 박수 갈채를 받았고 어린이들은 열심히 연출도 하고 재미있게 구경도 하였다. 홍커우문화예술관 극장 무대는 시설이 좋아 참가자들의 호평을 받았다.

이미 상하이 조선족 어린이 장기자랑 모임에 참가한 적이 있는 학부모들은 그 동안 어린이들의 우리말 수준 향상에 만족감을 표하였으며, 처음 참가한 학부모들은 어린이들의 재능과 우리말 수준 향상에 놀라움을 금치 못하였다.

그리고 2015년 5월에는 제4회 상하이 조선족 어린이 장기자랑 모임이 있었다. 예전의 장기자랑 모임이 상하이 조선족 어린이 장기자랑(노래와 춤) 모임이었다면 제4회는 상하이 조선족 어린이 장기자랑(스포츠) 모임이었다. 상해한국학교 운동장에서 성황리에 열린 이 모임에서 290여명의 참가자들은 노래와 춤을 곁들인 스포츠 활동을 통하여 예전보다 더욱 멋진 모임이었다는 평가를 받았다.

지난 4년간 4회의 장기자랑 모임을 거치면서 상하이 조선족 어린이 장기자랑 모임은 이제 상하이와 화동 지역 조선족 어린이들의 중요한 행사로 자리매김하게 되었다. 또한 이 활동을 주도하는 화동 조선족 주말학교의 중요한 행사이기도 하다. 저희 주말학교에서는 이 활동을 통해 그 동안 상하이 조선족 사회의 후원과 도움에 사의를 표하고, 어린이들의 멋진 노래와 춤, 시낭송, 체육 경기 등을 통해 상하이 조선족 사회에 그 동안 우리말 우리문화를 배운 성과를 보고한다. 또한 수료증 발급 등 행사를 통해 화동 조선족 주말학교를 널리 알리기도 한다.

[도서관]

2013년 11월 3일 오후, '상하이 조선족 어린이 도서관' 개관식이 우중로 1369호 毆銀中心 716실에서 열렸다. 이 도서실은 이름을 밝히지 말 것을 바라는 한 조선족 기업인의 후원으로 임차료를 지불하고 운영을 시작한 것이다.

화동 조선족 주말학교, 화동 조선족 주말학교 학부모회 총연합회, 중국 조선족 과학기술자 협회 (상해)후원회의 관련 인사들 외에도 상해 조선족 기업가 협회, 상해 한국 상회, 한국 민주평통자문회의 상하이 협의회 등 단체의 책임자, 관련 인사들과 상하이 교육계, 기업계의 조선족 인사들이 이날 개관식에 참석하였다. 2012년 8월부터 지속하여 온 도서관 설립 노력이 일단락 지은 셈이다.

2013년 8월부터 2014년 7월까지 도서관은 상하이 조선족 인구가 가장 집중되어 있는 지역에 위치하고 있었다. 우선 우리말을 배우는 조선족 어린이들과 학부모들, 그리고 우리말을 가르치는 교사들을 위한 문화공간으로 이용되었다. 다음으로 토요일에는 화동 조선족 주말학교 진후이2012반, 진후이2013반 교실로 이용되었다. 그리고 세미나실, 회의 장소 등 상하이 조선족 사회에 유익한 다목적 문화회관 기능도 어느 정도 할 수 있었다. 2014년 8월부터는 상하이 조선족 기

업인 김승화 회장의 후원으로 숭장지역에 옮겨 운영하게 되었고, 2015
년 8월부터는 교통이 좀 더 편리한 곳으로 이전하게 되었다.

아직 장서는 별로 많지 않지만 대한출판문화협회, 한국 재외동포
재단 등 한국의 관련 기관과 안태호 등 수많은 한국인 및 조선족 인사
들의 도서 지원으로 장서가 점차 많아지고 있다. 특히 지난 5월 9일
상해희망도서관에서 1700여권의 도서를 기증하여 장서는 4000여권으
로 급증하게 되었다. 그리고 김상호 상해 아혁 가구 사장의 책장 지원
도 대단히 고마운 일이었다.

여러 가지 원인으로 도서관 소장 도서의 활용이 아직 미흡하지만
향후 이 도서관이 상하이 조선족 도서관으로 발전하고 나아가서는 상
하이 조선족 도서관을 중심으로 상하이 조선족 문화회관을 만들 수
있지 않겠는가는 기대는 여전하다. 현재는 장서를 어떻게 주말학교
운영에 활용하겠는가는 문제를 집중적으로 검토하면서 여러 가지 시
도를 하는 중이다. 그중의 하나가 바로 '상하이 조선족 어린이 도서관
관리 운영 조례'의 제정과 실행이다.

[웹사이트]

현재 화동 조선족 주말학교 홈페이지로 이용되는 '상하이 조선족
주말학교 홈페이지'(http://www.swmbt.com)가 2013년 5월 5일 정식
으로 개설되었다. '상하이 우리말 배움터', '韩语学习坊'이라고도 하는
데 저희 주말학교의 소개, 각 학급 활동을 보여주는 사진, 민속놀이,
전통음식 등 내용이 실려 있다.

아직 내용이 많지 않지만 향후 선진 기술 수단의 이용, 우리말 강
의 관련 콘텐츠 개발과 이용을 강화한다면 이 홈페이지가 저희 주말학
교 운영에 도움되리라고 생각한다. 특히 저희 주말학교 학생들의 우
리말 학습과 학부모들의 참여에 기여하리라고 믿는다. 이를 위해서는

전문 인력의 도움과 관련 시설의 투입이 필요 된다고 할 수 있다.

[맺음말]

중국 조선족의 향후 발전과 운명을 고려해 본다면 가장 중요한 것은 차세대와 차차 세대의 민족어 교육이다. 중국 조선족 차세대와 차차 세대의 민족어 상실은 중국 조선족의 민족적 손실일 뿐만 아니라 중국의 국가적 손실이기도 하다. 또한 한민족의 민족적 손실과 한국의 국가적 손실로 이어지게 될 것이다.

조선족 산재 지역의 민족어 교육은 국가 발전과 민족 발전의 차원에서 검토되어야 한다. 하지만 우리 민족 구성원의 입장에서 보면 정부가 뭐나 다 해주리라고 기다릴 수는 없다. 현재는 우리 자신의 각성과 노력이 필요 되는 시점이다.

이에 관한 추상적인 토론이나 공허한 담론은 아무 의미도 없다. 중요한 것은 실천이고 시급한 것은 행동이다. 하나하나의 주말학교 학급부터 시작하여 차세대의 젊은이들, 차차 세대의 어린이들이 우리말을 할 수 있고 우리글을 쓸 수 있도록 도와주어야 한다. 이것이 중국 조선족을 살리는 길이고 중국 조선족이 살아남는 길이다. 화동 지역 조선족 주류사회의 강력한 지지와 재화동 한인 사회의 열정적인 지지를 받고 있는 저희 화동 조선족 주말학교는 비록 아직은 역사가 일천하고 규모가 크지 않고 수준이 높지 못하지만 오늘 현재 상하이와 화동 지역 조선족 사회에서는 가장 중요한 민족어 교육기관임에 틀림없다.

저희 화동 조선족 주말학교는 중국 조선족 산재지역에서는 규모가 가장 큰 조선족 주말학교이고, 세계적으로도 근 2000개의 한글 주말학교 중에서 중등 규모를 자랑할 수 있게 되었지만 상하이에만 1500 - 2000명에 달하는 적령기 조선족 어린이들이 있음에도 화동 조선족 주말학교 학생 수가 그 15분 1밖에 안 된다는 것은 우리가 해야 할 일이 아직 매우 많다는 것을 보여준다.

갈 길은 멀고 할 일은 많다. 하지만 '하면 된다'는 말만 생각하면 아무 것도 염려되지 않는다. 이 글이 화동 조선족 주말학교의 이해에 도움 되기를 기대한다.

2015－2학기말 통고

2015년 12월 10일

화동조선족주말학교 분교장 및 각 학급 담임교사 여러분,

이번 학기는 이제 얼마 남지 않았습니다. 관련된 사항들에 대해 말씀 드리겠습니다.

1) 이번 학기는 12월말 (본부는 12월 26일/27일) 마감이 됩니다.

2) 각 학급 교사들은 자기가 맡은 학급의 사정에 따라 학기말 고시 출제, 채점을 하기 바랍니다.

3) 이번 기말 고시에 '한국어능력시험지'를 사용하는 학급은 특히 학생들의 능력에 대한 정확한 평가에 노력하기 바랍니다.

4) 각 학급별 총화는 담임교사가 주도로 하되 학급 학부모회의 희망 사항도 잘 반영하기 바랍니다.

5) 송년회는 학급별로 하는 것을 기본으로 하되, 교사 상호간, 교사 －학부모간 합의를 거쳐 지역별로, 분교별로 또는 한 담임교사가 맡은 2－3개 학급이 공동으로 할 수도 있습니다.

6) 본부 각 학급의 총화 자료와 채점한 시험지는 12월 27일 본부 월례교사모임 때 학교장에게 일괄 교부해야 합니다.

7) 본부 제32차 월례교사모임은 12월 27일 오전 10:00－12:00에 열립니다. 이번 회의에서는 이번 학기 총화 및 다음 학기 노력 방향에 대한 검토가 있게 됩니다.

8) 각 분교의 각 학급 총화 자료와 채점한 시험지는 일단 분교장에게 교부하여 보관하기 바랍니다.

'시작이 반'이라는 말이 있지만 '마지막이 시작보다 더 중요하다'는 말도 있습니다. 좀 더 노력하여 이번 학기를 잘 마감합시다.

고맙습니다!

2016-1학기를 맞아

2016년 2월 15일

안녕하세요?

희망찬 새해에 모두들 건강하시고 하시는 일들이 잘 되시기 바랍니다.

새 학기를 맞아 아래의 일들을 미리 준비해야 합니다. 각 학급 담임 선생님들 수고하기 바랍니다.

1) 본부 각 학급 학생수(예정)를 김성옥 선생님에게 보내 주십시오. 학급 신설이 필요 될 경우 지체 없이 연락주시기 바랍니다.

2) 본부 각 학급 수업 진도표를 작성하여 정옥란 선생님에게 보내주십시오. 필요시 정옥란 선생님과 상의하여 결정하기 바랍니다.

3) 본부 각 학급 교실을 확인하십시오.

4) 본부 각 학급 소요 교과서 종류와 부수를 김성춘 선생님에게 알려 주십시오.

5) 각 분교에서는 위의 모든 사항들을 권진희 선생님에게 알려주시기 바랍니다. 연변 교과서를 사용할 경우 사전에 출판사와 연락하기 바랍니다.

6) 기타 사항에 대해서는 나에게 직접 연락하셔도 됩니다.

복단구시연수학원 조선어반 설립 5주년 기념 및
제5회 상하이 조선족 어린이 장기자랑 모임 개회사

2016년 5월 8일

여러분,

오늘 모임에 참석하신 모든 분들에게 깊은 감사의 인사를 드립니다. 우선, 저희 화동조선족주말학교에 대해 간단히 소개해 드리겠습니다.

2011년 9월, 상하이 조선족 지성인들과 기업인들의 끈질긴 노력, 황용석 전 연변조선족자치주 교육국장의 지지, 상하이 양푸구 교육국의 동의, 그리고 복단구시연수학원의 협력으로 복단구시연수학원 조선어반이 설립되었습니다.

이 기초상에서 저희 주말학교는 지난 5년간 여러 선생님들의 헌신적인 노력으로 조선족 어린이들의 민족정체성 보전, 경쟁력 강화, 조선족 가정의 삶의 질 향상과 투자 대비 산출 극대화에 기여하면서 급속한 성장을 거듭하여 왔습니다.

교통난에 시달리는 학부모들의 부담을 조금이라도 덜기 위하여 저희 주말학교는 운영상 많은 어려움이 따르지만 "어린이들 거주지 근처에 학급을 설치한다"는 원칙을 견지하여 상하이 푸둥신구, 민항구, 숭쟝구의 6개 곳에 12개 학급을 설치하였고, 강소성에는 곤산분교, 소주분교, 무석분교를, 절강성에는 가흥분교, 소흥분교, 주지분교, 이우분교를 설립하였습니다.

초장기에 고작 학급 3개, 교사 2명, 학생 20여 명이었으나 현재는 10배의 성장을 이룩하여 학급 30개, 교사 20여 명, 학생 200여 명으로 명실공이 화동지역 최대 규모, 최고 수준의 조선족 어린이 우리말글 배움터가 되었습니다.

저희 주말학교의 급속한 성장을 돌이켜 보면서 오늘 이 기회를 이용하여 우선 지난 수년간 사명감을 갖고 우리민족 자녀들에게 우리말글을 가르쳐 온 모든 선생님들에게 경의를 표합니다.

그리고 저희 주말학교를 믿고 자녀들을 저희 주말학교에 보내어 우리말글을 배우게 한 학부모님들에게 깊은 감사의 인사를 드립니다. 학부모님들의 현명한 선택은 저희 주말학교 모든 선생님들이 열심히 우리말글을 가르치는 원동력이기도 합니다.

마지막으로 오늘 모임에 참석한 모든 분들에게 감사하면서 오늘 모임이 모든 참석자들에게 기쁨과 건강과 행복을 가득 안겨 주기를 기원합니다.

감사합니다!

2016-1학기말 통고

2016년 6월 8일

화동조선족주말학교 분교장 및 각 학급 담임교사 여러분,

어느새 학기말이 다가왔습니다. 관련 사항들에 대해 말씀 드리겠습니다.

1) 이번 학기는 6월말 (본부는 6월 25일) 마감이 됩니다.
2) 각 학급 교사들은 맡은 학급의 사정에 따라 학기말 고시 출제, 채점을 하기 바랍니다.
3) 각 학급별 총화는 담임교사가 주도로 하되 학급 학부모회의 의견도 잘 반영하기 바랍니다.
4) 본부 각 학급의 총화 자료와 채점한 시험지는 6월 26일 본부 월례교사모임 때 교장에게 일괄 교부해야 합니다.
5) 본부 제36차 월례교사모임은 6월 26일 오전 10:00 - 12:00에 열립니다. 이번 회의에서는 이번 학기 총화 및 다음 학기 노력 방향에 대한 검토가 있게 됩니다.
6) 각 분교의 각 학급 총화 자료와 채점한 시험지는 일단 분교장에게 교부하여 보관하기 바랍니다.
7) 2016년 화동지역 한글학교 교사 합동연수회(무석, 8월 19 - 20일 개최 예정)에 참가할 분들은 속히 신청(본부 교사들은 교장에게, 분교 교사들은 분교장에게 신청)하기 바랍니다. 좋은 내용의 모임일 것 같습니다. 그리고 저희 주말학교 선생님들도 함께 만날 수 있는 기회입니다.

내일은 단오절입니다. 특별한 명절 행사는 보기 힘들지만 모두들 마음속으로는 단오를 쇠리라 생각합니다. 그리고 이번 학기를 잘 마감합시다.

고맙습니다!

2016 화동조선족주말학교 교사연수회
개회식에서의 발언

2016년 8월 5일

안녕하십니까?

그 동안 열심히 준비하여 온 2016 화동조선족주말학교 교사연수회가 이제 열리게 되었습니다. 이는 하나의 뜻깊은 일입니다.

교사는 교육자입니다. 교육자이기 때문에 학생들을 가르칩니다. 동시에 교육자이기 때문에 끊임없이 교육을 받아 자기의 수준을 높여야 합니다.

특히 현재 우리의 교사들이 종사하는 조선족주말학교의 한글 교육은 아주 특이한 교육입니다. 교육 대상의 특수성, 교사 구성의 특수성, 교육 체제의 특수성, 교육환경의 특수성 등이 고려되어야 하는 것입니다. 때문에 우리의 주말학교를 위하여 적합한 교육내용, 교육방식, 교육체제를 모색하고 개발하고 창조하는 것은 영원한 과제입니다.

사실상 2011년 화동조선족주말학교 설립 후 우리는 교사들의 수준을 높이기 위한 노력을 아끼지 않았습니다. 본부 교사들을 위한 특강을 5회 조직하였고, 화동지역 한글학교 연합회에서 조직하는 교사연수회에 2회 참가하였고 올 8월 19 - 20일에 또 참가하게 되며, 교사 4명이 한국에 가서 세계 주말학교 교사연수회에 참가하였고, 작년에는 전송배 회장과 이정연 이화여대 교수의 강의를 듣기 위해 연수회를 조직한 적도 있었습니다. 그리고 저는 올 6월에 22개국에서 49명의 한글학교 교장이 참가한 제1회 세계 한글학교 교장 연수회에 중국에 있는 한글학교 중에서는 홀로 참가하였습니다.

이제 우리학교의 교사연수회가 오늘과 같은 규모로 발전하였다는 것은 우리학교의 발전 상황을 보여주는 하나의 실례라고 생각됩니다.

이번 연수회 관련 내용은 여러분이 갖고 있는 〈자료집〉에 다 실어 놓았기에 여기서는 중복하지 않겠습니다.

마지막으로 이번 연수회가 성공적으로 열려 모든 선생님들이 많은 것을 얻기를 기대합니다.

여러분, 우리 모두 함께 이번 연수회의 성공을 약속합시다!

2016 화동조선족주말학교
교사연수회 폐회식에서의 발언

2016년 8월 7일

빽빽한 일정을 소화하시느라 여러분들 수고 많으셨습니다. 그러나 아직도 20 - 30분 참으셔야 합니다. 제가 몇 마디 말씀드려야 하겠습니다.

이 연수회를 발기하여 자금 신청을 하고 실제 조직하는 데에는 8개월이 걸렸다 할 수 있습니다.

우선 작년 12월 6쪽에 달하는 계획서 등 자료를 한국 재외동포재단에 제출하였습니다.

다음으로, 신청이 통과되었다는 통지를 받은 것은 7월 초입니다. 통지가 이렇게 늦게 왔고 지원금이 신청 자금의 반밖에 안 되었기 때문에 연수 실행 계획을 대폭 수정하지 않을 수 없었습니다.

그럼에도 이번 연수회를 성공리에 마칠 수 있게 된 것은 아래의 4가지가 중요하였다고 생각합니다. 첫째는 재단의 지원입니다. 아무리 좋은 구상이 있다 하여도 자금이 없으면 공염불에 불과합니다. 때문에 우선 재단에 감사합니다.

둘째는 여러 강사님들의 노력입니다. 위에서 말씀드린 원인으로 강사님들에게 드린 준비 시간은 너무 짧았습니다. 그럼에도 모두들 열심히 준비하여 주셨기에 자료집도 회의 전에 만들 수 있었습니다. 특히 전송배 회장님께 감사드립니다. 자료집을 보면 알 수 있지만 향후에도 읽어 볼만한 내용이 많습니다.

셋째는 이번 활동 준비를 담당한 여러분들의 노력입니다. 자금이 있고 좋은 계획이 있다 해도 행동으로 옮기지 않으면 안 됩니다. 이번 활동은 저와 주경철 교수가 총괄을, 김성옥 교사가 행사 준비 및 행사 진행을, 김천녀 교감이 현지 사무를, 윤국화 교사가 재무를 담당하여 추진한 것입니다. 그 외에도 많은 일들이 있었습니다. 예를 들면 악기를 빌리고 운반하는 일, 손님 마중과 배웅하는 일 등에 많은 분들이 동원되었습니다. 악기를 빌려준 분들에게 감사하고 빌리느라 노력한 분들에게도 감사합니다. 여기서 특히 지적하고 싶은 것은 김천녀 선생님은 이번 모임을 위해 너무 수고를 많이 했다는 것입니다. 병원에 입원해 있으면서 준비 사업을 했던 것입니다. 물론 이번 준비 과정에 미흡한 점도 있었는데 이에 대해서는 저의 불찰로 알겠습니다.

넷째는 연수회에 참가한 모든 분들의 노력입니다. 연수생이 없는 연수는 있을 수 없습니다. 여러분들이 적극적으로 이번 연수회에 참가하였기에 이번 연수회가 성공적으로 진행되었습니다.

이번 연수회는 우리가 자체로 조직한 연수 활동으로서는 참가 인수가 제일 많고, 진행 시간이 제일 길고, 강의 내용이 제일 다채로웠고, 얻은 것이 제일 많았다고 생각합니다. 향후 학생들을 가르칠 때 많이 활용하기를 바랍니다.

이번 연수회를 잘 총괄하여 내년 연수회를 어떤 방식으로 열겠는가 하는 등 문제들을 검토해 보려고 합니다. 그리고 내년에 주최지가 될 분교에서는 일찍이 신청 제출해 주시기 바랍니다. 서로 경쟁을 해도 괜찮겠습니다.

이번 연수회에 대해서는 이 정도로 말씀드리고 이제부터는 주말학교 관련 사항에 대해 몇 가지 말씀드리겠습니다.

1) 지난 1개월간 우리 주말학교 교사진이 크게 늘어났습니다. 본부에서는 방미선 교수님이 자원으로 주말학교에서 봉사하시겠다고 하시어 교사진에 가입하셨습니다. 향후 방 교수님께서 많이 지도

와 조언 해주시기를 바랍니다. 그리고 윤미영, 장금화, 김염미, 김춘염 네 분이 저희 주말학교 본부 교사로 채용되었습니다. 또한 박해월 교사 등이 소주희망분교 교사로 채용되었습니다.

2) 지난 한 달 동안 소주희망분교 설립을 위해 많은 분들이 노력하였습니다. 하여 소주에는 두개의 분교가 있게 되었습니다. 사전에 재외동포재단 측과 협의하지 않을 경우 그들이 동의하지 않을 수도 있는데 이건 이미 총영사관 측과 합의를 보았습니다.

3) 학생모집을 본격적으로 추진해야겠습니다. 특히 이번 학기에 상하이 일부 지역에서는 유아반 설립을 추진하기로 했습니다. 나이는 3 - 4살, 또는 4 - 5살짜리 애들로 학급을 편성하기로 했습니다. 학비는 한 학기에 1500원입니다. 담임교사 1명, 보조교사 1명이 한 학급을 맡도록 했습니다. 한 학급 학생수는 10 - 15명 정도로 합니다. 이 방식이 우리가 지금 해결하지 못하는 문제, 즉 애들이 말하기를 못하는 문제를 해결하는데 효과적이 되기를 기대합니다.

4) 저희 주말학교 학생 수와 학급수가 계속 급속히 증가하고 있습니다. 최근에 2017년 교과서 신청을 하느라고 현황조사를 하였는데 내년에는 학생수가 350 - 400명에 달하고 2018년에는 500명에 달할 예정입니다. 이런 상황은 학교운영 방식을 개혁해야 한다는 것을 고지하고 있습니다. 여러분들의 많은 조언을 기대합니다.

이 정도로 저의 말씀을 마치려 합니다. 몇 분간 이용하여 여러분들의 질문을 듣고 싶습니다.

유아반 설립 · 모집 안내

2016년 8월 8일

화동조선족주말학교에서는 2016년 9월 학기부터 본부에서 유아반을 시험적으로 설립 · 운영하기로 하였습니다. 관련 사항을 안내해 드립니다.

1. 학급 구성 : 3 - 4세 유아반, 4 - 5세 유아반.
2. 학급 규모 : 10 - 15명.
3. 수업 내용 :

    가. 주로 우리말 말하기를 가르치되, 우리말 노래, 우리민족 전통 무용, 전통 유희 등도 곁들인다.

    나. 한글의 보기 · 읽기는 제한된 범위 내에서 가르치지만, 쓰기 · 맞춤법 등은 특수한 경우를 제외하고는 가르치지 않는다.
4. 담당 교사 : 학급마다에 담당 교사 1명, 보조 교사 1명을 둔다.
5. 학비 : 1인당 한 학기(9월 - 12월) 학비는 1500위안으로 한다.
6. 올에는 본부 쥬팅 지역, 다쉐청 지역에서 시험적으로 모집 운영한다. 다른 지역에서의 설립 여부에 대해서도 담임교사가 원한다면 검토해 볼 수 있다.
7. 분교 유아반 설립 · 운영 관련 사항은 별도로 조치한다.
8. 유아반 수업은 오는 9월 3일부터 한다.

[화동조선족주말학교]

2016 - 2학기를 맞아

2016년 8월 30일

화동조선족주말학교 분교장 · 담임교사 · 학부모 여러분,

안녕하세요?

2016년 제2학기를 맞아 몇 가지 관련 사항들에 대하여 말씀드리겠습니다.

1) 2016년 제2학기(9 - 12월)는 9월 3일(토요일)부터 시작됩니다.

2) 개학을 맞아 교실, 교과서, 칠판 등이 잘 준비되어 있는가를 최종 확인하기 바랍니다. 문제가 있을 경우 수시로 김성춘 선생님에게 연락하기 바랍니다.

3) 기존 학급들에서는 개학일 첫 시간에 10 - 15분 정도의 시간을 이용하여 개학을 선포함과 동시에 새 학기 강의 진도 및 계획, 새 학기 주요 행사(송년회 등), 새 학기 요구 사항 등을 전체 학부모와 학생들에게 얘기해야 합니다. 강의 진도는 정옥란 선생님에게 제출한 내용과 일치해야 하며, 변동이 있을 경우 수시로 정옥란 선생님과 상의하기 바랍니다.

4) 신설 학급들에서는 담임교사의 사회로 개학식을 열기 바랍니다. 담임교사의 자기소개, 화동조선족주말학교 소개, 학부모 대표와 학생 대표의 발언 등으로 진행하기 바랍니다.

5) 각 학급들에서는 소정의 학비를 수납하여야 합니다. 분교에서는 수납된 학비를 자체 관리사용하고 본부 소속 학급들에서는 9월 말 월례교사모임 시 학교에 납부해야 합니다. 본부 학급의 경우,

학비 납부 학생의 명단(성명은 한자로 적어야 함) 및 납부액 명세
표를 작성하여 월례교사모임 전에 메일로 윤국화 선생님에게 바
쳐야 합니다.

6) 각 학급들에서는 학교에서 제정한 〈학생 명단 일람표〉를 기입하
여 9월 10일 전에 방미선 교수님에게 바쳐야 합니다. 메일로 보
내기 때문에 각 학급 담임교사와 각 분교장들은 사전에 자기의
메일 주소를 방미선 교수님에게 알려드려야 합니다.

7) 모든 학급 담임교사들은 매번 수업이 끝나는 대로 당 학급 학생
출석 상황을 학교에 보고해야 합니다. 본부 학급들에서는 김성옥
선생님에게, 분교 학급들에서는 권진희 선생님에게 보고하기 바
랍니다.

8) 이번 학기에 우리 주말학교의 신설 학급이 다수 늘어나서 학생
수가 또 급증하게 됩니다. 모든 분들이 협력하여 우리 주말학교
를 '훌륭한 우리말 배움터'로 만들어 봅시다!

2016 정보기술포럼 및 과학기술혁신 교류회에서의 축사

2016년 10월 22일

우선 중국조선족과학기술자협회 IT전문위원회의 설립을 축하하고 싶습니다. 2004년 상해에서는 IT전문위원회 설립에 대한 박국동 사장의 제안을 제가 지지하면서 IT전문위원회 설립 시도가 있었지만 성공하지 못했습니다. 올에는 저의 제안으로 IT전문위원회 설립을 다시 추진하였는데 다행히 여러분들의 노력으로, 특히는 최형모 이사장과 최성일 비서장의 지지와 배려로 성공하게 되었습니다.

다음으로 오늘의 2016년 정보기술 및 과기혁신 교류회, 즉 IT전문위원회 제1차 회의의 개최를 축하합니다. 불원만리하고 오늘 회의에 참석하신 최형모 이사장님께 깊은 사의를 표합니다!

이 기회에 정보, 정보과학, 정보기술에 대해 몇 마디 말해 보려 합니다.

그리스의 위대한 학자인 아리스토텔레스는 질료인, 동력인, 형상인, 목적인으로 만물의 운동 변화를 설명하였습니다. 그중 형상 즉 form이 그 앞에 in이 더해지고 그 뒤에 ation이 추가되어 information이라는 용어가 생겼습니다. 이 용어는 중국 대륙에서는 信息, 대만과 홍콩에서는 資訊, 일본에서는 情報, 한국에서는 정보라고 번역됩니다. 이들은 모두 하나의 일상 용어였습니다.

19세기 말 20세기 초까지 모든 과학의 연구 대상은 물질과 에너지였습니다. 정보가 과학연구의 대상이 되기 시작한 것은 1920년대였습니다. 1940년대에 와서 정보는 정보이론의 창시자 새넌(C.E.Shannon), 사이버네틱스의 창시자 위너(N.Wiener), 일반시스템이론의 창시자

베르탈란피(L.v.Bertalanffy) 등의 노력에 의해 과학적 개념이 되었습니다.

그때부터 물질·에너지·정보 3자는 현실세계의 3가지 구성성분으로 간주되기 시작하였습니다. 위너가 말한 'information is information, not matter or energy.'라는 명언은 영원히 기억될 것입니다. 뿐만 아니라 사이버세계와 현실세계를 포함한 시스템세계에서 정보는 요소 및 그들의 활동과 함께 시스템의 기본 구성인자라 합니다. 우리가 살고 있는 이 시대에 정보는 가장 중요한 과학개념, 기술술어와 생활용어로 자리매김됐다 할 수 있습니다.

이것은 20세기 중반에 시작된 정보산업혁명의 결과입니다. 18세기 중반 이후의 물질·에너지 분야의 산업혁명이 인간의 체력적 한계를 극복하려는 것이었다면 20세기 중반 이후의 정보 분야의 산업 혁명은 인간의 뇌력적 한계를 극복하기 위한 것입니다. 20세기 중반 레이더와 소나, 라디오와 텔레비전, 컴퓨터를 징표로 하는 정보산업혁명은 현재도 계속 추진되고 있습니다. 개인용 컴퓨터, 휴대전화, 로봇 등 정보산업제품들은 기술혁신을 통해 꾸준히 업그레이드되고 있으며, 인공지능, 전자 상거래, 경영정보시스템, 인터넷 등 정보산업시스템도 기술혁신을 통해 꾸준히 업그레이드되고 있습니다. 정보산업의 미래에 대한 인간의 신심은 더욱 커지고 있습니다.

뿐만 아니라 현대정보기술의 영향력은 정치, 경제, 사회, 군사, 과학기술, 교육 문화, 예술 등 인간사회의 모든 측면에 미치어 세계화의 가장 강대한 힘이 되었습니다. 세계화란 세계의 시스템화이고, 세계의 시스템화는 정보의 세계화가 전제되어야 합니다. 정보의 세계화가 없이는 세계화란 있을 수 없습니다.

때문에 중국조선족과학기술자협회에서 IT전문위원회를 설립한 것은 아주 현명한 결단이었고 IT전문위원회에서 정보기술포럼을 조직하

116

는 것은 매우 필요한 조치입니다. 이 포럼은 조선족 IT연구자와 사용자들의 만남의 장, 교류의 장, 그리고 협력의 장이 될 것이며, 조선족 IT분야 내외 인사들의 만남의 장, 교류의 장, 그리고 협력의 장이 될 것입니다.

마지막으로 중국조선족과학기술자협회 IT전문위원회의 정보기술포럼이 향후 잘 운영되기를 기대합니다. 우선 오늘 모임이 성공적으로 진행되기를 기대합니다.

[필자는 시스템학 연구를 하던 때로부터 IT는 장차 인간사회의 명운을 좌지우지하리라 생각하고 있었다. 그 후 한국학, 특히 중국 조선족에 대한 연구를 하면서 960만㎢의 광활한 중화 대륙에서 100만 명밖에 안 되는 조선족이 하나의 민족으로 살아감에 IT는 하나의 불가결의 요인이라고 생각하게 되었다. 필자의 중국조선족과학기술자협회 IT전문위원회에 대한 기대는 이러한 인문학적 내용도 포함하고 있다. 코로나로 인한 작금의 이른바 '온라인 수업', '원격 수업' 등에서 이러한 견해는 또 한 번 입증되었다고 할 수 있겠다. - 2021년 1월 12일]

2016 화동조선족주말학교
학부모회장 연수회 폐회식에서의 발언

2016년 12월 4일

저는 오늘 연수회가 아주 성공적이었다고 생각합니다. 여러분들은 어떻게 생각하십니까?

이번 회의의 성과를 현실로 전환시키기 위해서 아래에 몇 가지 제의를 하려 합니다. 모든 학부모회장님들이 참고하기 바랍니다.

1. 100쪽 '열독자 서명표'에 대한 설명입니다.
   각 학급에 자료집을 두 부씩 드리는데 한 부는 회장이 남겨놓고 잘 읽어보기 바랍니다. 다른 한 부는 모든 학부모들이 함께 읽기 바랍니다. 읽은 후 서명해야 합니다. 모든 학부모들이 다 읽은 후 회장이 서명하고 사진을 찍어 본부에서는 김성옥 선생님에게 보내고 분교에서는 권진희 선생님에게 보내기 바랍니다. 위쳇에 올려도 됩니다. 열독은 개별적으로 해도 되고 한데 모여서 단체로 해도 됩니다.

2. 학부모회가 어떤 활동을 조직해야 할까? 우선 자녀들이 수업할 때 학부모들은 뭣을 해야 할까? 그냥 멀뚱히 앉아서 기다린다면 너무 힘들 것 같습니다. 잘 검토해 보기 바랍니다. 예전에 어떤 학부모회에서는 외국어 공부를 조직한 적이 있었고, 어떤 학부모회에서는 체육 운동을 조직한 적도 있었습니다. 저는 독서회를 조직하는 것도 하나의 방안이라고 생각합니다.

3. 학급 학부모회 사이의 교류와 협력을 어떻게 추진하겠는가? 이것

도 하나의 중요한 과제입니다. 현재의 상황을 보면 어떤 학부모 회는 잘 운영되고 있고 어떤 학부모회는 운영이 아주 어렵습니 다. 그럼 어떻게 해야 좋은 경험, 좋은 방법, 좋은 지식을 여러 학부모회에서 공유할 수 있겠는가? 위쳇을 이용하는 것, 웹사이 트를 이용하는 것 등도 좋은 방법이라고 생각됩니다. 우선은 이 번 회의 준비에 사용한 위쳇을 계속 사용하는 것이 좋지 않겠는 가고 제의하고 싶습니다. 그리고 화동조선족주말학교 학부모회 총연합회를 조직 운영하는 것도 좋으리라 생각됩니다. 여러분이 잘 생각해서 좋은 제안을 많이 제출하기 바랍니다.

시간상 관계로 오늘은 이 정도로 마치겠습니다. 여러분들의 질의를 몇 가지 들어 보고 싶습니다. 누가 먼저 말씀하시겠어요?

2016 - 2학기말 통고

2016년 12월 15일

화동조선족주말학교 분교장 및 각 학급 담임교사 여러분,

이번 학기(2016년 2학기, 9월 - 12월)는 이제 얼마 남지 않았습니다. 관련된 사항들에 대해 말씀 드리겠습니다.

1. 이번 학기는 12월말 (본부는 12월 31일) 마감이 됩니다.
2. 각 학급 교사들은 자기가 맡은 학급의 사정에 따라 학기말 고시 출제, 채점을 하기 바랍니다.
3. 각 학급별 총화는 담임교사가 주도로 하되 학급 학부모회의 희망 사항도 잘 반영하기 바랍니다.
4. 송년회는 학급별로 하는 것을 기본으로 하되, 교사 상호간, 교사 - 학부모간 합의를 거쳐 학구별로, 분교별로 또는 한 담임교사가 맡은 2 - 3개 학급이 공동으로 할 수도 있습니다.
5. 본부 각 학급의 총화 자료와 채점한 시험지는 2017년 1월 2일 본부 월례교사모임 때 학교장에게 일괄 교부해야 합니다.
6. 본부 제40차 월례교사모임은 2017년 1월 2일 오전 10:30에 열립니다. 이번 회의에서는 이번 학기 총화 및 다음 학기 노력 방향에 대한 검토가 있게 됩니다.
7. 각 분교의 각 학급 총화 자료와 채점한 시험지는 일단 분교장에게 교부하여 보관하기 바랍니다.

2016년에 우리학교에서는 정상적인 수업을 진행한 동시에 장기자랑 모임, 교사연수회, 학부모회장 연수회 등 의미 있는 행사를 성공적으로 치르기도 하였습니다. 내년에는 더욱 큰 발전이 있으리라고 믿습니다.

고맙습니다!

2017 - 1학기를 맞아

2017년 2월 7일

화동조선족주말학교
분교장 · 담임교사 · 학부모 여러분,

화동조선족주말학교는 자랑찬 2016년을 보내고 희망찬 2017년을 맞게 되었습니다. 새해에 우리 학교의 주 노력 방향은 운영 규범화를 통한 수업의 질 향상입니다.

중요한 행사로는 (1) '제6회 화동 조선족 어린이 장기자랑 대회'(상하이, 5월 20일), (2) '2017 화동조선족주말학교 교사 연수회'(소주시, 8월 4일-6일), (3) '2017 화동조선족주말학교 학부모회장 연수회'(상하이, 12월 3일)가 있게 되며, (4) 12월에는 다양한 방식의 송년회가 열리게 됩니다.

우선 2017년 제1학기를 맞아 몇 가지 관련 사항들에 대하여 말씀드리겠습니다.

1. 2017년 제1학기(3-6월)는 3월 4일(토요일)부터 시작됩니다.
2. 본부 각 학급 담임교사의 임직 상황은 2월 28일까지 김성옥 팀장이 확인하여 방미선 교수에게 전달하여 〈교사 명단 일람표〉에 기입하고, 각 분교들에서는 2월 28일까지 〈교사 명단 일람표〉를 기입하여 방미선 교수에게 메일로 바치기 바랍니다.
3. 모든 담임교사들은 2월 28일까지 담당 학급의 수업진도표를 작성하여 정옥란 팀장에게 제출해야 합니다.
4. 각 분교/학급들에서는 개학을 맞아 교실, 교과서, 칠판 등이 준비

되어 있는가를 2월 28일 전에 최종 확인하고 관련 문제 및 소요 교과서(2월말/3월초 도착 예정) 종류와 수량을 김성춘 선생님에게 제출하기 바랍니다.

5. 기존 학급들에서는 개학일 첫 시간에 10 - 15분 정도 이용하여 개학식을 열고 개학을 선포함과 동시에 새 학기 강의 진도 및 계획, 새 학기 주요 행사, 새 학기 요구 사항 등을 전체 학부모와 학생들에게 얘기해야 합니다.

6. 신설 학급들에서는 담임교사의 사회로 개학식을 열고 학교 소개, 담임교사의 자기소개, 학부모 대표와 학생 대표의 발언 등으로 진행하기 바랍니다.

7. 각 학급들에서는 담임교사가 소정의 학비를 수납하여야 합니다. 분교에서는 수납된 학비를 자체 관리사용하고 본부 소속 학급들에서는 3월말 월례교사모임 시 학교에 납부해야 합니다. 본부 학급의 경우, 학비 납부 학생의 명단(성명은 한자로 적어야 함) 및 납부액 명세표를 작성하여 3월말 월례교사모임 전에 메일로 윤국화 팀장에게 바쳐야 합니다.

8. 각 학급들에서는 3월 15일까지 〈학생 명단 일람표〉와 〈정/부 학부모회장 명단〉을 방미선 교수에게 바쳐야 합니다.

9. 모든 학급 담임교사들은 매번 수업이 끝나는 대로 당 학급 학생 출석상황을 학교에 보고해야 합니다. 본부 학급들에서는 김성옥 팀장에게, 분교 학급들에서는 권진희 팀장에게 보고하기 바랍니다.

10. 이번 학기에도 분교/학급 신설에 의한 신입생 모집, 그리고 편입생/전입생 접수에 노력해야 하며, 그들이 우리 학교 질서에 잘 적응하도록 관심하기 바랍니다.

우리 모두 협력하여 화동조선족주말학교를 '훌륭한 우리말 배움터'로 만듭시다!

복단구시연수학원 조선어반 설립 6주년 기념 및
제6회 상하이 조선족 어린이 장기자랑 모임
"깨끗한 운동회" 선언문

2017년 5월 21일

복단구시연수학원 조선어반 설립 6주년 기념 및 제6회 상하이 조선족 어린이 장기자랑 모임은 수년간 발전해 온 우리 공동체의 축제이며 검열이고 또 새로운 시작의 동원 행사로서 어린이들에게 아름다운 추억을 남겨주고 선생님들과 학부모님들의 친목을 증진시키는 좋은 기회입니다.

아름다운 행사를 더욱 멋지게 진행하고 더욱 힘찬 새로운 출발의 장으로 만들기 위해서는 운동회 전체 과정이 더욱 깨끗해야 합니다.

그러기 위해 이번 행사기간 중 위생청결에서 3대 목표는 다음과 같습니다.

1) 교내 흡연 절대 금지
2) 교내 음주 절대 금지
3) 발생한 쓰레기 전부 수거 반출

쓰레기를 철저히 관리하는 대책은 아래와 같습니다.
첫째, 행사 중 발생할 쓰레기 수거에 필요한 비닐봉투를 지참합니다.
둘째, 학급별로 자체 쓰레기를 완벽히 수거합니다.

셋째, 학급별/팀별로 쓰레기를 깨끗이 반출합니다.

넷째, 반출한 쓰레기는 관련 규정에 의해 깨끗이 처분합니다.

오늘 행사에 참석한 모든 교사, 학부모, 학생 여러분, 그리고 귀빈 여러분, 우리 모두의 깨끗한 마음과 부지런한 손발로 오늘 운동회를 깨끗하고 멋진 운동회로 만듭시다!

[화동조선족주말학교 위생감독팀]

2017 조선족 어린이 한국어 낭독대회 요강

2017년 7월 6일

1. 본선 경연 일시 : 2017.11.05(일요일, 상하이), 14:00 - 16:00

2. 장소 : 1단계는 학급 소재지, 2단계는 상하이

3. 신청자격 : 화동지역(상하이, 절강성, 강소성)에 있는 조선족 어린이(나이 : 6 - 14세)

   ※ 유아반은 제외되지만 특수 재능 보유자는 학급 내 경연에 참여 가능, 선발되면 대회 경연에도 참여 가능

4. 낭독 지정 도서

   1) 지정 도서 : 10종(8월 1일 공표)

   2) 참여자가 대회 지정 도서 중 가장 감동 받았던 부분이나 함께 나누고 싶은 부분을 선정하여 '보면서 낭독하는' 방식, 분량은 1장, 시간은 1~2 분임.

5. 심사위원회 : 외부 인사 5명으로 구성

6. 진행 절차

   1) 학급내 선발

      ① 선발인수 : 1학급 1명

      ② 선발방식 : 학급 내 경연(경연 일시는 담임교사 결정)

      ③ 제출마감일 : 10월 20일까지 주최 측에 제출

   2) 낭독대회

      ① 장소 : 상하이에 집중, 경연 .

      ② 일시 : 11월 05일 14:00 - 16:00

③ 참가자 : 낭독자, 담임교사, 학부모

7. 시상

상	수상자	부상(위안)	비고
금상	1	500	
은상	2	300	
동상	3	200	
장려상	기타 대회 낭독자	100	

8. 주최 : 화동조선족주말학교

9. 담당자 : 정옥란 선생님

가르침에서 본 배움의 필요성
2017 화동조선족주말학교 교사연수회 개회식 축사

2017년 8월 5일

여러분, 오늘 우리는 연수를 위해 이 자리를 함께 하고 있습니다.

우선 이번 연수회 강사로 한국에서 오신 허옥희 선생님과 무석에서 오신 신선희 선생님에게 감사의 박수를 보냅시다.

그리고 이번에 연수생으로 오신 모든 분들에게도 서로 감사의 마음으로 박수를 보냅시다.

중국의 옛날 명언에 '배워야 부족함을 알고, 가르쳐야 모자람을 안다.' (學然後知不足, 敎然後知困. - 禮記)는 말이 있습니다. 이로부터도 가르쳐 봐야 배움의 필요성을 더욱 심각하게 이해할 수 있음을 알 수 있습니다.

우리는 주말학교를 만들 때, 또는 주말학교 교사직을 맡을 때, "어려서부터 한국어를 배웠는데 한국어를 가르치는 것쯤이야!", 이렇게 생각하였습니다. 가르치기 전에는 모르는 것이 없는 것 같았습니다. 그러나 가르치면서 그렇지 않다는 것을 알게 되었습니다.

그래서 연수는 우리 주말학교 운영에서의 필수 내용이 되었고, 한국어, 민족 전통문화, 교수법과 민족사는 영원한 연수 주제가 되어 있습니다.

첫째, 한국어 수준을 높여야 한다는 것입니다. 처음에 우리는 한국어 수준에는 문제없다고 생각하였습니다. 그러나 학생과 학부모들이 표준적인 한국어를 가르칠 것을 희망하면서 우리는 자기가 알고 있는 한국어 지식이 부족함을 알게 되었습니다. 우리들이 어려서 배운 것은

128

중국식 한국어, 또는 중국식 조선어였기 때문입니다. "되었다"라고 써야 할 것을 '되였다'로, "책이에요"라고 써야 할 것을 "책이예요"로 쓰고 있으며, "없는 것"을 쓸 때 '없는'과 '것'을 띄어 쓰지 않고 있습니다. 결과는 어떨까요? 우리가 틀리게 알고 있기 때문에 애들도 틀리게 배우게 됩니다. 하여 작년에 김기석 교수의 강의를 들었음에도 올에 또 최승희 강사의 강의를 듣기로 했습니다. 저의 생각에는 내년에도 또 이와 관련된 강의를 들어야 할 것 같습니다.

둘째, 전통 민족문화 수준을 높여야 합니다. 어느 국가나 민족에 있어서도 전통문화의 일부 내용이 시간의 흐름에 따라 점점 사라지는 것은 자연스러운 역사 과정입니다. 중국에 사는 중국 조선족의 현황을 보면 민족 전통문화의 많은 내용들이 우리의 생활에서 이미 생략되었음을 알 수 있습니다. 사실상 중국 조선족 사회에 남아 있는 민족 전통문화의 내용은 점점 적어지고 있습니다. 많은 내용들에 대하여 우리 교사들 세대는 모르는가 하면 어느 정도 알고, 아는가 하면 잘 모릅니다. 그리고 문화는 책만 보고 배울 수 있는 것이 아니라 생활 속에서 체득하여야 합니다. 그런데 우리의 실생활에서 민족 전통문화의 요소들은 날로 감소되고 있습니다. 남아 있는 부분도 점점 퇴색하고 있습니다. 만약 여러분들이 배워서 전승하지 않으면 다음 세대는 혈통적으로는 조선족, 문화적으로는 이민족이 될 수 있습니다. 이러한 흐름과 싸워야 민족을 지켜낼 수 있습니다. 이번에 허옥희 선생님의 강의를 통해 많은 것을 배울 수 있으리라 생각합니다.

셋째, 한글 교수법 수준을 높여야 합니다. 교사들의 한글 교수법 수준은 그들의 교수 효과를 결정합니다. 같은 시간에 같은 교과서를 사용하는데 어떤 학급 학생들은 잘 배우고 어떤 학급 학생들은 그렇지 못합니다. 한 학기가 지나고 다음 학기 학생을 모집할 때 보면 어떤 학급 학생수는 많이 증가하는데 어떤 학급 학생 수는 얼마 남지 않습니다. 가장 중요한 원인은 교사들의 한국어 수준 때문이 아니라 교수법 수준 때문입니다. 우선 기존 교수법을 배워야 합니다. 이번에 신선희 선생님의 강의로부터 많이 배우게 되리라 생각합니다. 하지만 우리의 노력 목표는 한글주말학교 어린이들의 각종 특점을 충분히 고려하여 중국 조선족 한글주말학교 한글 교수법을 새로이 개발해 내는 것입니다.

그리고 이번 연수와는 직접적인 관계가 없지만 우리민족 역사 지식 수준을 높여야 합니다. 주지하는 원인으로 우리 교사들은 학생 시절에 우리민족의 역사를 체계적으로 배울 기회가 없었습니다. 민족 정체성은 역사적으로 형성되는 것이므로 민족 정체성의 보전과 전승은 민족 역사의 학습을 통해서만이 가능합니다. 우리 조선족 교사들은 조상의 나라인 한반도 국가의 역사를 알아야 할 뿐만 아니라 중국 및 중국 조선족의 역사도 배워야 할 것입니다.

이러한 학습을 통하여 우리 교사들은 주말학교 한글교육 현장에서 자격증을 딴 훌륭한 교사가 될 수 있습니다. 아마도 수년간의 학습, 연구와 실천이 필요 될 것 같습니다. 다음 연수회에서는 우리 주말학교 교사들의 경험 발표도 하려고 합니다.

작년에 저는 한 학부모로터 자기의 자녀는 이제 수료증을 타게 되었는데 아직도 한글을 잘 읽지 못한다는 말을 들은 적이 있었습니다. 며칠 전에도 한 학부모로부터 자기의 자녀는 이미 2년 6개월을 배웠는데 아직도 한글을 잘 읽지 못한다는 말을 들었습니다. 이런 말을 들을 때 저는 정말 가슴이 아팠습니다. 우리는 반드시 대책을 세워야 합니다.

저는 재직 시기에 시스템학과 한국학 연구를 하였었습니다. 정년 퇴임 후 이 두 분야에도 제가 관심 갖는 과제들이 많습니다. 그러나 저는 지금 모든 것을 버리고 우리 민족 자녀들의 한국어 교육 사업에 몰두하고 있습니다. 목숨을 걸고 한다고는 할 수 없지만 온갖 노력을 다 하고 있는 것은 사실입니다. 다행이도 여러분들이 저와 함께 하고 있습니다. 저는 우리의 노력이 반드시 성과를 내리라고 믿습니다.

　저의 발언이 탈선하는 것 같아 이만 마쳐야 하겠습니다. 이번 연수회를 준비하느라 김성옥, 박해월 등 여러분들이 정말 수고 많았습니다. 감사의 박수를 보냅시다. 마지막으로 이번 연수회가 성공적으로 진행되기를 바라면서 모든 참가자들의 학습, 교류와 협력이 잘 이루어지기를 기대합니다. 그리고 '인간 천당'이라 불리는 소주에서 여러분들이 즐겁게 보내시기를 바랍니다.

2017 - 2학기를 맞아

2017년 8월 28일

화동조선족주말학교
2017년 제2학기 행사 및 수업 관련 요구 사항

■ **노력 방향 : 운영 규범화를 통한 수업의 질 향상**

■ **2017년 제2학기 중요 행사 :**
- 2017 조선족 어린이 한국어 낭독대회 : 11월 5일(일요일, 상하이) ▷ 14:00 - 16:00 ▷ 담당자 : 정옥란 팀장
- 2017 화동조선족주말학교 학부모회장 연수회 : 12월 3일(일요일, 상하이) ▷ 담당자 : 권진희 팀장
- 12월 하순 다양한 방식의 송년회(학급별/분교별/학구별 모두 가능)

■ **2017년 제2학기 준비 및 수업 관련 요구 사항**
1) 2017년 제2학기(9 - 12월)는 9월 2일(토요일)[또는 9월 3일(일요일)]부터 시작됩니다.
2) 본교 각 학급 담임교사의 임직 상황은 8월 31일까지 김성옥 팀장의 확인을 거쳐 방미선 교수에게 전달하여 〈교사 명단 일람표〉에 기입하고, 각 분교들에서는 8월 31일까지 〈교사 명단 일람표〉를 기입하여 권진희 팀장의 확인을 거쳐 방미선 교수에게 메일로 바치기 바랍니다.

3) 모든 담임교사들은 8월 31일까지 담당 학급의 수업진도표를 작성하여 정옥란 팀장에게 제출해야 합니다.

4) 각 분교/학급들에서는 개학을 맞아 소요 교과서(8월 29일 배송 예정) 수령 여부를 8월 31일까지 김성춘 선생님에게 알리기 바랍니다. 그리고 2018년 교과서 신청은 9월 10일까지 마칠 예정인데 기존 자료에 의해 신청하기 때문에 고려되어야 할 특수 사정이 있는 분교나 학급은 미리 연락하기 바랍니다.

5) 기존 학급들에서는 개학일 첫 시간에 10 - 15분 정도 이용하여 개학식을 열고 개학을 선포함과 동시에 새 학기 강의 진도 및 계획, 새 학기 주요 행사, 새 학기 요구 사항 등을 전체 학부모와 학생들에게 얘기해야 합니다. 특히 낭독대회 안내를 해야 합니다.

6) 제2학기 신설 학급들에서는 담임교사의 사회로 개학식을 열고 학교 소개, 담임교사의 자기소개, 학부모 대표와 학생 대표의 발언 등으로 진행하기 바랍니다. 그리고 학부모들의 의견도 널리 청취하기 바랍니다. (개학식은 30 - 40분 정도로 하기 바랍니다.)

7) 각 학급들에서는 9월 17일까지 〈학생 명단 일람표〉와 〈정/부 학부모회장 명단〉을 방미선 교수에게 바쳐야 합니다.

8) 각 학급들에서는 담임교사가 소정의 학비를 수납하여야 합니다. 분교에서는 수납된 학비를 자체 관리사용하고 본교 소속 학급들에서는 9월말까지 학교에 납부해야 합니다. 입금 계좌번호는 별도로 알려드리겠습니다. 본교 학급의 경우, 학비 납부 학생의 명단(성명은 한자로 적어야 함) 및 납부액 명세표를 작성하여 9월말 월례교사모임 전에 메일로 윤국화 팀장에게 바쳐야 합니다.

9) 모든 학급 담임교사들은 매번 수업이 끝나는 대로 지체 없이 (좋기는 10분 이내에) 당 학급 학생 출석상황을 학교에 보고해야 합니다. 본교 학급들에서는 김성옥 팀장에게, 분교 학급들에서는 권진희 팀장에게 보고하기 바랍니다.

10) 방학 기간 중 여러 선생님들이 학급 신설에 의한 신입생 모집과 편입생/전입생 모집을 강화하고, 특히 유아반 모집 강화에 관한 학교의 요구에 따라 적극 노력한 결과 이번 학기 학생수가 많이 늘어날 예정이므로 그들이 우리 학교 질서에 잘 적응하도록 많이 관심하기 바랍니다. 기대를 품고 온 어린이들이 기대 이상의 보람을 느끼도록 하기 바랍니다.

우리 모두 협력하여 화동조선족주말학교를 '훌륭한 우리말 배움터'로 만듭시다!

2017 조선족 어린이 낭독대회 심사위원회 출범

화동조선족주말학교 주최로 열리는 〈2017 조선족 어린이 낭독대회〉에서 낭독자 낭독에 대한 공정·공평한 평가는 아주 중요합니다. 이에 학교에서는 심사위원회를 조직하기로 하고 9월 27일 오후 심사위원회 제1차 회의를 소집, 관련 문제들을 검토하여 아래와 같이 합의를 보았습니다.

1. 이번 낭독대회 심사위원회는 5명으로 구성되고, 모 대학교 모 교수가 심사위원회 위원장으로 추대되었습니다.

2. 모든 심사위원은 11월 5일 출석해야 하며 부득이한 원인으로 결석하게 될 경우 반드시 11월 3일 정오 전에 심사위원장에게 신고해야 하고, 이와 동시에 당사자는 심사위원 자격을 상실합니다. 학교장은 11월 4일까지 신임 심사위원을 추가 위촉하게 됩니다.

3. 심사위원들은 낭독대회 개회 30분 전에 대회 장소에 도착해야 합니다.

4. 심사위원회 위원 명단은 낭독대회 당일 대회 석상에서 공개합니다.

5. 심사 기준은 표준한국어 발음법과 낭독 관련 규정 및 관례에 따라 하기로 하였습니다. 그리고 '끊어 읽기' 등도 고려될 것입니다.

6. 각 심사 위원은 자기 개인의 이해에 의해 채점하되, 모든 낭독자들에게 자기 나름의 기준을 동일하게 적용하게 됩니다.

7. 평점은 10점 만점으로 하고 소수점 아래 한 자리까지를 유효 숫자로 합니다.

8. 동점이 발생하여 '필요 순위' 판정이 불가능할 경우, 지정 도서

중에서 심사위원장이 선정한 동일 구절을 해당 낭독자들이 추가 낭독하여 순위를 정하기로 합니다.

9. 심사위원 5명이 공개 제출한 점수 중 최고 점수 하나와 최저 점수 하나를 빼고 나머지 세 점수를 합산하여 낭독자의 최종 득점으로 합니다. 예 : 심사위원들이 채점한 결과가 9.8, 9.8, 9.5, 8.9, 8.9일 경우, 최종 득점은 9.8+9.5+8.9=28.2가 됩니다.

10. 심사위원장은 위의 심사 결과에 의해 낭독자들의 등수를 정하고 발표합니다.

2017 조선족 어린이 낭독대회 자료집 머리말

2017년 10월 24일

주지하다시피 영어의 발음표기는 주로 국제음성기호를 사용하고, 중국어의 발음표기는 주로 병음자모를 사용하는데 한국어의 발음표기는 주로 한글 자모로 한다. 이는 한국어에서 발음 변화가 규칙적으로 진행된다는 것을 의미한다고도 할 수 있다. 하지만 여러 가지 원인으로 한국어의 발음표기도 쉽지 않다.

때문에 이번 낭독대회 자료집을 어떻게 만들까는 처음부터 큰 고민거리였다. 수록한 문장에 발음표기를 할 것인가에 대해 나는 그냥 주저하여 왔다. 왜냐하면 나는 발음표기는 전문가가 아니면 하지 말아야 하는 일이라고 생각하고 있었기 때문이다.

또한 발음표기는 너무나 많은 시간을 소요하는 일이다. 그런데 나는 9월 27일 제 1차 심사위원회 회의에서 비로소 발음표기를 해야 되겠다는 생각을 굳히게 되었다. 그러니 이용할 수 있는 시간은 한 달밖에 남지 않았다. 당시 일부 심사위원들도 대회전에 발음표기를 한 자료집 편집이 가능하겠는가에 대하여 의문을 표시하기도 하였다.

그래서 나는 나하고 심사위원 5명이 나누어 하면 짧은 시일 내에 완성할 수 있으리라 생각하고 시작하였다. 그런데 정작 시작하고 나니 재직인 심사위원들이 나처럼 자유롭게 시간을 타서 발음표기를 짧은 시일 내에 완성할 수 있겠는가에 대해 신심을 잃게 되었다.

결국 나는 수록 문장에 대한 발음표기를 홀로 완성한 후 심사위원들의 의견을 청취하는 방식으로 할 수밖에 없겠다고 생각을 바꾸게 되었다.

하지만 나는 언어학자가 아니다. 더욱이 음운학자가 아니다. 때문에 한국어 '표준발음법', 『KBS 한국어 표준발음과 낭독』(KBS 아나운서실 한국어연구회 편. 서울 : 한국방송공사, 1996년), 그리고 한국어 사전을 보면서 발음표기 작업을 하는 수밖에 없었다. 음의 동화, 경음화, 음의 추가 등은 아는 만큼 정성껏 표시해 놓느라 했지만 음의 길이에 대한 표기는 너무 힘든 일이라 포기하였다. 배우면서 한 작업이라 문제점이 많으리라 생각하면서 여러 선생님들과 학부모들이 지적해 주기 바란다.

그리고 한국어에서 일부 낱말에 복수 표준어가 있듯이 일부 단어나 단어 결합도 복수 표준발음이 있지만 여기서는 하나만 적었다는 것을 밝혀둔다. 주로는 한국어를 금방 배우기 시작한 어린이들이 현재로서는 그중 하나만 알아도 된다고 생각하였기 때문이다.

일부 심사위원의 조언이 도움이 되었음을 지적하고 싶다. 그리고 심사위원회에 참가하였다가 부득이한 사정에 의해 사임한 김시연 박사는 바쁜 와중에 두 문장에 대한 발음표기를 해주기도 하였다. 협조해 준 모든 분들에게 깊은 사의를 표한다.

이제부터는 해마다 낭독대회를 열게 되겠으므로 발음표기를 어떻게 할 것인가에 대해 잘 검토해 봐야 한다. 여러분들의 좋은 제안을 기다린다.

마지막으로 이번 낭독대회를 후원해 준 월드옥타 상해지회에, 특히 황미영 CSR 위원장에게 깊은 사의를 표한다.

2017 정보기술포럼 및 과기혁신교류회
개회식에서의 축사

2017년 10월 28일

안녕하십니까?

우선 작년에 이어 올해에도 이 모임에 참석하신 최형모 중국조선족 과학기술자협회 이사장님께, 그리고 함께 오신 최성일 비서장님과 이종식 부비서장님께 감사의 인사를 드립니다.

다음으로 오늘 회의에 참가하신 학자와 전문가, 기업인, 대학생, 그리고 기타 모든 분들에게 감사드립니다.

또한 이번 회의에 동참한 상해조선족여성협회, 월드옥타 상해지회, 한상하이협회에도 감사드립니다.

오늘 모임은 IT전문위원회에서 조직한 두 번째 교류입니다. 두 번째라는 단어가 나오면 저는 가슴이 섬뜩할 때가 있습니다. 왜냐하면 2008년 중국조선족과학기술자협회 상해지역 제1차 학술교류회를 멋있게 개최하여 2009년에도 멋있게 하려고 적극 준비하였었는데, 뜻밖의 원인으로 하마터면 두 번째 학술교류회가 열리지 못할 뻔 하였기 때문입니다.

이에 비하면 IT전문위원회는 운이 좋다고 할 수 있습니다. 두 번째 회의의 성공적 개최는 문제없으리라고 믿습니다.

작년 모임 축사에서 저는 정보 개념, 정보과학, 정보기술에 대한 저의 이해를 개괄적으로 설명하였습니다. 오늘은 뭘 말할까? 오랫동안 고민한 결과 '정보기술과 조선족'에 대한 얘기를 몇 마디 할까 합니다.

'민족'이란 개념은 많이 사용되고 있지만 아직까지 명확한 정의는 없습니다. 특히 지구화 시대에 이 개념을 정확히 정의한다는 것은 쉽지 않습니다. 하지만 현실적으로 상이한 민족이 존재하는 것은 사실입니다.

저는 대체적으로 '민족'이란 공동의 혈통, 공동의 삶터, 공동의 언어, 공동의 문화, 공동의 생활 방식을 갖는 인간 공동체라고 생각합니다.

그러면 중국 조선족의 현황은 어떤가? 개혁개방 이후 중국 조선족은 급속히 분산되고 있습니다. 전 세계로, 전국 각지로 흩어지고 있습니다. 하여 조선족의 공동의 삶터는 사라지고 있으며 공동의 생활방식은 물질적 기반을 상실하고 있습니다.

중국의 인구 밀도가 10㎢에 1400명인데 그중 조선족은 2명도 안됩니다. 때문에 분산된 조선족이 혈통적 동질성을 유지한다는 것도 점점 힘들게 되었습니다.

공동의 언어도 없어지고 있습니다. 화동조선족주말학교 어린이들이 입학할 때 90% 이상은 우리말을 모릅니다. 또한 민족 전통문화의 많은 내용은 점차 우리의 일상생활에서 생략되고 있습니다.

그럼 이제 우리 조선족은 유명무실하게 되는 수밖에 없는가? 저는 그렇지 않을 수도 있다고 생각합니다. 적어도 마지막으로 한 가지 시도는 해 볼 수 있다고 생각합니다.

그것은 바로 공동의 물질 - 에너지에 기초한 민족으로부터 공동의 정보에 기초한 민족으로 전환하는 것입니다. 즉 공동의 언어와 공동의 문화를 통해 민족 정체성을 보전하는 방향으로 노력하는 것입니다.

민족 언어와 민족 문화는 정보의 특수 형식입니다. 때문에 향후 조선족은 IT, 즉 정보기술에 의해서 민족 언어와 민족 문화를 공유하고 민족 정체성을 보전하여 하나의 민족으로 존속할 수 있습니다. '정보기술을 통한 민족 정체성 보전', 이는 조선족 정보기술 연구자들의 하나의 연구과제가 될 수 있다고 생각합니다.

여러분,

현재의 추세대로 나간다면 50년만 지나도 중국 조선족은 유명무실하게 될 것입니다. 하지만 정보기술을 통해 민족 정체성을 지킨다면 100년 후에도 계속 건강하게 살아남을 것입니다.

다행이도 혈통적 의미에서의 우리민족은 정보기술에 매우 능합니다. 일본의 손정의 회장, 한국의 삼성전자, 중국의 강경산 원사 등을 본다면 저는 중국 조선족은 정보기술 분야에서 더욱 큰 기여를 할 수 있으리라 믿습니다. 그중에 민족 정체성 보전에 대한 기여도 포함되기 바랍니다.

마지막으로 오늘의 모임이 의미 있는 모임, 즐거운 모임이 되기를 바랍니다.

이상입니다.

감사합니다.

2018-1학기를 맞아

2018년 2월 4일

화동조선족주말학교 학구장·분교장·담임교사·학부모회장 여러분, 보람찬 2017년을 보내고 희망찬 2018년을 맞아 여러분들에게 축복의 인사를 드립니다. 아래에 저희 주말학교 2018년 사업에 대하여 간략히 말씀드리겠습니다.

[1] 개학과 방학

학기	개학	방학	비고
제1학기(3-6월)	3월 3/4일	6월 30일/7월 1일	
제2학기(9-12월)	9월 1/2일	12월 29/30일	

[2] 주 노력 방향

유아반 : 어린이들의 한국어 말하기 능력 향상
초등반 : 어린이들의 한국어 읽기 능력 향상

[3] 4대 행사

순서	행사명	날짜	장소	담당자
1	제7회 화동조선족어린이 장기자랑 대회 (별명 : 복단구시연수학원 조선어반 설립 7주년 기념 및 제7회 상하이 조선족 어린이 장기자랑 모임)	20180520	상하이	윤국화
2	2018 화동조선족주말학교 교사 연수회	20180803 - 20180805	절강성 소흥시	방미선
3	2018 조선족 어린이 낭독대회	20180901 - 20181104	예선 : 학급별 본선 : 상하이	정옥란
4	2018 화동조선족주말학교 학부모회장 연수회	20181202	상하이	권진희

우선 2018년 제1학기를 맞아 해야 할 몇 가지 사항들에 대하여 말씀드리겠습니다.

1) 2018년 제1학기(3 - 6월)는 3월 3일(토)/4일(일)부터 시작됩니다.

2) 각 학구 및 분교에서는 소속 학급 담임교사의 임직 상황을 2월 25일까지 〈교사 명단 일람표〉에 기입하여 방미선 교수에게 메일로 바치기 바랍니다.

3) 모든 담임교사들은 2월 25일까지 담당 학급의 수업진도표를 작성하여 정옥란 팀장에게 제출해야 합니다.

4) 각 학구 및 분교들에서는 개학을 맞아 교실, 교과서, 칠판 등이 준비되어 있는가를 2월 25일 전에 최종 확인하고 관련 문제 및 소요 교과서(2월말/3월초 도착 예정) 종류와 수량을 김성춘 선생님에게 제출하기 바랍니다.

5) 기존 학급들에서는 개학일 첫 시간에 10 - 15분 정도 이용하여 개학식을 열고 개학을 선포함과 동시에 새 학기 강의 진도 및 계획, 새 학기 주요 행사, 새 학기 요구 사항 등을 전체 학부모와 학생들에게 얘기해야 합니다. 가능하면 학구장/분교장이 참여하여 축사를 하기 바랍니다.

6) 신설 학급들에서는 담임교사의 사회로 개학식을 열고 학교 소개, 담임교사의 자기소개, 학부모 대표와 학생 대표의 발언 등으로 진행하기 바랍니다. 가능하면 학구장/분교장이 참여하여 축사를 하기 바랍니다.

7) 각 학급들에서는 담임교사가 소정의 학비를 수납하여야 합니다. 분교에서는 수납된 학비를 자체 관리사용하고 본부 소속 학급들에서는 3월말 월례교사모임 시 학교에 납부해야 합니다. 본부 학급의 경우, 학비 납부 학생의 명단(성명은 한자로 적어야 함) 및 납부액 명세표를 작성하여 3월말 월례교사모임 전에 메일로 윤

국화 팀장에게 바쳐야 합니다.

8) 각 학구/분교들에서는 3월 15일까지 소속 학급 〈학생 명단 일람표〉와 소속 학급 〈정/부 학부모회장 명단〉을 방미선 교수에게 바쳐야 합니다.

9) 모든 학급 담임교사들은 매번 수업이 끝나는 대로 당 학급 학생 출석상황을 학교에 보고해야 합니다. 본부 학급들에서는 김행성 교사에게, 분교 학급들에서는 권진희 팀장에게 보고하기 바랍니다. 김행성·권진희 두 분은 이 자료들을 학구별/분교별로 정리하여 교장에게 보고하기 바랍니다.

10) 도서관에서는 어린이들이 즐겨 보는 도서들에, 그리고 신착 도서들에 대한 홍보를 강화하는 등 여러 조치를 도입하여 도서 이용률을 높이기 바랍니다. 독서량이 높은 학생들을 장려하는 조치도 고려해 보기 바랍니다.

11) 이번 학기에도 학구·분교·학급 신설에 의한 신입생 모집, 그리고 편입생/전입생 접수에 노력해야 하며, 그들이 우리 학교 질서에 잘 적응하도록 관심하기 바랍니다. 학부모와 공동으로 수업 진도를 따라가기 힘들어 하는 학생들을 위한 조치를 강구하기 바랍니다.

우리 모두 협력하여 화동조선족주말학교를 '훌륭한 우리말 배움터'로 만듭시다!

복단구시연수학원 조선어반 설립 7주년 기념 및
제7회 상하이 조선족 어린이 장기자랑 모임에서의 환영사

2018년 5월 20일

존경하는 귀빈 여러분,

학구장, 분교장, 담임교사, 학부모회장 및 학부모 여러분,

자원봉사자 여러분,

귀여운 학생 여러분,

기타 참여자 여러분,

안녕하십니까?

우선, 여러분의 참여에 깊은 감사의 인사를 드립니다.

저희 화동조선족주말학교는 2011년 9월 17일 "복단구시연수학원 조선어반"으로 출범하였습니다.

지난 7년간 저희 학교는 급속한 성장을 거듭하여 왔습니다. 교사는 2명에서 40여 명으로, 학생은 20 – 30명에서 320여 명으로, 학급은 2개에서 40여 개로 늘었습니다.

이런 학급들은 상하이의 민항, 숭장다쉐청, 쟈딩, 쥬팅, 푸둥 등 5개 학구에, 강소성의 곤산, 무석, 상주, 소주, 소주희망, 태창, 화쵸 등 7개 분교에, 그리고 절강성의 가흥, 닝버, 소흥, 이우, 주지 등 5개 분교에 설치되어 있습니다.

우리 조선족은 현재 중대한 역사적 전환기에 살고 있습니다. 우리 조선족 정체성의 기초는 공동의 삶터로부터 공동의 언어와 문화로 전환하고 있습니다. 특히 중국 경내 100만 명밖에 안 되는 인구가 960만

km^2의 국토에 널리 퍼져가는 현실에서 우리를 하나의 민족으로 묶어주는 것은 공동의 언어와 문화입니다.

지난 7년간 저희 학교 담임 선생님들, 그리고 학구장과 분교장들은 우리민족 후대들에게 우리 언어와 문화를 전수하기 위하여 주말에 쉬지 못하면서, 가사를 돌보지 못하면서, 남편이나 아내에게 부담을 떠맡기면서, 심지어 자기의 자녀나 부모를 돌보지 못하면서 헌신적으로 봉사하여 왔습니다.

특히 지적하고 싶은 것은 자기의 자녀를 저희 학교에 보내주신 학부모들의 현명한 선택입니다. 그들의 현명한 선택으로 우리민족의 언어와 문화는 다음 세대로 전승되고 있습니다. 그들의 어제와 오늘의 선택은 기타 학부모들의 내일의 선택에 길라잡이가 될 것입니다.

마지막으로 이 자리를 빌려 저희 학교의 성장에 기여하신 모든 분들에게, 특히 물심양면으로 저희 학교를 지원해 주신 모든 개인과 조직 및 단체에 깊은 사의를 표합니다. 그리고 오늘 행사가 여러분들에게 기쁨을 안겨주기를 기원합니다.

고맙습니다!

2018 화동조선족주말학교 교사연수회 자료집 머리말

2018년 7월 21일

존경하는 학구장, 분교장, 교사, 강사 및 기타 참가자 여러분, 안녕하십니까?

우선 여러분의 참여에 깊은 사의를 표합니다.

저희 화동조선족주말학교는 2011년 9월 17일 "복단구시연수학원 조선어반"으로 출범하였습니다.

지난 7년간 저희 주말학교는 급속한 성장을 거듭하여 왔습니다. 교사는 2명에서 40여명으로, 학생은 20 - 30명에서 320여명으로, 학급은 2개에서 40여 개로 성장하였습니다.

이런 학급들은 상하이의 민항, 쥬팅, 숭쟝다쉐청, 푸둥, 쟈딩 등 5개 학구, 강소성의 곤산, 무석, 상주, 소주, 소주희망, 태창, 화쵸 등 7개 분교, 그리고 절강성의 가흥, 소흥, 닝버, 이우, 주지 등 5개 분교에 설치되어 있습니다.

대다수 학구와 분교의 교사와 관리자가 이번 연수회에 참석하였습니다. 여러분들이 다른 일들을 제쳐놓고 이번 연수회에 참가한 것은 이 연수회에 대한 여러분의 기대가 그만큼 크다는 것을 의미하기도 한다고 생각되어 어깨가 무거워지는 것 같습니다.

오늘날 우리민족은 수천 년 역사에서 최고의 전성기를 눈앞에 두고 있으며, 우리말글은 중요한 글로벌 언어로 부상하게 될 전망입니다. 따라서 한글주말학교 여러 학부모들의 어제의 선택은 기타 학부모들의 내일의 선택에 길라잡이가 될 것입니다. 향후 더욱 많은 학부모들이 자녀를 저희 주말학교에 보내리라 믿습니다. 우리는 이러한 시대 요구와 정세 발전에 부응하는 방향으로 학교 운영 방식을 조절하여 나가야 할 것입니다. 우리 주말학교 한글 교사들의 할 일이 더욱 많아지게 되었습니다.

우리말을 모르는 우리민족 후대들에게 우리말과 우리글을 가르치는 사업은 중국 개혁개방 이후 중국 조선족의 대규모 인구 이동 및 인구 분산으로 인해 생긴 완전히 새로운 교육 사업입니다. 여러분이 바로 이 중요한 교육 사업을 담당하고 있습니다.

이는 우리 모두가 해 본 적이 없는 사업입니다. 우리는 배우면서 가르치고 가르치면서 배워야 합니다. 제가 작년 연수회에서도 얘기했지만 우리는 한국어 수준을 높여야 하고, 전통 민족문화 수준을 높여야 하고, 한글 교수법 수준을 높여야 하고, 우리민족 역사지식 수준을 높여야 합니다. 사실상 저희 주말학교는 설립 초기부터 이렇게 하기 위해 노력하여 왔습니다. 우리는 해마다 교사 연수회를 조직하여 왔던 것입니다.

2012년에 출범한 교수연수회는 이제 제10회를 맞게 되었습니다(아래 표를 참조).

화동조선족주말학교 교사연수회						
횟수	연도	장소	강사	내용	참가자	비고
1	2012년 11.04	복단대 광화루	박창근 복단대 교수	요약 한국사	12명	대학생 참가
2	2012년 11.25	복단대 광화루	방수옥 복단대 교수	대국 요인과 조선반도	10명	대학생 참가
3	2013년 03.24	복단대 광화루	김기석 상해외대 교수	한국어 특징의 재인식	10명	대학생 참가
4	2013년 05.19	복단대 광화루	고륙양 상해외대 교수	한중 호칭어의 이동 및 그 사회적 요인	10명	대학생 참가

5	2013년 12.01	上海欧银 中心	임호 화동이공대 교수	재외동포법의 주요 내용 및 문제점	11명	학부모 참가
6	2014년 11.30	상하이 한상회 회의실	이선우 주상하이 한국총영사관 교육담당 영사	한국 현행 교육 제도	11명	
7	2015년 11.06	상하이 한상회 회의실	전송배 회장 한국아동국악교육협회	한국 전통 아동국악	16명	
			이정연 이화여대 교수	한국어 말하기 교수법		
8	2016년 08.05 - 07	절강성 嘉兴大 洋洲假 日酒店	박창근 복단대 교수	우리말글의 모국인 한국의 이해	24명	
			전송배 회장 한국아동국악교육협회	한국 전통 아동국악		
			김기석 상해외대 교수	남북의 언어차이		
			유빈 회장 연길시심리상담건강협회	심리학적 차원에서 보는 교사의 자아와 도전		
9	2017년 08.04 - 06	강소성 苏州园 区乐福 酒店	신선희 초등부장 무석한국학교	한국어 시범 강의	31명	
			허옥희 교감 한국 안산초등학교	한국의 세시풍속		
				한가위 행사 절차와 방식 해설		
			최승희 강사	중국 조선어와 한국 표준어		
10	2018년 08.03 - 05	절강성 绍兴金 昌开元 大酒店	김성옥 (전)인사팀장, 교사	맞춤한국어1의 10단원	(계획, 신청) 41명	
			김금실 곤산분교장, 교사	맞춤한국어1의 2단원		
			박해월 소주희망분교장, 교사	우리 고모(유아반)		
			박창근 복단대 교수	윷놀이와 우리말 회화		
			이화 진달래 무용단 교사	무용 "흘라리" 무용 "고향의 봄"		

"화동조선족주말학교 교사연수회"를 조직함에 있어 우리는 교사들의 실제에서 출발하여 연수내용을 선정하고 선정된 내용에 따라 적합한 강사를 물색하기 위해 노력하였습니다. 그리하여 비교적 좋은 효과를 얻을 수 있었습니다.

특히 이번 제10회 연수회에서는 신규 교사가 많고 그들은 교수 경험이 아주 부족하다는 상황을 고려하여 경험이 비교적 풍부한 교사 3명이 강사로 나와서 그들의 실제 강의 과정을 재연하고 수강자들과 함께 토론을 하게 됩니다. 여러 선생님들이 세 분의 강의를 듣고 자기의 실제와 대조해 보기 바랍니다. 이번의 강의가 향후 교사들 간의 상호 교류를 추진함에 기여하게 되기를 기대합니다.

이화 강사의 무용 강의는 우리 주말학교 교사들이 갖추어야 할 무용 지식 및 실기 학습에 큰 도움이 되리라 생각합니다. 무용 "흘라리"와 "고향의 봄"을 통해 우리 학교 교사들의 무용수준이 높아질 것입니다. 이화 강사는 아주 바쁜 일정에도 이번 연수회 강의를 수락해 주셨습니다.

"윷놀이와 우리말 회화" 강의는 우리민족의 중요한 민속놀이인 윷놀이를 습득케 함과 동시에 어린이들의 우리말 회화능력 양성에 윷놀이를 이용하기 위한 것입니다. 어린이들의 우리말 회화 학습에서 중요한 것은 어린이들끼리의 대화의 장을 만드는 것입니다. 윷놀이가 그러한 장이 되었으면 합니다. 저는 그렇게 될 수 있으리라 믿습니다.

저는 우리가 꾸준히 노력하여 이론과 실천 두 측면에서 모색하고 연구한다면 언젠가는 우리민족의 미래를 짊어질 차세대, 차차세대에게 우리말글을 가르치는 훌륭한 교수법을 개발해 낼 수 있으리라 믿어 마지않습니다.

이 자리를 빌려 저희 학교의 성장에 기여하신 모든 분들에게, 특히 물심양면으로 저희 학교를 지원해 주신 모든 개인과 조직 및 단체에 깊은 사의를 표합니다.

마지막으로 제10회 화동조선족주말학교 교사연수회의 성공적 진행을 위해 수고하신, 그리고 수고하실 모든 분들에게, 특히 방미선 교수, 장동진 소흥분교장, 강사 여러분, 그리고 각종 활동 담당자 여러분들에게 감사의 인사를 드립니다.

　제10회 화동조선족주말학교 교사연수회의 성공을 기원합니다!

2018 화동조선족주말학교 교사연수회 개회사

2018년 8월 3일

안녕하십니까?

우선, 우리 모두 함께 열렬한 박수로 2018 화동조선족주말학교 교사연수회, 즉 제10회 화동조선족주말학교 교사연수회의 개최를 축하합시다!

오늘 저는 처음으로 '제10회 화동조선족주말학교 교사연수회'란 말을 사용하게 되었습니다. 그 동안 일부 젊은 선생님들 중에는 2016년 가흥 교사연수회를 제1회 교사연수회라고 하는 분들이 있었습니다.

그런데 그전에도 여러 차례의 교사연수회가 있었습니다. 어떻게 할까? 그래서 이번 연수회 자료집 편집을 계기로 수년전 노트를 찾아보았습니다. 결국 이번 연수회가 제10회 연수회라는 것을 확인할 수 있었습니다.

여기서 말씀드리고 싶은 것은 지난 사실을 확인하는 것은 결코 쉽지 않다는 것입니다. 예를 들면, 2012년 11월 4일에 열린 제1회 교사연수회 참가자 수는 자료집 초고에서는 9명이라 씌어있었는데 현재는 12명이라 고쳤습니다. 참가자 명단을 적은 새 자료가 발견되었기 때문입니다. 그중 오늘 이 자리에 함께 있는 분은 3명밖에 없습니다. 김성옥 선생님, 정옥란 선생님, 그리고 저입니다. 아마 다른 자료도 향후 수개해야 될 가능성이 있습니다.

역사를 기록한다는 것은 쉽지 않습니다. 첫째는 사실(史实)의 확인이 어렵고, 둘째는 사실(史实)을 꿰매는 데에 필요한 역사의 이치, 즉 사리(史理)의 구축이 어렵고, 셋째는 사관(史观)의 선정이 어렵기 때문입니다.

그러나 역사를 기록하는 것보다 더욱 어려운 것은 역사를 창조하는 것입니다. 이 자리에 모인 여러분은 화동지역 조선족 어린이들을 위한 한글교육의 역사를 창조하고 있습니다.

여러분,

오늘날 우리민족은 수천 년 역사에서 최고의 전성기를 눈앞에 두고 있으며, 우리말글은 중요한 글로벌 언어로 부상하게 될 전망입니다. 따라서 한글주말학교 여러 학부모들의 어제의 선택은 기타 학부모들의 내일의 선택에 길라잡이가 될 것입니다. 향후 더욱 많은 학부모들이 자녀를 저희 주말학교에 보내리라 믿습니다. 우리는 이러한 시대 요구와 정세 발전에 부응하는 방향으로 학교 운영 방식을 조절하여 나가야 할 것입니다.

이제 우리 주말학교 한글 교사들의 할 일이 더욱 많아지게 되었습니다. 때문에 우리학교 교사들은 자기의 수준을 높이기 위하여 노력하고 있습니다. 한국 재외동포재단에서 조직하는 한국 초청 연수회, 화동지역 한글학교 교사연수회, 화동조선족주말학교 교사연수회, 그리고 한글교사 자격인증과정 온라인 연수 등 모든 연수에 우리 교사들은 적극 참여하고 있습니다. 저희 학교에서는 이때까지 모든 선생님들의 연수를 적극 지지하여 왔고 향후에도 적극 지지할 것입니다.

이 중에서 저는 우리학교 교사연수회가 가장 성과 있는 맞춤형 연수회가 되도록 노력할 것입니다. 이번 연수회에 참가하는 여러분의 적극성을 보면서 저는 이것이 가능하다고 생각하고 있습니다. 여러분들이 좋은 제안들을 많이 하기 바랍니다.

마지막으로 제10회 화동조선족주말학교 교사연수회의 성공적 진행을 위해 이때까지 수고하신, 그리고 향후 2일간 수고하실 모든 분들에게, 특히 방미선 교수, 장동진 소흥분교장, 강사 여러분, 그리고 각종 활동 담당자 여러분들에게 감사의 인사를 드립니다.

제10회 화동조선족주말학교 교사연수회의 성공을 기원합니다!

2018 – 2학기를 맞아

2018년 8월 22일

저희 주말학교는 2018년 1학기에 학생수 300명 돌파, 제7회 장기자랑 대회의 성공적 개최, 그리고 여름방학 기간에 멋진 제 10 회 교사연수회 개최 등 획기적인 성과를 거두었습니다.

제 2 학기를 맞아 중요 행사 및 중요 사항들을 아래와 같이 밝히오니 팀장 · 학구장 · 분교장 · 담임교사 · 학부모회장 등 여러분들이 자기가 담당한 일들을 잘 수행하기 바랍니다.

1. 개학과 방학

학기	개학	방학	비고
제1학기(3 - 6월)	3월 3/4일	6월 30일/7월 1일	
제2학기(9 - 12월)	9월 1/2일	12월 29/30일	

2. 주 노력 방향

유아반 : 어린이들의 한국어 말하기 능력 향상
초등반 : 어린이들의 한국어 읽기 능력 향상

3. 4대 행사

순서	행사명	날짜	장소	담당자
1	제7회 화동조선족어린이 장기자랑 대회 (별명:복단구시연수학원 조선어반 설립 7주년 기념 및 제7회 상하이 조선족 어린이 장기자랑 모임)	2018.05.20	상하이	윤국화
2	2018 화동조선족주말학교 교사 연수회	2018.08.03 - 2018.08.05	절강성 소흥시	방미선

| 3 | 2018 조선족 어린이 낭독대회 | 2018.09.01 – 2018.11.04 | 예선:학급별 본선:상하이 | 정옥란 |
| 4 | 2018 화동조선족주말학교 학부모회장 연수회 | 2018.12.02 | 상하이 | (미정) |

다음은 2018 년 제 2 학기를 맞아 해야 할 몇 가지 사항들에 대하여 말씀드리겠습니다.

1. 2018 년 제 2 학기(9 - 12월)는 9월 1일(토)/2 일(일)부터 시작됩니다.

2. 각 학구 및 분교에서는 소속 학급 담임교사의 임직 상황을 8 월 26 일까지 〈교사 명단 일람표〉에 기입하여 방미선 교수에게 메일로 바치기 바랍니다.

3. 모든 담임교사들은 8월 26일까지 담당 학급의 수업진도표를 작성하여 정옥란 팀장에게 제출해야 합니다.

4. 각 학구 및 분교들에서는 개학을 맞아 교실, 교과서, 칠판 등이 준비되어 있는가를 8월 26일 전에 확인하고 관련 문제 및 소요 교과서 종류와 수량을 김성춘 선생님에게 제출하기 바랍니다.

5. 기존 학급들에서는 개학일 첫 시간에 10 - 15분 정도 이용하여 개학식을 열고 개학을 선포함과 동시에 새 학기 강의 진도 및 계획, 새 학기 주요 행사, 새 학기 요구 사항 등을 전체 학부모와 학생들에게 얘기해야 합니다. 가능하면 학구장/분교장이 참여하여 축사를 하기 바랍니다.

6. 신설 학급들에서는 담임교사의 사회로 개학식을 열고 학교소개 (참고자료 : 박창근, "화동조선족주말학교 소개", 20180801, 공식 계정 baeumteo 배움터), 담임교사의 자기소개, 학부모 대표와 학생 대표의 발언 등으로 진행하기 바랍니다. 각 학급들에서는 담임교사가 소정의 학비를 수납하여야 합니다. 가능하면 학구장/분교장이 참여하여 축사를 하기 바랍니다.

7. 분교에서는 수납된 학비를 자체 관리사용하고, 본부 소속 학급들에서는 9월말 월례교사모임 전에 담임교사가 담당 학급 학비를 은행계좌로 일괄 학교에 납부해야 합니다. 본부 학급의 경우, 학비 납부 학생 명단(성명은 한자로 적어야 함) 및 납부액 명세표를 작성하여 9월말 월례교사모임 전에 메일로 송려 교사에게 바쳐야 합니다.

8. 각 학구/분교들에서는 9월 25일까지 소속 학급 〈학생 명단 일람표〉와 소속 학급 〈정·부 학부모회장 명단〉을 방미선 교수에게 바쳐야 합니다.

9. 모든 학급 담임교사들은 매번 수업이 끝나는 대로 당 학급 학생 출석상황을 학교에 보고해야 합니다. 본부 학급들에서는 김행성 교사에게, 분교 학급들에서는 송려 교사에게 보고하기 바랍니다. 김행성/송려 두 분은 이 자료들을 학구별/분교별로 정리하여 교장에게 보고해야 합니다.

10. 도서관에서는 어린이들이 즐겨 보는 도서들에, 그리고 신착 도서들에 대한 홍보를 강화하는 등 여러 조치를 도입하여 도서 이용률을 높이기 바랍니다. 독서량이 높은 학생들을 장려하는 조치도 고려해 보기 바랍니다.

11. 이번 학기에도 학구·분교·학급 신설에 의한 신입생 모집, 그리고 편입생·전입생 접수에 노력해야 하며, 그들이 우리 학교 질서에 잘 적응하도록 관심하기 바랍니다. 학부모와 공동으로 수업 진도를 따라가기 힘들어 하는 학생들을 위한 조치를 강구하기 바랍니다.

우리 모두 협력하여 화동조선족주말학교를 '훌륭한 우리말 배움터'로 만듭시다!

[참고자료]

1. 박창근. 화동조선족주말학교 소개(baeumteo)[개학식에서 이용 가능]

2. 박창근. 2018 화동조선족어린이 한국어낭독대회 요강(baeumteo) [제 2 회 한국어낭독대회 준비에 이용]

3. 학비 납부자 명단[전체 담임교사가 다운하여 이용하기 바람]

4. 2018 - 2 화동조선족주말학교 교과서 발송 종류 및 수량(2018.08.27.) [김성춘 선생님 프린트 이용, 학구/분교/학급서도 프린트 이용 가능]

2018 조선족 어린이 낭독대회 자료집 머리말

2018년 10월 20일

2017년 낭독대회는 대단히 성공적이었다. 사전에는 그 정도로 성공하리라고 생각하지 못하였다.

낭독대회는 어린이들의 우리말 발음능력, 문자 식별능력과 발화능력을 제고하고 한글 도서 열독 흥미를 양성함에 중요한 역할을 한다. 때문에 낭독대회는 우리말을 사용할 기회가 별로 없는 저희 주말학교 어린이들이 우리말을 활용하는 중요한 기회로 간주되어 교사, 학부모 및 학생들의 보편적인 관심거리가 되었다. 올에도 모두들 적극적인 참여로 낭독대회를 맞아 주었다.

발음표기는 올에도 내가 맡아했다. 나에게는 여전히 어려운 일이었다. 대부분은 머리속의 지식으로 확인할 수 있었지만 일부는 사전도 찾아보고 인터넷도 찾아보고 한국어 "표준 발음법"도 찾아보고 심지어 한국 텔레비전 방송을 들어 확인할 수밖에 없었다. 그럼에도 확인되지 않아 '제멋대로' 표기한 것이 조금 있다는 것은 승인한다.

그런데 이번에 소주희망분교 김미선 교사가 교사들 중에서는 처음으로 자기가 맡은 학급의 낭독자료 발음표기를 하여 보내왔다. 수준도 괜찮았다. 나는 이것이 나의 부담을 더는 하나의 방법인 동시에 저희 학교 교사들이 발음법을 공부하는 중요한 기회라고 생각되어 여러 교사들에게 이렇게 해 볼 것을 제안하였더니 적지 않은 교사들이 너도나도 시도해 보게 되었다. 내가 일부 시정하여 보내면 모두들 나에게 고맙다고 인사하였지만 나도 정말 그들이 고마웠다. 그러면서 내년에는 처음부터 모두가 이렇게 해야겠다고 생각하게 되었다. 지도 교사들이 자기가 맡은 학생의 수준을 가장 잘 알아 어느 수준의 단어나 단어 결합이 발음표기가 필요 되는가를 알 수 있기에 더욱 그러하다. 나는 이렇게 만든 발음표기 자료는 아주 소중한 우리말 학습 자료로 남을 것이라고 생각한다. 왜냐하면 표준 발음을 표기해 놓은 한국어 열독 자료는 많지 않기 때문이다.

한국어는 자모의 발음을 안다 하여 자모로 구성된 '글자'의 발음을 바로 알 수 있는 것이 아니고, '글자'의 발음을 안다 하여 '글자'로 구성된 단어의 발음을 바로 알 수 있는 것이 아니며, 각 단어의 발음을 안다 하여 이들로 구성된 복합단어나 단어 결합의 발음을 바로 알 수 있는 것이 아니다. 때문에 관련 발음법을 배워야 하고 언어생활의 습관도 알아야 한다. 물론 이는 쉽지 않다. 그리고 여러 학자들의 이해가 일치하지 않은 경우가 적지 않다는 것도 인정하지 않을 수 없다. 이 자료집 발음표기에 틀린 것도 있을 수 있기 때문에 발견한 분들은 수시로 지적해 주기 바란다.

행사를 하나 치르는 것은 정말 쉽지 않다. 그래도 작년에 한 번 해 보았기에 두 번째로 낭독대회 총괄을 맡은 정옥란 선생님이 도서 선택, 낭독 단락 선정, 낭독자 선정, 식순 작성 등 수많은 일들을 작년보다 더욱 질서 있게 추진하는 모습을 볼 수 있었다.

심사위원회 위원들도 작년보다는 아주 여유 있는 모습을 보여 주었다. 작년에 이미 기본 틀을 잡아 놓았기에 비록 이번에 위원 2명이 바뀌었어도 혼란은 발생하지 않으리라 생각된다.

우리 주말학교는 행사마다에 늘 일손이 딸린다. 때문에 황미영 월드옥타 상해지회 CSR 위원장은 작년부터 우리에게 큰 도움을 주고 있다.

이번 행사를 후원해 준 한국 재외동포재단, 월드옥타 상해지회, 鑫健林生物科技에 깊은 사의를 표한다.

그리고 이번 행사에 참여하신 귀빈 여러분에게 사의를 표한다. 그들의 지난 수년간 저희 주말학교에 대한 지지와 후원에, 특히 이번 행사의 참여에 깊은 사의를 표한다.

저희 주말학교 모든 선생님들과 학부모들에게는 늘 감사하는 마음이다.

2018 조선족 어린이 낭독대회에서의 환영사

2018년 11월 4일

안녕하십니까?

오늘 29명 학생의 낭독경연을 위해 이렇게 많은 분들이 참여하셨습니다. 정말 기쁩니다. 우선 저는 화동조선족주말학교 전체 교사와 학생을 대표하여 오늘 참여하신 모든 분들에게 깊은 감사의 인사를 드립니다.

우리 민족은 흔히 아직도 모든 구성원들이 받아들일 수 있는 호칭이 없다고 합니다. 그러나 저는 그러한 호칭이 두 개 있다고 생각합니다. 하나는 '한민족'이고 다른 하나는 '조선민족'입니다. '한'과 '조선'은 사용한지 수천 년이 되는 용어입니다. 향후도 계속 사용될 것입니다.

오늘날 우리 민족은 반만년 역사에서 최고의 전성기를 눈앞에 두고 있습니다. 이는 현시대에 살고 있는 우리 민족 구성원들의 공동의 자랑거리입니다.

한편, 중국 조선족은 가장 준엄한 도전에 직면하고 있습니다. 세계화와 중국 개혁개방의 물결 속에서 중국 조선족은 지역적 분산화로 인해 기존 민족지역공동체는 급속히 해체되고 있으나 신규 민족지역공동체는 제대로 형성되지 못하고 있습니다.

오늘날 중국 조선족의 존속에 대한 가장 큰 위협은 차세대, 차차세대의 민족어 교육의 부재입니다. "우리말 벙어리", "우리글 문맹"이 양산되고 있습니다. 민족 전통문화의 소원화도 불가피하게 되었습니다.

결국 중국 조선족의 민족 정체성은 점차 애매해지고 있습니다. 중국 조선족의 대다수가 급속히 이민족으로의 동화과정에 편입되고 있습니다.

우리는 이러한 현실을 수수방관할 수 없습니다. 우리 민족은 백년

전만 해도 민족 독립을 위한 혈투 중이었습니다. 독립을 한지는 아직 백년도 안 됩니다. 후손들이 이민족에게 동화되는 현실을 본다는 것은 가슴 아픈 일이 아닐 수 없습니다.

중국 조선족이 조선족으로 살아감에 가장 중요한 것은 우리말글의 고수와 민족문화의 보전입니다. 여기에 바로 저희 주말학교의 설립취지와 존재가치가 있습니다. 이를 위하여 저와 선생님들, 학부모님들, 그리고 어린이들이 함께 분투하고 있습니다. 동시에 많은 분들이 뜨거운 마음으로 저희들을 돕고 있습니다.

이미 8년입니다. 2개 학급으로 시작된 화동조선족주말학교는 이제 상하이 5개 학구, 강소성 7개 분교, 절강성 5개 분교, 도합 50개 학급에 340명 학생들이 우리말글과 전통문화를 배우고 있습니다. 이에 이 자리를 빌어 지난 8년간 저희 주말학교를 관심하고 도와 주신 모든 분들과 단체에 깊은 사의를 표합니다.

고맙습니다.

2018 정보기술포럼 및 과기혁신교류회
개회식에서의 축사

2018년 11월 10일

안녕하십니까?

우선 제3차 정보기술포럼의 개최를 열렬히 축하합니다. 특히 중국 조선족의 가장 중요한 삶터인 연변에서의 개최를 축하하고 싶습니다.

오늘날 인류는 3대 긴장관계에 처해 있습니다.

첫째는 인간과 자연 사이의 긴장관계입니다. 역사적으로 장기간 지구 생태 환경 정상성(定常性)의 존속을 가능케 하여 왔던 지구상의 대기순환, 물순환 및 생물순환은 인구의 고속 증가와 불합리한 분포, 그리고 급속한 공업화에 의해 파괴되고 있습니다. 그 후과는 추측하기 어렵지 않습니다.

둘째는 인간과 인조물 사이의 긴장관계입니다. 지구는 본래 면모를 잃은 지 오랩니다. 특히 도시는 각종 인조물로 꽉 차 있습니다. 인조달 걀이 "과학적 방법"에 의해 생산되는가 하면 유전자조작식품도 "하이 테크 제품"으로 생산되기도 합니다. 인류가 취득한 최고수준의 과학기 술은 살인 무기 생산에 이용되고 있으며 과학기술 최신 성과로 간주되 는 인공지능은 인간과 인조물의 상호관계에 대한 논쟁을 다시 불러 왔습니다. 중요한 것은 인간지능과 인공지능의 관계에서 누가 누구를 초과하는가 하는 것이 아닙니다. 집주인의 사랑을 받는 애완견이 집주 인이나 주변 사람들에게 위협이 될 수 있다면 지능로봇이 인간에게 큰 위협이 될 수 있다는 것도 전혀 이상하지 않습니다. 인간의 심리도 결국은 물질·에너지·정보의 운동 결과라는 점을 고려한다면 상당히 진화한 지능로봇이 "감정적 충동"으로 인간에게 가해하지 않으리라는 보장은 어디에도 없습니다.

셋째는 인간과 인간 사이의 긴장관계입니다. 국가 관계, 사회관계, 지역 관계, 민족 관계, 제도 차이, 신앙 차이, 성별 차이, 세대 차이, 나이 차이 등에서 인간관계가 얼마나 복잡하고 처리하기 힘든가를 잘 알고 있습니다. 날로 복잡해지는 인간관계를 상대로 우리는 출로가 어디인지 알지 못하는 현실입니다. 예를 들면, 중국 조선족은 개혁개방 전에는 자치주, 자치현, 자치향을 삶터로 살아왔지만 현재는 이미 다수가 기존 삶터를 떠나 새터로 이주하였고, 새터에서는 공동의 삶터 구축에 성공하지 못하고 있습니다. 이제 중국 960만 ㎢에 산산이 흩어지는 100만 명밖에 안 되는 중국 조선족은 공동의 민족어와 민족문화를 보전·전승하는 외에는 하나의 민족으로 살아갈 다른 방도가 없습니다. 과연 이것이 가능할까? 화동조선족주말학교를 8년간 운영하고 있는 저는 늘 이 문제를 고민하고 있습니다.

인류는 20세기에도 위의 문제들에 다소 접근해 본 적이 있었습니다. 하지만 성과는 미미하였습니다. 요컨대 이들 3대 긴장관계에서 탈출하기 위해서는 새로운 아이디어가 필요 되고 새로운 접근이 필요 됩니다.

우선, 위의 문제들에 대한 빅데이터적 접근이 필요 된다고 생각합니다. 이러저러한 가정이 추가된 "성장의 한계"나 "무한한 성장"이란 결과를 얻는 데에 그치는 것이 아니라 지구가 용납할 수 있는 인구 및 그 분포, 지구가 제공할 수 있는 자원 및 그 분포, 지구가 제공할 수 있는 쓰레기장의 규모 및 그 분포 등이 구체적으로 제시되고, 그 진화 행태가 생동하게 표현되도록 해야 할 것입니다.

다음으로, 저는 위의 각 문제에 대한 ST(시스템기술)적 접근이 필요하다고 생각합니다. 좀 더 구체적으로는 IT(정보기술)적 접근을 통해 전부의 정보 흐름과 그 담체를 파악하고, CT(제어기술)적 접근을 통해 전부의 제어 - 피제어 관계 및 그 담체를 파악하며, SE(시스템공학)적 접근을 통해 문제해결을 위한 시스템모델을 만들어 실행하는 것입니다.

마지막으로, 위에서 얻은 3개 모델을 통합하는 것입니다. "인간 - 인조물 - 자연"의 실황을 가장 정확히 반영할 수 있는 시스템진화모델을 구축해야 할 것입니다.

위의 것은 너무 거대한 시스템에 대한 얘기였습니다. 하지만 우리들의 실생활과 관련 없는 것은 아닙니다. 오히려 늘 염두에 둬야 할 사항이기도 합니다.

마지막으로 IT 전문위원회에 몇 가지 제안이 있습니다.

첫째, 전국 각지에 흩어져 있는 정보기술분야 조선족 전문가 네트워크를 조속히 구축하면 좋겠습니다.

둘째, 정보기술분야 조선족 전문가들 간의 각종 형식의 교류와 협력을 추진하면 좋겠습니다.

셋째, 조선족 사회와 지역 사회를 위한 정보기술 보급 강좌 등 활동을 많이 하였으면 좋겠습니다.

넷째, 정보기술분야 조선족 전문가들과 외국 전문가들과의 교류가 추진되었으면 좋겠습니다.

마지막으로 오늘 교류회가 성공적으로 개최되기를 기원합니다.

감사합니다.

2018 화동조선족주말학교 학부모회장
연수회에서의 환영사

2018년 12월 9일

안녕하십니까?

오늘 연수회에는 지난 두 번 연수회에서 보지 못한 얼굴들이 많이 보입니다. 어린이들이 나이 들어 학교를 떠나고 새로운 어린이들이 들어오니 학부모도 바뀌기 마련입니다. 옛 친구, 새 친구, 모두들 반갑습니다.

오늘 연수회에 참가하신 귀빈 여러분, 그리고 이번 연수회를 조직하느라 수고하신 자원봉사자 여러분에게도 감사의 인사를 드립니다. 실은 우리 주말학교 교사들이 자원봉사자로서 이 활동을 조직하고 있습니다.

오늘은 세 번째 학부모회장 연수회입니다. 이번에도 학교의 변화와 학부모회장의 교체를 고려하여 또 저희 주말학교를 소개하게 됩니다. 그 다음은 '진도 아리랑'을 배우게 됩니다. 애들한테 가르치려면 학부모들이 먼저 배워야 합니다.

그리고 오늘 연수회에서는 세 분의 학부모회장의 경험담을 듣게 됩니다. 자료집을 만드느라고 세 분의 글을 읽어 보면서 세 분의 자료에 제목을 달았습니다. 여러분 정말 잘 쓰셨습니다. 나도 정말 많은 감동을 받았습니다. "이러한 학부모들이 계시어 우리 주말학교가 잘 운영되는구나!"라고 생각하게 되었습니다. 토론할 때 서로 의견을 나누어 봅시다.

우리의 주말학교는 지난 8년간 정말 급속한 발전을 거듭하여 왔습니다. 학생 수는 30명에서 300여 명으로, 학급 수는 2-3개에서 50여 개로, 교사는 2명에서 40여 명으로, 학급 분포는 초창기의 상하이 2-3

개 구에서 현재 상하이 5개 구, 절강성의 5개 도시, 강소성의 5개 도시로 확장되었습니다.

저는 현재 향후는 어떻게 할까는 문제를 자꾸 고민하게 됩니다. 저는 우리 주말학교 조직 구조를 건전히 하는 것이 매우 중요하다고 생각하게 되었습니다. 하나의 조직이 힘이 있으려면 규모만 커서 되는 것이 아닙니다. 구성원이 많기만 해서 되는 것도 아닙니다. 우리는 반드시 건전한 조직구조가 있어야 합니다.

다음으로는 합심 협력하는 것이 중요하다고 생각합니다. 선생님들의 합심 협력, 학부모들의 합심 협력, 선생님들과 학부모들의 합심 협력, 나아가서는 모든 구성원들의 합심 협력이 있어야 우리는 공동의 목표를 향해 한마음으로, 힘을 합쳐 전진할 수 있습니다. 쓸데없는 내적 소모를 최소한으로 줄일 수 있습니다.

마지막으로 우리 모두가 합심 협력하여 우선 오늘 연수회를 잘 열기 바랍니다. 마음이 맞으면 안 될 일이 없고, 서로의 힘을 합하면 안 될 일이 없습니다. 우리 모두 합심 협력하여 더욱 찬란한 미래를 맞이합시다!

학교 운영에 관한 10가지 규정 및 설명

2018년 12월 23일

1. 월례교사모임 존폐

오늘은 제56회 월례교사모임이다. 그 동안 월례교사모임 존폐가 논의되었었는데, 결국 새로운 기제를 도입하여 실험해 보는 것이 바람직하겠다는 판단이 내려진 것이다. 즉 다음 학기는 본교 전체 교사가 참가하는 월례교사모임은 중단하고 1개월에 한 번씩 "학구장+팀장" 회의를 열게 된다. 학구 내 교사회의는 학구장이 필요성에 의해 열어야 한다. 적어도 1개 월 1회는 열어야 한다. 회의 방식은 학구장이 정할 수 있다.

2. 중퇴 학생 학비 반환

"복단구시연수학원" 규정에 따라 "학기를 기준으로 수업시수가 1/3이 안되면 학비의 2/3를 반환하고, 수업시수가 2/3를 넘으면 반환하지 않는다." 수업시수가 1/2이면 반을 반환한다.

3. 휴강, 보충강의 및 대리강의

2017년 2학기에 도입한 대리강사 제도는 계속 실행한다. (1)특수 상황에는 휴강이 가능하나, 사전에 인사팀장, 학교장의 동의를 거쳐야 한다. (2)휴강 - 보충강의 방식은 되도록 지양하고 대리강의 방식을 선호한다. (3)대리강사는 인사팀장의 동의를 거쳐 대리강의에 임한다. (4)특수 경우를 제외하고 늦어도 예정 수업일 하루 전에 휴강 교사는 강의 시간, 진도, 내용, 방법, 학급 상황 등을 대리강사에게 알려주어야 한다. (5)대리강사는 강의 후 출석 상황을 학교에 보고하여야 한다.

(6)대리강사에게는 소정의 강의료가 지불된다. 보조교사가 있는 유아반과 초등반의 경우는 보조교사가 대리 강의하는 것을 우선으로 한다.

4. 학급당 학생수 규정

10명을 기본으로 하지만 가장 적어 5명, 그 이하 즉 4명 및 그 이하로 한 학급을 설립하지는 않는다. 현존하는 4명 학생 학급은 그냥 유지하지만 학생 수를 증가할 것을 기대한다. 상이한 수준, 상이한 나이의 어린이들을 한 개 학급으로 편성하고 학생수가 10명 정도가 되면 보조교사를 사용할 수 있다. 이에 학부모들의 이해와 참여의식을 높여야 한다.

5. 학비 조절

유아반 학생 한 학기 학비는 그냥 1인당 1500원으로 하고, 초등반 한 학기 학비는 1인당 일률로 1500원으로 인상한다. 단, 현존 4명 학생 학급의 학비는 인상하지 않고 여전히 1500원으로 한다.

6. 조학금

예전부터 실행해 온 조학금 제도는 향후에도 계속 실행한다. 가정 경제형편이 어려워 자녀를 우리 학교에 보내지 못하는 경우에는 학비 전액 면제, 반감 등 방식의 조학금을 지급한다. 조학생 명단은 학생 소속 학급 담임교사, 인사팀장, 학생의 부모, 그리고 교장 외에는 외부에 공개하지 않는다.

7. 급여기준

신임 담임교사는 첫 학기는 시간당 강의료 100원을 지급하고 보조금은 지급하지 않고, 합격이라고 판단될 경우 두 번째 학기부터는 시간당 강의료 100원, 보조금 50원을 지급한다. 보조교사는 시간당 50원씩 지급한다. 대학생이 교사직을 맡을 경우 시간당 강의료를 80원으로 하고 보조금은 두 번째 학기부터 시간당 20원으로 한다.

8. 전통 문화 용품

2018년 12월 재단의 지원으로 장구(2), 꽹과리(1), 징(1), 북(1), 투호(2), 화살(20), 큰 윷(2), 제기(20), 팽이(20), 공기(3), 굴렁쇠(2), 활(2) 등 문화용품이 지원되었다. 어떻게 사용하겠는가 하는 문제가 고민 중이다. 좋은 방안이 나오기를 바란다. 사용하려는 학생들이 있을 경우 우선 1주 3회 정도 교실을 오픈할 수 있다.

9. 보조교사의 임용

유아반에 학생수가 6명을 넘을 경우 보조교사를 둘 수 있다. 초등반은 학생수가 10명 정도이고 수준 차이, 나이 차이가 클 경우 보조교사를 둘 수 있다. 보조교사는 담임교사의 수업이나 관련 업무를 도와주는 교사이다. 보조교사는 담임교사 채용을 위한 후비군 확보에 도움이 된다. 보조교사는 평소에는 강의에 임하지 않지만 보조교사의 능력 양성의 차원에서 담임교사의 참여하에 한 학기에 보조교사에게 시험강의를 1 - 2회 시킬 수 있다. 그리고 담임교사가 사정에 의해 강의하지 못할 경우 보조교사가 담임교사의 지도하에 대리강사로 임할 수 있다.

10. "세대교체"

우리학교는 현재 50여 명 교사들이 있지만 초창기에는 나와 김성옥, 권진희, 그리고 윤국화, 정옥란 선생님 등 5명이었다. 그런데 위의 4분이 모두 2018년에 이임하게 되었다. 젊은 교사들이 선배교사들을 따라 배워 우리 주말학교의 좋은 전통을 이어나가고 잘 성장하기 바란다.

화동조선족주말학교 : 현황과 전망

2019년 1월 11일

1970년대 말부터 시작된 중국 개혁개방 물결 속에서 중국 조선족 사회는 큰 변화를 겪고 있다. 특히 조선족 인구의 대규모 이동은 조선족 인구의 분산화를 가속화하고 있다. 새로운 주거지로 이주한 조선족인들은 민족어 교육기관의 부재로 자녀들이 '우리말 벙어리'나 '우리글 문맹'이 되고 민족문화 전통이 단절되는 현실에 직면하게 되었다. 화동조선족주말학교는 바로 이러한 상황에 대응하여 우리민족 후대들의 우리말·우리글·우리문화를 배우기 위한 배움터로 2011년 9월 17일 출범하였다.

2011년9월17일 복단구시연수학원 조선어반 설립

[설립취지]

1) 민족어·민족문화 전승을 통한 우리민족 정체성의 보전

2) 우리민족의 글로벌 경쟁력 강화

3) 우리민족 가정의 삶의 질 향상

4) 우리민족 가정의 교육 투자 효과의 최대화

5) 새로운 우리민족 지역사회의 형성 발전.

[연혁]

1. 조선족 인구가 많지 않고 대도시 교통사정이 대단히 어렵다는 것을 고려하여 "학생들의 거주지 근처에 배움터를 만든다"는 원칙을 견지함으로써 화동조선족주말학교 학급들이 샛별처럼 화동지역 방방곡곡에서 반짝이도록 하였다.

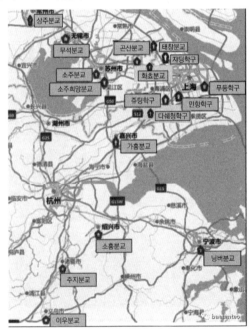

2. 상하이에 국한된 조선족주말학교에서 상하이, 강소성 및 절강성을 망라한 화동지역으로 발전하여 2018년 12월 현재 상하이에 5개 학구, 강소성에 6개 분교, 절강성에 5개 분교가 운영되고 있다.

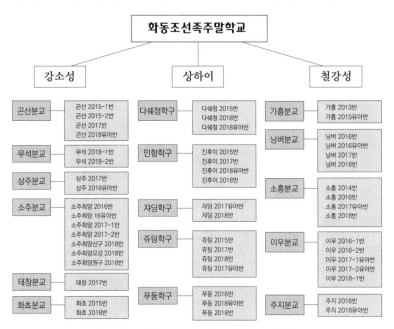

화동조선족주말학교 분교0 - 학구(2018년 12월 현재)

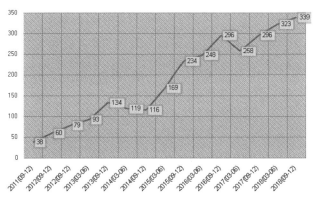

화동조선족주말학교 학기별 학생수 증가 추이(2018년 2학기 기준)

3. 학생 수는 초창기의 20 - 30 명에서 339명으로, 교사 수는 초창기의 2명에서 49명으로, 학급 수는 초창기의 2 - 3개에서 51개로 증가하였다. 이러한 급성장은 우리민족 젊은이들의 우리말글 교육과 전승에 대한 욕구가 얼마나 절박한가를 단적으로 보여준다고 할 수 있겠다.

화동조선족주말학교 연도별 학급수(2018년 12월 기준)

[학교 운영 규범화]

학생모집 - 소정의 수속을 거친 3세 이상의 모든 조선족 어린이들에게 입학 기회를 주되, 유아반 및 초등반의 신입 · 편입 · 전입 · 중퇴는 모두 가능하고, 담임교사와의 상의를 거쳐 학부모가 선택하며, 실행 과정에서 상황에 따라 조절이 가능하다.

교사채용 - 교사 응모자들에 대한 서류심사를 거쳐 시험강의를 시행, 주말학교 교사직에 대한 이해, 한국어 수준, 강의 실력 등을 종합적으로 고려하여 본교에서는 교장, 분교에서는 분교장이 채용 여부를 결정한다.

174

수업진도 - 정상적인 수업질서를 확보하기 위해 본교에서는 매학기 초 '수업진도지도요강'을 배포, 그에 따른 수업을 권장하지만 담임교사는 학급의 실제 상황에 따라 조절이 가능하며, 분교에서는 위의 지도 요강을 참고로 한다.

출석률 - 모든 담임교사는 수업이 끝난 후 즉시 관련 담당자(본교 담당자 1명, 분교 담당자 1명)에게 담당 학급 학생 출석상황을 보고하고, 관련 담당자는 가장 빠른 시간 내에 학급별 출석률 자료를 정리하여 교장에게 보고한다.

[4대 행사]

주말학교 운영에서 어떻게 수업시간을 잘 조직하는가 하는 것이 기본이지만 그것만으로는 부족하다. 이에 우리학교에서는 해마다 아래의 4대 행사를 진행한다.

명칭	일시	장소	참가자	횟수	연인수	비고	참고자료
화동 조선족 어린이 장기자랑 대회	2012년부터, 매년 5월	홍구문화관, 상해한국학교	화동조선족주말학교 학생, 학부모, 교사 등	7회	1750 여명	외부 조선족 학생도 참가 가능	동영상 자료, 사진 등
화동조선족주말학교 교사 연수회	2011년 시작	2016년부터 분교 소재 도시 윤번으로	전체 교사, 분교장, 교장, 강사 등	10회	175명	이외에도 다양한 연수활동 진행	2016, 2017, 2018 화동조선족 교사연수회 자료집
화동조선족주말학교 학부모 회장	2016년부터, 매년 12월	숭장 다쉐청 학구 교실 등	학급 학부모회장 / 부회장	3회	143명	필요에 의해 전임 학부모회장도 참가 가능	2016, 2017, 2018 화동조선족주말학교 학부모회장 연수회 자료집
조선족 어린이 낭독대회	2017년부터, 매년 11월	숭장 다쉐청 학구 교실 등	학급 우승자 및 그 학부모	2회	257명	그중 학생 50명. 다른 학교 학생도 참가 가능	2017, 2018 조선족어린이낭독대회 자료집

장기자랑 대회 - 매년 5 월에 개최한다. 학교 설립 이듬해부터 개최해 온 학교 최대 규모의 행사로서 근년에는 매년 참가자(학생, 교사, 학부모 등)가 400 - 500 명 정도이다. 학교 설립 기념활동, 수료증 발급, 운동회, 전통 노래와 춤 등이 망라된 종합 행사로서 분교 참가자가 날로 늘어나고 있다. 이미 7회 개최하였다.

2015년 장기자랑 대회에 입장하는 메이룽반 어린이들(2015년 5월 24일)

2017년 장기자랑 대회에 입장하는 진후이반 어린이들(2016년 5월 21일)

2018년 장기자랑 참가자 단체 사진(2018년 5월 20일)

교사연수회 - 조선족주말학교의 특수성으로 인해 모든 교사는 가르치면서 배우고 배우면서 가르쳐야 한다. 초기에는 교사연수회가 비정기적으로 열렸지만 근년에는 매년 8월에 2박 3일로 열린다. 교사들의 한국어, 전통문화, 교수법, 민족사 등 수준을 높여야 함이 긴박해짐에 따라 맞춤형 교사연수회의 중요성이 부각되면서 교사들의 참여도가 날로 높아지고 있다. 2018 년 교사연수회는 제 10회 교사연수회였다.

2016 화동조선족주말학교 교사연수회(2016년 8 월 5-7일)

화동조선족주말학교 교사연수회

횟수	연도	장소	강사	내용	참가	비고
1	2012년 11,04	복단대 광화루	박창근 복단대 교수	요약 한국사	12명	대학생 참가
2	2012년 11,25	복단대 광화루	방수옥 복단대 교수	대국 요인과 조선반도	10명	대학생 참가
3	2013년 03,24	복단대 광화루	김기석 상해외대 교수	한국어 특징의 재인식	10명	대학생 참가
4	2013년 05,19	복단대 광화루	고륙양 상해외대 교수	한중 호칭어의 이동 및 그 사회적 요인	10명	대학생 참가
5	2013년 12,01	上海欧银中心	임호 화동이공대 교수	재외동포법의 주요 내용 및 문제점	11명	학부모 참가
6	2014년 11,30	상하이한상회 회의실	이선우 상하이 한국총영사관 교육담당 영사	한국 현행 교육 제도	11명	
7	2015년 11,06	상하이한상회 회의실	전송배 회장 한국아동국악교육협회	한국 전통 아동국악	16명	
			이정연 이화여대 교수	한국어 말하기 교수법		
8	2016년 08,05,07	절강성 嘉兴大洋洲假日酒店	박창근 복단대 교수	우리말글의 모국인 한국의 이해	24명	
			전송배 회장 한국아동국악교육협회	한국 전통 아동국악		
			김기석 상해외대 교수	남북의 언어차이		
			유빈 회장 연길시심리상담건강협회	심리학적 차원에서 보는 교사의 자아와 도전		
9	2017년 08,04,06	강소성 苏州园区乐福酒店	신선희 초등부장 무석한국학교	한국어 시범 강의	31명	
			허옥희 교감 한국 안산초등학교	한국의 세시풍속		
				한가위 행사 절차와 방식 해설		
			최승희 강사	중국조선어와 한국표준어		
10	2018년 08,03,05	절강성绍兴金昌开元大酒店	김성옥(전)인사팀장,교사	맞춤한국어1의 10과	41명	
			김금실 곤산분교장,교사	맞춤한국어1의 2과		
			박해월 소주희망분교장	우리 고모(유아반)		
			박창근 복단대 교수	윷놀이와 우리말 회화		
			이화 진달래무용단 교사	무용 "흘라리",무용 "고향의 봄"		

2017 화동조선족주말학교 교사연수회(2017년 8월 4－6일)

2018 화동조선족주말학교 교사연수회(2018년 8월 3－5일)

낭독대회 - 조선족 어린이들의 언어 학습에서 마태효과로 인하여 한국어는 중국어에 밀릴 뿐만 아니라 영어에도 밀린다. 어린이들의 한국어 학습 적극성을 유도하기 위한 특수 조치로서 한국어 낭독대회는 그들의 한국어 발음능력, 문자식별 능력과 발화 능력을 제고하고 한국어 도서열독 흥미를 양성하는 데에 특수한 기여를 하게 된다. 2018년 낭독대회는 제2회 낭독 대회였다.

2017 조선족 어린이 낭독대회(2017년 11월 5일)

2018 조선족 어린이 낭독대회(2018년 11월 4일)

학부모회장 연수회 - 조선족주말학교의 설립과 운영에서 학부모들의 참여와 지지는 성공을 위한 가장 중요한 요인 중의 하나이다. 학부모회장들의 민족정체성 함양과 주말학교 운영에 대한 참여의식의 강화를 통하여 학생 모집과 자녀 한글교육, 그리고 학교운영에서 전체 학부모들의 적극적인 참여와 지지를 현실화한다. 2018년 학부모회장 연수회는 제3회 학부모회장 연수회였다.

2016 화동조선족주말학교 학부모회장 연수회(2016년 12월 4일)

2017 화동조선족주말학교 학부모회장 연수회(2017년 12월 3일)

2018 화동조선족주말학교 학부모회장 연수회(2018년 12월 9일)

[나의 소감]

• 우리말글 교육

"거주 지역의 분산화가 지속되는 현실에서 조선족의 향후 존속 여부를 결정하는 것은 차세대, 차차세대의 우리말글 교육입니다."

• 한글 주말학교

"상하이나 화동 지역 현황을 보면 조선족 자녀에 대한 우리말글 교육에서 현재로는 주말학교가 가장 중요한 위치에 놓여 있습니다."

• 교사의 사명감

"우리말·우리글의 전승은 우리의 사명입니다."

• 학부모의 선택

"요컨대 자녀들을 조선족 주말학교에 입학시킨 학부모들의 현명한 선택은 영원히 후회되지 않을 선택입니다. 아울러 학부모들의 후회되지 않을 선택은 바로 자녀들의 원망하지 않을 운명입니다. 현재 조선족 주말학교를 다니는 어린이들은 향후 부모님들의 오늘의 선택에 무한한 경의를 표할 것입니다."

• **학교의 위치**
질문 : 화동조선족주말학교는 어디에 있습니까?
정답 : 화동조선족주말학교는 여러분의 거주지 근처에 있습니다.

• **재무난의 극복**
조선족 주말학교의 '재무난'을 극복하는 방법은 "학비+후원+봉사" 입니다.

• **IT와 조선족**
"현재의 추세대로 나간다면 50년만 지나도 중국 조선족은 유명무실하게 될 것입니다. 하지만 정보기술을 통해 민족 정체성을 지킨다면 100년 후에도 계속 건강하게 살아남을 것입니다."

[현실과 전망]
화동지역 조선족에 의한 조선족의 한글학교
화동지역 조선족을 위한 조선족의 한글학교
화동지역 조선족 사회 최대 규모의 한글학교
화동지역 조선족 사회 최고 수준의 한글학교
화동지역 조선족 어린이들의 만남의 장인 한글학교
화동지역 조선족 어린이들이 다니기 편한 한글학교
화동지역 조선족 어린이들이 함께 즐기는 한글학교
화동지역 조선족 어린이들과 함께 커가는 한글학교

[감사의 인사]

지난 8년간 화동조선족주말학교의 설립과 발전에 기여하신 모든 선생님들과 모든 학부모님들에게, 그리고 물심양면으로 저희 학교를 지원해 주신 모든 개인과 조직 및 단체에 깊은 감사의 인사를 드립니다.

[박창근, 2019년 1월 11일]

2019-1학기를 맞아

2019년 2월 13일

저희 주말학교는 2018년에 여러 팀장, 학구장/분교장, 전체 교사와 학부모들의 합심 협력으로 큰 성과를 거두었습니다. 학생 수는 300여 명, 교사 수는 40여명, 학급 수는 50여개로 늘었고 상하이에는 5개 학구, 강소성과 절강성에는 11개 분교가 있게 되었습니다.

이제 2019학년을 맞아 중요 행사 및 중요 사항들을 아래와 같이 밝히오니 팀장·학구장·분교장·담임교사·학부모회장 등 여러분들이 자기가 담당한 일들을 잘 수행하기 바랍니다.

1. 개학 · 방학

학기	개학	방학	비고
제1학기(3 - 6월)	3월 2/3일(토/일)	6월 29/30일(토/일)	
제2학기(9 - 12월)	9월 7/8일(토/일)	12월 28/29일(토/일)	

2. 주 노력 방향

유아반 : 어린이들의 한국어 말하기 능력 향상;
초등반 : 어린이들의 한국어 읽기 능력 향상.

3. 4대 행사

	행사명	일시	장소	담당자 (잠정)	비고
	화동조선족말학교 2019년 4대 행사				
1	제8회 화동조선족어린이 장기자랑 대회 (별명 : 복단구시연수학원 조선어반 설립 8주년 기념 및 제8회 상하이 조선족 어린이 장기자랑 모임)	5월 19일(일)	상하이	김금실 김행성	학생, 교사, 학부모 모두 참가 가능.
2	2019 화동조선족주말학교 교사연수회	8월 2일(금) -4일(일)	강소성 곤산시	김춘염	정교사, 보조교사 모두 참가 가능.
3	2019 화동조선족어린이 낭독대회	9월 7일 -11월 3일(일)	예선 : 학급별 본선 : 상하이	최선희	2학기 개학 후 예선 시작
4	2019 화동조선족주말학교 학부모회장 연수회	12월 1일(일)	상하이	(미정)	1학급 1명

4. 제1학기

1) 2019년 제1학기(3 - 6월)는 3월 2일(토)/3일(일)부터 시작됩니다.

2) 각 학구 및 분교에서는 소속 학급 담임교사의 임직 상황을 2월 25일까지 〈교사 명단 일람표〉에 기입하여 김춘염 인사팀장에게 메일로 바치기 바랍니다. 모든 담임교사들은 2월 25일까지 담당 학급의 수업진도표를 작성하여 최선희 교무팀장에게 제출해야 합니다.

3) 각 학구 및 분교들에서는 개학을 맞아 교실, 교과서, 칠판 및 칠판 펜 등이 준비되어 있는가를 2월 25일 전에 최종 확인하고 관련 문제 및 소요 교과서(2월말/3월초 도착 예정) 종류와 수량을 김성 춘 선생님에게 제출하기 바랍니다.

4) 기존 학급들에서는 개학일 첫 시간에 10 - 15분 정도 이용하여 개학식을 열고 개학을 선포함과 동시에 새 학기 진도 및 계획,

새 학기 주요 행사, 새 학기 요구 사항 등을 전체 학부모와 학생들에게 얘기해야 합니다. 가능하면 학구장/분교장이 참석하여 축사를 하기 바랍니다.

5) 신설 학급들에서는 담임교사의 사회로 개학식을 열고 학교 소개, 담임교사의 자기소개, 학부모 대표와 학생 대표의 발언 등으로 진행하기 바랍니다. 되도록 학구장/분교장이 참여하여 축사를 하기 바랍니다.

6) 각 학급들에서는 담임교사가 소정의 학비를 수납하여야 합니다. 분교에서는 수납된 학비를 자체 관리사용하고 본부 소속 학급들에서는 3월말까지 학교에 납부해야 합니다. 본부 학급의 경우, 학비 납부 학생의 명단(성명은 한자로 적어야 함) 및 납부액 명세표를 작성하여 3월말 월례간부회의 전까지 메일로 학교에 바쳐야 합니다.

7) 각 학구/분교들에서는 3월 15일까지 소속 학급 〈학생 명단 일람표〉와 소속 학급 〈정/부 학부모회장 명단〉을 김춘염 선생님에게 바쳐야 합니다.

8) 모든 학급 담임교사들은 매번 수업이 끝나는 대로 당 학급 학생 출석상황을 학교에 보고해야 합니다. 본부 학급들에서는 김행성 교사에게, 분교 학급들에서는 전예화 대외교류협력 팀장에게 보고하기 바랍니다. 김행성 · 전예화 두 분은 이 자료들을 학구별/분교별로 정리하여 교장에게 보고하기 바랍니다. 도서관에서는 어린이들이 즐겨 보는 도서들, 그리고 신착 도서들에 대한 홍보를 강화하는 등 여러 조치를 도입하여 도서 이용률을 높이기 바랍니다. 독서량이 높은 학생들을 장려하는 조치도 고려해 보기 바랍니다.

9) 이번 학기에도 학구·분교·학급 신설에 의한 신입생 모집, 그리고 편입생/전입생 접수에 노력해야 하며, 그들이 우리 학교 질서에 잘 적응하도록 관심하기 바랍니다. 학부모와 공동으로 수업 진도를 따라가기 힘들어 하는 학생들을 위한 조치를 강구하기 바랍니다.

10) 그리고 2018년 12월 23일 제56회 월례교사모임(본교)에서 정한 대로 올에는 본교 전체 교사가 참가하는 월례교사모임은 중단하고 1개월에 1회씩 "학구장·팀장"회의를 정례화합니다. 통상 매월 마지막 일요일에 개최할 예정입니다.

우리 모두 협력하여 화동조선족주말학교를 '훌륭한 우리말 배움터'로 만듭시다!

*화동조선족주말학교 소개 자료는 공식계정 baeumteo(배움터)에서 〈화동조선족주말학교 소개〉를 참고하기 바랍니다.

복단구시연수학원 조선어반 설립
8주년 기념 및 제8회 상하이 조선족 어린이
장기자랑 모임에서의 환영사

2019년 5월 19일

존경하는 귀빈 여러분,

중국조선족과협 의학전문위원회 자원봉사자 여러분,

상하이 조선족 대학생 자원봉사자 여러분,

학생, 교사 및 학부모 여러분,

기타 참여자 여러분,

안녕하십니까?

오늘 우리는 이 자리에 모여 화동조선족주말학교 설립 8주년 기념 및 제8회 화동 조선족 어린이 장기자랑 대회를 진행하게 되었습니다. 이에 우선 모든 참석자들에게 깊은 감사의 인사를 드립니다!

여러분,

호·소·절, 즉 상하이, 강소성, 절강성은 우리 민족의 새 삶터입니다. 2010년 제6차 전국인구조사에 의하면 이 지역 조선족 인구는 상하이 22257명, 강소성 9525명, 절강성 6496명으로 도합 38278명이었습니다. 아마 지금은 6-7만 명 되리라고 생각합니다.

호·소·절은 중국에서 가장 살기 좋은 곳입니다. 1인당 GDP가 제일 많고 평균 문화교육수준이 제일 높으며 사회질서가 가장 좋습니다. 그리고 자연조건도 아주 훌륭합니다. 하여 호·소·절은 중국에서 주민 평균수명이 가장 깁니다.

호·소·절에서 산다는 것은 현명한 선택과 노력의 결과입니다. 우월한 외부 환경과 본인의 꾸준한 노력으로 호·소·절에 사는 조선족인들 중 정치, 경제, 문화, 교육, 과학기술 등 여러 분야에서 성공한 분들이 아주 많습니다.

그런데 정년퇴임 후 그들 중 대다수의 마음 한 구석은 허전합니다. 그들의 차세대, 차차세대가 우리민족 전통문화와 고유의 말글을 모르기 때문입니다.

저희 학교는 바로 이러한 문제들을 조금이나마 해결하기 위하여 만들어진 것입니다. 지난 8년간 우리는 합심협력하여 어느 정도 성과를 거두었습니다. 현재 저희 학교 학급들은 호·소·절 방방곡곡에서 샛별처럼 반짝이면서 우리 민족 차세대, 차차세대의 건전한 성장에 기여하고 있습니다.

이는 저희 학교 교사들의 각고 분투, 학부모들의 지지 협력, 그리고 지원자들의 헌신 봉사의 결과입니다. 또한 관련 기업인과 단체들이 후원한 결과이기도 합니다.

이 기회를 빌어 저희 학교의 성장을 도우신, 특히 오늘 대회를 후원하신 모든 개인과 단체 및 조직에 깊은 사의를 표합니다.

마지막으로 오늘 행사가 잘 치러지어 어린이들의 성장에 유익하고 참가자 여러분에게 기쁨을 안겨주기를 기원합니다.

고맙습니다.

제11회 화동조선족주말학교 교사연수회를 맞아

2019년 7월 23일

안녕하십니까?

2017년 말까지 저희 학교 교사들의 다년간 연속 근무는 하나의 자랑거리였습니다. 그런데 2018년 1학기에 '원로 교사' 4명 중 3명이 이임하였고 연말에는 남은 1명도 떠나게 되었습니다.

그런데 2019년 1학기를 마감할 때 또 교사 8명이 이임하게 됨이 확인되었습니다. 결국 2019년 2학기에 본교는 기존 교사 6명만 남게 되었고 3개 학급이 신설되어 11명의 교사를 새로이 채용하게 되었습니다.

그럼 왜 이런 현상이 발생하였는가? 저는 구체적인 원인은 모릅니다. 하지만 지난 6월 30일 본교 1학기 총화 모임에서 여러 선생님들이 다음 학기에 저희 주말학교를 떠난다는 얘기를 하면서 눈물을 흘리는 모습은 쉽사리 잊히지 않습니다.

저는 우리 조선족 동포들이 연변이나 동북지역 거주지를 떠나 멀고 먼 상하이와 화동지역에 와서 삶터를 개척하는 것이 얼마나 힘든 일인가를 잘 알고 있습니다. 옛날 옛적에 우리의 선조들이 쪽바가지 차고 고향 떠나 두만강 건너 간도에 왔던 것처럼 20여 년 전부터 수많은 조선족 젊은이들이 비행기 타고 고향 떠나 황하, 장강을 넘어 이 강남지역에 와서 삶터를 개척하게 되었습니다. 양자는 크게 다릅니다. 하지만 중국에서 제일 살기 좋다는 이 강남 지역에서 삶터를 개척한다는 것도 결코 쉬운 일이 아닙니다.

우리의 선생님들은 직장에서는 직장인으로 열심히 일해야 하고, 가정에서는 남편의 아내, 아이의 엄마로서 가사를 전담해야 합니다. 그런데 "회사가 부도났다", "집이 이사 한다", "거주증이다", "호구다", 끊임없이 이어지는 "입학"의 닦달질, 스트레스가 정말 이만저만이 아닙니다. 자기의 노력으로 될 일이면 아무리 힘들어도 괜찮겠는데 아무리 노력해도 안 되는 일도 적지 않습니다. 정말 눈물을 흘리지 않으면 안 될 정도입니다.

하지만 이러한 모든 곤란을 극복하고 아무런 일도 없는 듯이 활짝 웃는 얼굴로 어린이들을 맞아야 하는 것이 바로 우리의 선생님들입니다. 한 학기만이라도 저희 주말학교를 위해 일한 적 있다는 것은 대단합니다.

때문에 그들이 학교를 떠난다 하여 저는 그들을 나무라지 않습니다. 그들이 나름대로 가장 현명한 선택을 했을 거라 믿습니다. 각종 여건이 허락된다면 그들 중 일부는 다시 돌아올 수도 있으리라 믿습니다.

사실상 본교에서 7월에 새로 모집한 교사가 10명이나 된다는 것은 이러한 믿음이 우회적인 방식으로 현실화된 것이 아닌가 하고 의심할 수 있을 정도로 고무적입니다. 적지 않은 분들이 다음 학기는 어쩌나 하고 근심 걱정하였었는데 이제는 마음을 푹 놓을 수 있게 되었습니다.

다음으로, 이번에 저희는 전송배 한국 아동국악교육협회장을 또 한 번 모셔오게 되었습니다. 세 번째입니다. 이는 전송배 회장이 얼마나 저희 학교를 관심하는가를 보여줄 뿐만 아니라 우리민족 전통문화의 전승이 저희 주말학교 수업에서 얼마나 중요한 위치에 있는가를 보여주기도 합니다.

셋째, 이번에 여러분은 저희학교에서 우리민족 연극이라는 전통 예술방식과 디지털리터러시라는 현대과학기술이 어떻게 우리말글 교육에 이용되는가를 보게 되며 상관되는 연습과 실천을 해보게 됩니다. 우리는 이 두 분야에서 최고의 전문가를 모셔 왔습니다. 바로 방미선 교수와 한국 디지털리터러시 교육협회 박일준 회장, 김묘은 대표입니다. 우리말글 교육효과를 극대화하려면 반드시 교육수단과 방법에 대한 연구와 실험, 실천이 있어야 합니다. 이번 연수회를 통해 이에 대한 이해와 체험이 있게 되리라 믿습니다.

마지막으로 제11회 화동조선족주말학교 교사연수회의 성공적 진행을 위해 수고하신 모든 분들에게, 특히 방미선 교수, 김금실 곤산분교장, 각종 활동 담당자들, 그리고 모든 참가자들에게 감사의 인사를 드립니다.

제11회 화동조선족주말학교 교사연수회의 성공을 기원합니다!

2019 화동조선족주말학교
교사연수회 자료집 편집을 마치면서

2019년 7월 25일

지난 수년간 7월이 되면 나는 전력을 거의 다하여 교사연수회 준비를 하였다. 그런데 올 7월은 예외다. 우리 화동조선족주말학교 본부의 상황을 보면 9월에 임직해야 할 교사 11명을 새로이 채용해야 했기 때문이다.

뜻밖에도 교사 모집은 아주 순조롭게 진행되어 20여 일간에 이미 10명을 모집하였다. 그중 석사 학위 소지자 2명, 명문대 졸업생 4명, 학원 교사 2명, 교사 자격증 소지자 3명, 학부모 2명, 유 경력자 3명 등으로 응모자들의 교육 수준도 아주 높았다(일부는 신분이 중첩됨). 우리민족은 정말 교육수준이 높다는 것을 실감할 수 있었다.

오늘의 세상은 역동적이다. 특히 새터에서 살아가는 우리 조선족 사회는 역동적이다. 때문에 조선족주말학교 운영도 개방적이고 역동적이고 활약적이어야 한다. 우리의 주말학교는 시대와 환경의 변화에 능동적으로 적응하여야만 그 존속과 진화가 가능하다.

시스템학을 연구할 때 카오스는 외부로부터 끌려오는 운동과 내부로부터 끌려 나가는 운동의 결합, 흡인과 배척의 결합, '화이부동'(和而不同)과 '동이불화'(同而不和)의 결합에 의해 존속하고 진화한다고 주장하던 것이 생각난다. 단, 현실적으로 처리하는 많은 사항은 이론 연구에서처럼 복잡하게 처리되지 않으므로 별로 신경도 쓰이지 않는다.

이 자료집에 자료를 제공한 모든 분들에게 사의를 표한다. 그중 일부 자료는 향후 장기간 보존하면서 읽을 만한 가치가 있다고 생각한다. 물론 중요한 것은 실행이다. 다음 학기에는 새로운 발전이 있을 것이다.

194

제11회 화동조선족주말학교
교사연수회 개회식에서의 환영사

2019년 8월 2일

안녕하십니까?

오늘 우리는 이 자리에 모여 제11회 화동조선족주말학교 교사연수회를 열게 되었습니다.

우선 혹서를 무릅쓰고 오늘 회의에 참가하신 여러분들에게 감사의 인사를 드립니다. 특히 한국에서 오신 한국아동국악교육협회 대표 전송배 박사님에게 감사의 인사를 드립니다.

그리고 아직 이 자리에 오시지 않았지만 모레 오전 강의를 하실 한국 디지털리터러시교육협회 박일준 회장님과 김묘은 대표님에게도 감사의 인사를 드립니다.

여기서는 아래의 몇 가지에 대한 말씀을 드리고 싶습니다.

첫째, 민족 정체성 보전 구조에 관한 새로운 인식이 필요 됩니다. 우리 조선족의 활동무대가 점점 더 커지고 우리 조선족의 분산화가 가속화되는 상황에서 중국 조선족 디아스포라의 구성이 가능하겠는가? 중국 조선족이 디아스포라 조선족으로 생존해 나갈 수 있겠는가? 이러한 문제는 우리의 답안을 기다리고 있습니다.

둘째, 우리민족 교육에서 전통문화의 전승이 갈수록 더 중요해지고 있습니다. 전통문화의 전승이 민족정체성 보전에서 차지하는 중요성이 점점 커지고 있기 때문입니다. 저희가 전송배 박사님을 또 한 번 초청하게 된 이유가 바로 여기에 있습니다.

셋째, 우리말글 교육에서 새로운 방법과 수단이 도입되어야 합니다.

이번에 우리는 두 개 측면에서 새로운 시도를 해 봅니다. 하나는 전통 문예형식으로서의 동화극을 이용한 우리말글 교육이고 다른 하나는 현대 과학기술 성과인 디지털리터러시를 이용한 우리말글 교육입니다. 우리는 이번에 방미선 교수님과 한국에서 오신 박일준 회장님, 김묘은 대표님의 좋은 강의를 듣게 됩니다.

저는 여러분이 이번 연수회를 통해 새로운 느낌과 인식이 있기를 기대하며, 또한 이러한 것이 향후 교육사업에서 활용되기를 기대합니다.

한 번 연수회를 소집한다는 것은 쉽지 않습니다. 이번 연수회 준비에 많은 심혈을 기울이신 방미선 교수, 김금실 곤산분교장, 전예화 팀장, 각종 활동 담당자들, 그리고 모든 참가자들에게 감사의 인사를 드립니다.

마지막으로 제11회 교사연수회가 향후 10회 교수연수회의 멋있는 시작이 되기를 기원합니다.

2019 - 2학기를 맞아

2019년 8월 28일

저희 주말학교는 2019 - 1학기에 제8회 장기자랑 대회의 성공적 개최, 그리고 여름방학 기간에 멋진 제11회 교사연수회의 개최 등 성과를 거두었습니다.

한편, 2018 - 1학기부터 본부 교사진의 '인사 변동'을 거치면서 학교 운영에 잠시적 곤란이 초래되기도 하였습니다. 하지만 지난 여름방학 기간의 신규 교사모집에 의해 정비된 교사진으로 2019 - 2학기를 맞게 되었습니다.

이제 2019 - 2학기를 맞아 중요 행사 및 중요 사항들을 아래와 같이 밝히오니 여러분들이 자기가 담당한 일들을 잘 수행하기 바랍니다.

1. 개학 · 방학

학기	개학	방학	비고
제1학기(3 - 6월)	3월 2/3일(토/일)	6월 29/30일(토/일)	
제2학기(9 - 12월)	9월 7/8일(토/일)	12월 28/29일(토/일)	

2. 주 노력 방향

- 유아반 : 어린이들의 한국어 말하기 능력 향상
- 초등반 : 어린이들의 한국어 읽기 능력 향상
- 고급학년 초등생들의 TOPIK 참여 지도.

3. 4대 행사

	화동조선족주말학교 2019년 4대 행사				
	행사명	일시	장소	담당자	비고
1	제8회 화동조선족어린이 장기자랑 대회	5월 19일(일)	상하이	김금실 김행성	참가자 430명
2	2019 화동조선족주말학교 교사연수회	8월 2일(금) -4일(일)	강소성 곤산시	방미선	참가자 40명
3	2019 화동조선족어린이 낭독대회	9월 7일 -11월 3일(일)	예선 :학급별 본선 :상하이	(미정)	2학기 개학 후 예선 시작
4	2019 화동조선족주말학교 학부모회장 연수회	12월 1일(일)	상하이	(미정)	1학급 1명

다음은 2019 - 2학기를 맞아 해야 할 몇 가지 사항들에 대하여 말씀 드리겠습니다.

1) 2019 - 2학기(9 - 12월)는 9월 7일(토)/8일(일)부터 시작됩니다.

2) 각 학구 및 분교에서는 소속 학급 담임교사의 임직 상황을 8월 31일까지 〈교사 명단 일람표〉에 기입하여 방미선 교수님에게 바치기 바랍니다.

3) 모든 담임교사들은 9월 3일까지 담당 학급의 수업진도표를 작성하여 최지원 교사에게 제출해야 합니다. 수업진도표 작성 시 교과서 〈일러두기〉를 잘 참조하기 바랍니다.

4) 각 학구 및 분교들에서는 개학을 맞아 교실, 교과서, 칠판 및 칠판펜 등이 준비되어 있는가를 9월 1일 전에 최종 확인하고 관련 문제 및 소요 교과서 종류와 수량을 김성춘 선생님에게 제출하기 바랍니다.

5) 기존 학급들에서는 개학일 첫 시간에 10 - 15분 정도 이용하여 개학식을 열고 개학을 선포함과 동시에 새 학기 수업진도 및 계획, 새 학기 주요 행사, 새 학기 요구 사항 등을 전체 학부모와 학생들에게 얘기해야 합니다.

6) 신설 학급들에서는 담임교사의 사회로 개학식을 열고 학교 소개, 담임교사의 자기소개, 학부모 대표와 학생 대표의 발언 등으로 진행하기 바랍니다. 학교소개는 공식계정 배움터 baeumteo에 실린 "화동조선족주말학교 소개(박창근)" 자료를 이용하기 바랍니다. 푸둥학구 린강 지역에서는 신설되는 2개 학급을 위해 비교적 큰 규모의 개학식을 준비하고 있습니다.

7) 각 학급들에서는 담임교사가 소정의 학비를 수납하여야 합니다. 분교에서는 수납된 학비를 자체 관리사용하고 본부 소속 학급들에서는 9월말까지 학교에 납부해야 합니다. 본부 학급의 경우, 학비 납부 학생의 명단(성명은 한자로 적어야 함) 및 납부액 명세표를 작성하여 9월말 월례교사모임 전까지 메일로 전예화 교사에게 바쳐야 합니다.

8) 각 학구/분교들에서는 9월 30일까지 소속 학급 〈학생 명단 일람표〉와 소속 학급 〈정/부 학부모회장 명단〉을 방미선 교수님에게 바쳐야 합니다. [방미선 메일 : 위와 같음]

9) 모든 학급 담임교사들은 매번 수업이 끝나는 대로 당 학급 학생 출석상황을 학교에 보고해야 합니다. 본부 학급들에서는 임미령 교사에게, 분교 학급들에서는 전예화 교사에게 보고하기 바랍니다. 임미령·전예화 두 분은 이 자료들을 학구별/분교별로 정리하여 교장에게 보고하기 바랍니다.

10) 도서관에서는 어린이들이 즐겨 보는 도서들, 그리고 신착 도서들에 대한 홍보를 강화하는 등 여러 조치를 도입하여 도서 이용률을 높이기 바랍니다. 독서량이 높은 학생들을 장려하는 조치도 고려해 보기 바랍니다.

11) 이번 학기에도 학구·분교·학급 신설에 의한 신입생 모집, 그리고 편입생/전입생 접수에 노력해야 하며, 그들이 우리 학교

질서에 잘 적응하도록 관심하기 바랍니다. 학부모와 공동으로 수업 진도를 따라가기 힘들어 하는 학생들을 위한 조치를 강구하기 바랍니다.

12) 고급학년 초등생들의 TOPIK 참여를 지도하기 위해 관련 기구를 설립할 예정입니다.

13) 다수 교사들의 요구에 의해 2019 - 2학기에는 2019 - 1학기에 시험적으로 실행하였던 (본교)"월례학구장 · 팀장"회의를 폐지하고 본교 전체 교사들이 1개월에 1회씩 참가하는 (본교)월례교사 모임을 정례화합니다. 통상 매월 마지막 일요일에 개최합니다.

저희 주말학교는 현재 중대한 전환기에 처해 있습니다. 우리 모두 협력하여 화동조선족주말학교를 '훌륭한 우리말 배움터'로 만듭시다!

화동조선족주말학교 푸둥 린강
두 학급 신설 및 개학식에서의 축사

2019년 9월 7일

존경하는 귀빈 여러분,

존경하는 담임 선생님들,

존경하는 학부모님 여러분,

사랑하는 어린이들,

안녕하십니까?

오늘 상하이탄 동단에 새로운 우리말 배움터가 설립되었습니다. 이는 여기에 오신 모든 분들이 지난 수개월간 노력한 결과입니다. 이는 '하면 된다'는 우리의 신념을 또 한 번 입증해 주었습니다. 저는 상하이에 온지 40년이 넘었지만 린강은 이번이 세 번째입니다. 린강에 이렇게 많은 조선족인들이 살고 있다는 것은 모르고 있었습니다. 린강 유아반과 초등반의 동시 설립은 놀라운 일이 아닐 수 없습니다.

이 기회를 빌려 주말학교에 대한 몇 가지 생각을 여러분들과 공유하려 합니다.

첫째, 이제 린강 조선족 어린이들은 자기 민족의 언어와 문자, 문화를 배울 수 있는 배움터가 있게 되었습니다. 이제 더는 '애들이 우리말 우리글 우리문화를 배울 데가 없어서'라는 말을 하지 않게 되었습니다. 때문에 우리 모두가 저희 학교를 사랑하고 잘 지키고 잘 키워야 할 것입니다.

둘째, 우리 속담에 "시작이 반"이라는 말이 있습니다. 시작은 중요합니다. 그러나 "첫 술에 배부를까?"라는 속담도 있습니다. 너무 성급해하면 안 됩니다. 언어 수준은 학습시간에 정비례합니다. 저는 어린이들이 적어도 3년은 견지해야 한다고 생각합니다.

셋째, 저희 학교는 하나의 공동체입니다. 이는 우리말 교육을 매개로 하는 공동체입니다. 이 공동체가 화목해야 애들도 한글 공부를 잘할 수 있습니다. 이 공동체를 화목한 공동체로 만들려면 모든 구성원들이 주인공 의식을 갖고 서로 돕고 서로 배우고 함께 진화하여야 합니다.

넷째, 조선족의 향후 존재와 발전을 담론할 때 '디아스포라 조선족', 또는 "조선족 디아스포라"란 말이 많이 사용됩니다. 이는 결코 조선족 사회를 '폐쇄적인 사회집단'이나 '자기 고립적인 민족 단체'로 만들어야 한다는 것은 아닙니다. 우리는 중국 56개 형제민족 중의 하나임을 잊지 말아야 합니다. 우리는 주변 사회와 접촉하여야 합니다. 최근 숭장다쉐청학구에서는 거주지역 거민위원회의 도움으로 교실을 하나 무료로 사용할 수 있게 되었습니다. 여러분들도 향후 시도해 보기 바랍니다.

다섯째, 조선족주말학교를 어떻게 운영할 것인가? 이는 하나의 실천적 과제입니다. 현재 전국 각지에는 조선족주말학교가 적지 않습니다. 저희 화동조선족주말학교 내에도 운영방식이 다종다양합니다. 저는 린강에서도 나름대로의 운영방식을 탐구해 보기 바랍니다. 특히 여기는 이해영 교수님이 있어 성공할 가능성이 크다고 생각합니다.

저는 이미 8년간 주말학교를 운영해 왔기에 할 말은 많습니다. 하지만 축사에 주어진 시간은 3분간입니다. 더 많은 말은 질의응답할 때 하겠습니다.

마지막으로 오늘의 개학식이 성공적으로 유쾌하게 진행되기 바랍니다. 여러분이 합심협력 한다면 린강 우리말 배움터는 꼭 성공하리라 믿습니다.

이상입니다.

제61회 본교 교사 월례회 기요

2019년 9월 23일

- 9월 22일 오후 1:30 - 4:30에 제61회 (본교)교사월례회가 숭장구 룽텅로에 있는 802교실에서 열렸다.
- 회의 사회자 : 박창근
- 회의 참가자 : 박창근, 방미선, 김성춘, 오춘실, 곽향숙, 김행성, 최지원, 백해동, 전예화, 심춘실, 박미나, 류국화, 최군, 장정애, 이해란
- 회의 청가자 : 김창석, 박혜연, 허선녀, 이해영, 권녕리

▶**박창근 발언**

오늘 회의는 제61회 월례모임이다. 금방 우리학교 교사로 채용된 분들이 학교상황을 알려면 〈화동조선족주말학교 소개〉란 자료를 보기 바란다. 우리학교는 8년 전에 설립되었다. 당시 나와 김성옥, 권진희 우리 세 사람이 여기저기 뛰어다니면서 교실을 찾고 관련 수속을 하였다. 2011년 9월 17일 정식으로 출범하였다.

현재의 우리학교 본부는 지난 1년 여 동안의 〈교사진 변동〉을 거쳐 초창기, 고속 성장기의 대다수 멤버들이 학교를 떠났다. 그래서 오늘 나는 '제2창업'을 맞는 기분이다. 오늘 학교를 떠나게 되는 김행성 교사를 제외하면 17명 교사 중 12명이 올 6월 후에 채용된 분들이다. 그중 자격이 제일 오랜 전예화 교사가 우리학교 교사로 임직한 것도 2017년 3월이다.

거의 모두가 젊은이들이다. 이제부터 새로 배우고 서로 도우면서 앞

으로 나아가야 한다. 나는 21일 세 개 반에 가서 선생님들의 강의를 들어 보았다. 완전히 초창기라는 기분이었다. 하지만 8년 전과는 완전히 다른 새 출발이다. 함께 노력하여 우리 주말학교를 업그레이드시켜야 한다.

▶ 교사들의 학급상황 보고와 수업 소감

회의에 참가한 모든 교사들이 자기가 맡은 학급 상황을 소개하고 두 번 수업한 소감을 얘기하였다. 제기된 문제들을 아래와 같았다.

- 수업일 변경과 학생 숫자의 격감(쟈딩학구).
- 학생들의 정서가 안정되지 않았고 질서가 좀 혼란함(다쉐청학구)
- 한 학급 내 학생들의 수준 격차, 수준이 다른 두 종류의 교재를 사용해야 하는 현실(푸둥학구)
- 학생 수의 과다 증가로 인한 책걸상 부족(다쉐청학구)
- 교실이 위치하고 있는 주거지역 출입 문제(푸둥학구)
- 보조교사의 채용 문제(다쉐청학구).
- 경험 부족, 교류의 필요성(여러 학구)
- 경험 있는 교사들의 강의 장면 동영상 촬영(여러 학구)
- 기타

다음에는 여러 교사들이 충분히 교류할 기회가 있었으면 좋겠다는 것이 많은 교사들의 공동의 염원이었다.

▶ 김행성 교사의 퇴임 관련

김행성 선생이 부득이한 사정에 의해 퇴임하게 된다. 이에 박창근 교수는 다음과 같이 얘기했다.

- 김행성 교사의 퇴임은 우리학교 초창기부터 함께 노력하였던 교사 전체가 우리학교를 떠나게 되었음을 의미한다. 이제부터는 우리학교가 새로운 '세대'에 의해 운영되어 나감을 의미한다.

- 김행성 교사는 당시의 김성옥, 권진희, 정옥란, 윤국화 등 교사들과 함께 우리민족 어린이들의 우리말글 학습과 우리학교의 발전에 큰 기여를 하였다. 김행성 교사는 나이는 어리지만 학부모들과의 교류, 학생들과의 교류 등에서 아주 성숙된 교사의 모습을 보여 주었다.
- 김행성 교사의 강의는 학생들의 호평과 학부모들의 칭찬을 받았다. 숙박처가 민항에 있으면서 푸둥에 가서 강의한 2년 동안 아무런 불평도 없이 열심히 하였다.
- 특히 퇴임을 앞두고 김행성 교사는 '교사 퇴임에 의한 학생 퇴학' 현상이 재발하는 것을 방지하기 위해 많은 노력을 하여 퇴임 날짜를 3주 늦추었을 뿐만 아니라 여러 가지 조치를 취하여 민항학구는 지난 학기의 3개 반에서 이번 학기의 4개 반으로 학급수가 늘었고 학생 수도 22명에서 25명으로 증가하였다. 정말 감사한 일이다.
- 전체 교사들은 깊은 사의를 담아 김행성 교사에게 꽃다발을 드렸고 기념사진을 남겼다. 김행성 교사는 학교에서 수요 되는 일이 있으면 적극적으로 응하겠다는 말을 남기기도 하였다.

▶ 교실(도서관) 관련

- 교실임차료가 학교 지출에서 차지하는 비중은 매우 크다. 이번 학기에 숭장에 있는 한 거민위원회의 지원으로 교실 하나를 무료로 사용하고 있다. 이는 교실 임차료를 줄인다는 경제적 효과 외에 우리의 학교운영이 정부의 지지를 얻는다는 중요한 의미를 갖는다. 향후 이 방면의 노력을 많이 해야 한다. 우리학교는 비영리적인 공익단체이므로 정부의 더욱 많은 지지를 얻을 수 있으리라고 믿는다.
- 802교실은 10월 중순까지, 305교실은 연말까지 사용하게 되므로 그 전에 이사준비를 해야 한다. 10월 중순 후부터 다쉐청학구의

2개 반은 305교실을 사용하고 다른 두 개 반은 무료 교실을 사용하게 된다.

- 우리도서관은 수년간의 노력을 거쳐 이미 일정한 규모를 갖게 되었다. 어린이 한글도서를 중심으로 10,000권 정도 소장하고 있다. 모든 교사들과 학부모들이 많이 활용하기 바란다. 새 도서관은 쟈딩구 보안공로 3705농 266 - 3에 위치하고 있다. 이번 도서관 이사는 다섯 번째 이사다. 어떻게 좀 안정된 곳을 선정할 수 있겠는가를 고심하게 된다.

▶ 학생 모집

이번 학기를 맞아 학생모집에 노력한 결과 성과도 적지 않다. 학생 수가 제1학기보다 많이 증가하리라 판단된다. 그러나 일부 분교, 일부 학구 학생 수는 크게 감소하였다. 우리 교사들이 경험과 주동성이 부족한 것도 문제다. 여러 가지 방법으로 광고를 해야 하지만 학부모들과의 대면 의사소통이 결여되어서는 안 된다. 학부모들에게 자녀의 우리말 교육 필요성 등을 홍보하여야 한다. 광고만 해놓고 기다려서는 안 된다.

▶ 학비

초창기 한 학기 일인당 800원이던 학비가 현재는 한 학기 일인당 1500원으로 올랐다. 향후 수년간 이 정도로 유지될 것이다. 학교의 정상적인 운영을 위해서는 아래의 노력이 있어야 한다.

- 외부 지원 확대. 예 : 한국 재외동포재단 지원, 조선족 기업인들의 후원 등
- 낭비 단절, 절약 제창

▶급여
- 강의료와 보조금으로 구성된 기존 급여 체제를 유지한다.
- 학생 신분 교사에 대한 급여 체제를 신설한다. 시간당 80원, 첫 학기는 80원이고 두 번째 학기부터는 시간당 보조금 20원씩 더 드린다. 실행 중 조절될 수도 있을 것이다.

▶소수 학생 수업에 관한 규정
이때까지 학생수가 5명 이하일 경우 폐반하고 그 학생들은 다른 학급에 편입시켰거나 학교를 떠나도록 하였다. 학교 전체의 운영을 위한 부득이한 조치였지만 늘 마음에 걸리는 점이 있었다. 이번 학기부터는 우리말글 학습을 지속하려는 학생들의 수요에 부응하여 아래와 같이 새 제도를 도입하여 실행해 보려 한다.
- 학생 1명인 경우, 1인당 한 학기 학비 2000원, 교사 급여=학비 수령액
- 학생 2명인 경우, 1인당 한 학기 학비 1500원, 교사 급여=학비 수령액
- 학생 3명인 경우, 1인당 한 학기 학비 1500원, 교사 급여는 정상 수준으로 지급

단, 수업 소요 교실은 교사와 학부모가 자체로 마련해야 한다. 수업 장소의 안전 관련 사항은 학교에 보고하여 동의를 얻어야 한다. 학교에서는 자체 자원이 가능한 범위에서 지원할 것이다. 동시에 이 교육 방식에 대한 관리체제를 수립하려 한다.

▶중퇴자 학비 반환
'복단구시연수학원' 관련 규정을 참고하여 학생이 중퇴하여 학비 반환을 할 때 그 시점까지의 학급수업횟수에 의하여 아래와 같이 반환한다.

- 학급수업횟수 1 - 5회, 1000원 반환
- 학급수업횟수 6 - 9회, 750원 반환
- 학급수업횟수 10 - 15회, 반환 안 함

▶ 휴강, 보충강의, 대리강의

2017년 2학기에 도입한 대리강사 제도는 계속 실행한다. (1)특수 상황에는 휴강이 가능하나, 사전에 인사팀장, 학교장의 동의를 거쳐야 한다. (2)휴강 - 보충강의 방식은 되도록 지양하고 대리강의 방식을 선호한다. (3)대리강사는 인사팀장, 학교장의 동의를 거쳐 대리강의에 임한다. (4)특수 경우를 제외하고 늦어도 예정 수업일 하루 전에 휴강 교사는 강의 시간, 진도, 내용, 방법, 학급 상황 등을 대리강사에게 알려주어야 한다. (5)대리강사는 강의 후 출석 상황을 학교에 보고하여야 한다. (6)대리강사에게는 소정의 강의료가 지불된다. 보조교사가 있는 유아반과 초등반의 경우는 보조교사가 대리 강의하는 것을 우선으로 한다.

▶ 조학금

예전부터 실행해 온 조학금 제도는 향후에도 계속 실행한다. 가정 경제형편이 어려워 자녀를 우리 학교에 보내지 못하는 경우에는 학비 전액 면제, 반감 등 방식의 조학금을 지급한다. 조학생 명단은 학생 소속 학급 담임교사, 인사팀장, 학생의 부모, 그리고 교장 외에는 외부에 공개하지 않는다.

▶ 보조교사의 임용

유아반 학생수가 6명을 넘을 경우 보조교사를 둘 수 있다. 초등반은 학생수가 10명 정도이고 수준 차이, 나이 차이가 클 경우 보조교사를 둘 수 있다. 보조교사는 담임교사의 수업이나 관련 업무를 도와주는 교사이다. 보조교사는 담임교사 채용을 위한 후비군 확보에 도움이 된다. 보조교사는 평소에는 강의에 임하지 않지만 보조교사의 능력 양성의 차원에서 담임교사의 참여하에 한 학기에 보조교사에게 시험강의를 1-2회 시킬 수 있다. 그리고 담임교사가 사정에 의해 강의하지 못할 경우 보조교사가 담임교사의 지도하에 대리강사로 임할 수 있다.

▶ 수업 진도

1) 수업에서 속도조절은 대단히 중요하다. 배가 고파도 안 되고 과식, 폭식도 안 된다.
2) 〈재외동포를 위한 한국어〉는 한 책을 한 학기에 하기로 편집된 것이다. 대다수 교사들이 이번에 그렇게 계획했는데 한 학기 시도해 보기 바란다. 한두 과는 방학숙제로 남길 수도 있다.
3) 진도를 계획대로 추진하기 위해서는 교사가 교과서 내용을 잘 아는 것이 가장 중요하다. 여러 번 읽어 보고 내용을 분석도 해 보아야 한다.
4) 다음으로 중요한 것은 수업준비(备课)이다. 수업준비를 참답게 하여야 계획대로 진도를 나갈 수 있다.
5) 교과서 중심으로 강의해야 한다. 일부 어휘나 문구를 추가할 수는 있지만 교과서 내용 전수를 우선 순위에 놓아야 한다. '과외' 내용을 너무 많이 하여서는 안 된다. 내용을 추가할 때는 애들의 일상과 긴밀히 관련되는 단어, 문구를 선정해야 한다.
6) 언제나 학부모들과의 협력을 중요시해야 한다. 교사는 일주일에 2시간 가르치지만 학부모는 날마다 가르칠 수 있다는 것을 망각하지 말아야 한다. 학부모를 자녀 한글 교육에 참여시키는 것을 교사의 하나의 직책으로 간주하여야 한다.

210

▶ **분교-학급, 학구-학급 체제의 조정**

1) 강소성과 절강성에서의 분교-학급 체제는 현존 체제대로 한다.
2) 본교의 학구-학급 체제는 많은 교사들의 이직으로 조절이 필요하게 되었다.
3) 기존 5개 학구를 그냥 유지한다. 단, '진후이학구'는 민항학구로 개명한다.
4) 학구장은 당분간 두지 않는다. 린강은 세 개 반이 될 경우 특별 분교 설립을 고려한다.
5) 학구별 단체 활동(예 : 매년 5월의 장기자랑, 매년 12월의 송년회 등)은 각 담임 선생님들의 상의에 의해 조직한다. 1-2년 후에는 학구장을 둘 수 있을 것이다.
6) 학비 납부, 출석 보고 등은 담임교사가 직접 한다. 학구 단위로 하지 않는다.

▶ **몇 가지 기능의 조정**

우리학교 운영에는 수업 외에도 다른 일들이 적지 않다. 우리 모두가 나누어 해야 한다. 학교에서는 여러 선생님들이 자기의 상황에 따라 조금씩이라도 분담하기 바란다.

● **출석률 보고**

매회 수업이 끝나면 담임교사는 즉시 출석상황을 학교에 보고해야 한다. 두 숫자, 하나의 /로 표시하면 된다. 예 : 4/7은 학급 학생수가 7명인데 출석 학생 수는 4명이라는 뜻이다.

－본부 : 담임교사들이 임미령 교사에게 보고한다. 임미령 교사는 최단 시간 내에 모든 자료를 출석표에 기입하고 당일 출석률을 계산하여 교장에게 보고한다.

- 분교 : 담임교사들이 최군 교사에게 보고한다. 최군 교사는 최단 시간 내에 모든 자료를 출석표에 기입하고 당일 출석률을 계산하여 교장에게 보고한다.

• **수업진도**
모든 학급 진도표는 최지원 교사에게 보내야 한다. 최지원 교사는 학기 초와 말에
① 본교 상황표(기존 양식 참조)
② 분교 상황표(기존 양식 참조)
③ 본교 각 학급 진도표
④ 분교 각 학급 진도표
를 작성하여 교장에게 보고한다.

• 재무(자산관리 등도 포함) 담당자 : 전예화 교사

• 인사 담당자 : 방미선 교수

▶ **낭독대회 : 2019 조선족 어린이 낭독대회**
  • 담당자 : 류국화, 최지원
  • 선정도서 : 10권
  • 자료집 : 발음표기
  • 심사위원회 : 미정
  • 장소 : 미정

▶ **이화 무용수 : 어린이 무용팀 공모**
  • 자료를 위챗으로 전달
  • 신청자는 연락하기 바람

▶ 한상회 : 한민족 문화제
- 자료를 위챗으로 전달
- 참가 신청 수시 접수

▶ 제12회 화동조선족주말학교 교사연수회 닝버서 개최 예정

2020년에 우리학교는 제12회 교사연수회를 개최한다. 어디서 할까 고민중인데 9월 8일 최홍매 닝버분교장으로부터 자기들이 담당하겠다는 신청이 들어왔다. 그 후 여러 모로 의견을 청취해 보았다. 닝버분교의 현재 실력으로 완전히 가능하다는 것이 공동의 결론이다. 닝버분교에 축하를 보내는 동시에 감사한다.

※ 도서관 이사 준비 : 도서 포장

회의 후 많은 교사들이 도서관 이사를 위한 도서 포장에 참여, 힘든 일이었지만 함께 하는 모습은 정말 보기 좋았다. 우리민족의 차세대, 차차세대를 지키기 위해 흘린 땀, 헛되지 않을 것이다.

⇒ 이번 월례회 기요에서 발표한 제도나 조치가 기존 제도나 조치와 일치하지 않을 경우 이번에 발표한 것에 따라 실행함을 밝혀둔다.

[박창근 정리]

제13회 세계한인의 날 유공자 정부포상 전수식에서의 발언

2019년 10월 31일

존경하는 최영삼 총영사님,

존경하는 동포 여러분,

오늘 전수식을 마련해 주신 주상하이 대한민국 총영사관 총영사님과 이 모임에 참석하신 우리민족 동포 여러분에게 깊은 감사의 인사를 드립니다.

저는 '상'에 별로 관심이 없는 사람입니다. 그러므로 제13회 세계한인의 날에 대한민국 정부로부터 국민훈장을 받게 되었다는 것은 정말 꿈에도 생각하지 못한 놀라운 일입니다.

지난 10월 5일 이후 제가 이번에 수상하게 되었다는 소식이 공개되면서 수많은 분들이 축하의 메시지를 보내 왔습니다. 이 기회를 빌어 저의 수상 소감을 간단히 말씀드리겠습니다.

우선 저는 상하이 및 화동지역 조선족 사회의 형성과 발전을 위한 저의 노력에 대한민국 국민과 정부에서 국민훈장을 주신 데 대하여 깊은 사의를 표합니다.

둘째, 저는 오늘 제가 받은 국민훈장을 그 동안 함께하신 적이 있거나 지금도 함께하시는 모든 분들과 공유하고 싶습니다. 이 훈장에는 제가 영원히 잊을 수 없는 그들의 정성과 지지와 협조와 동참이 깊숙이 새겨져 있습니다.

셋째, 모든 영예는 과거의 노력에 대한 인정인 동시에 미래의 노력에 대한 주문입니다. 향후 저는 예전과 다름없이 꾸준히 노력할 것입니다.

　마지막으로 저를 위해 오늘의 이 기회를 공유하러 오신 모든 분들에게 진심으로 다시 한 번 감사드립니다.

2019 조선족 어린이 낭독대회에서의 환영사

2019년 11월 3일

존경하는 귀빈 여러분,

존경하는 심사위원님들,

존경하는 선생님들, 학부모님들과 기타 참석자 여러분,

그리고 각 학급에서 선발되어 온 귀여운 어린이들,

저는 화동조선족주말학교를 대표하여 여러분에게 열렬한 환영의 인사를 드립니다. 이번은 세 번째 낭독대회입니다. 지난 두 번의 경험은 낭독대회가 이 지역 조선족 어린이들의 우리말 공부에 크게 도움 된다는 것을 보여주었습니다. 특히 우리말 사용 기회가 별로 없는 어린이들에게 낭독대회는 보귀한 학습의 기회, 표현의 기회입니다.

애들은 어릴 때 자기자랑도 해보고 뽐내기도 할 기회가 있어야 합니다. 그래야 신심도 커지고 심정도 유쾌하고 공부도 잘 됩니다. 낭독대회는 바로 이러한 기회입니다.

유아반 어린이들도 자기를 나타낼 기회가 있었으면 좋겠다는 제안이 있어 내년에는 유아반 낭송대회도 개최하려고 합니다.

우리가 사는 이 지역, 즉 호·소·절은 중국에서 경제와 문화가 제일 발달한 지역입니다. 하지만 우리민족 어린이들은 절대로 기가 죽지말아야 합니다. 호·소·절에서 기를 펴면 전 중국에서 기를 펼 수 있습니다. 중국에서 기를 펴면 전 세계에서 기를 펼 수 있습니다.

여러분,

저희 주말학교는 설립 8주년이 되는 올에 중요한 전환기를 맞게 되었습니다. 본교를 보면 교사진의 신구교체가 활발하여 현재 18명 교사 중 임직 1년 이상인 교사는 5명이고, 12명은 교편 잡은 지가 2개월밖에 안됩니다. 본교 전체가 새로 출범한 셈입니다. 분교 교사진의 신구교체도 활발합니다. 때문에 혹시 이번 낭독대회에 여의치 못한 데가 있어도 많이 이해해 주시길 바랍니다. 내년에는 반드시 올보다 더 멋있게 될 것입니다.

여러분,

지난 10월 5일 제13회 세계한인의 날을 맞아 한국 정부에서는 저에게 국민훈장을 수여하였고 지난 10월 31일 주상하이 대한민국 총영사관에서는 유공자 포상 전수식을 갖고 총영사님이 저한테 국민훈장을 전수해 주셨습니다. 이는 결코 저 개인만의 영예가 아닙니다. 저희 주말학교 모든 교사, 학부모, 학생을 포함한 전체 구성원의 영예이고, 저희 주말학교와 함께하는 모든 분들의 영광입니다.

저는 수상소감을 발표할 때 "모든 영예는 과거의 노력에 대한 인정인 동시에 미래의 노력에 대한 주문"이라고 말하였습니다. 향후 저희들은 화동조선족주말학교가 조선족 어린이들의 우리말글 배움의 요람과 민족정체성 수호의 보루로 자리 잡도록 더욱 노력할 것입니다.

마지막으로 오늘 대회에 참가한 모든 어린이들이 좋은 성적을 따내고 모든 참석자들이 유쾌한 심정으로 봐주시기를 기대하며, 이번 대회를 후원하신 분들과 실무를 담당하여 수고하신 분들에게 진심으로 감사드립니다.

고맙습니다!

윷놀이와 우리말 회화

2019년 12월 4일

윷놀이는 한국에서 추석 연휴 기간 가장 인기있는 가정오락

2017년 한 여론 조사에 의하면 한국에서 윷놀이는 추석 연휴 기간 가장 인기있는 가정오락으로서 모든 지역별, 계층별, 직업별, 연령별, 이념성향별 조사에서 1위를 차지하였다(아래의 여론 조사 자료 참조).

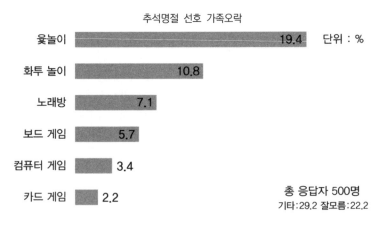

추석명절 선호 가족오락

윷놀이	19.4 단위 : %
화투 놀이	10.8
노래방	7.1
보드 게임	5.7
컴퓨터 게임	3.4
카드 게임	2.2 총 응답자 500명 기타:29.2 잘모름:22.2

(출처 : http://www.gnmaeil.com/news/articleView.html?idxno=352995.
'윷놀이' 추석 가족오락 1위, 2위 화투, 3위 노래방, 경남매일, 2017년 10월 04일.

연령별로는 윷놀이의 선호도가 40대(1위 윷놀이 25.3%, 2위 보드게임 8.3%), 20대(1위 윷놀이 22.9%, 2위 노래방 12.0%), 30대(1위 윷놀이 22.6%, 2위 화투놀이 10.9%), 60대 이상(1위 윷놀이 14.7%, 2위 노래방

5.6%), 50대(공동 1위 윷놀이 · 화투놀이 13.1%) 순으로 나타났다.

직업별로는 학생(1위 윷놀이 22.5%, 2위 노래방 20.0%), 가정주부(1위 윷놀이 21.8%, 2위 화투놀이 9.7%), 자영업(1위 윷놀이 16.0%, 2위 화투놀이 12.5%), 노동직(1위 윷놀이 15.9%, 2위 화투놀이 11.0%), 사무직(1위 윷놀이 15.8%, 2위 화투놀이 13.7%) 등 모든 직군에서 윷놀이가 가장 선호되는 것으로 조사됐다.

지역별로는 윷놀이가 대구 · 경북(1위 윷놀이 30.7%, 2위 보드게임 16.0%), 대전 · 충청 · 세종(1위 윷놀이 23.8%, 2위 화투놀이 8.0%), 서울(1위 윷놀이 19.2%, 2위 노래방 9.5%), 부산 · 경남 · 울산(1위 윷놀이 18.8%, 2위 노래방 14.9%), 경기 · 인천(1위 윷놀이 17.6%, 2위 노래 11.7%), 광주 · 전라(1위 윷놀이 12.6%, 2위 노래방 10.8%) 순으로 나타났다.

심지어 이념성향별로도 중도층(1위 윷놀이 23.3%, 2위 화투놀이 15.5%), 보수층(1위 윷놀이 21.0%, 2위 화투놀이 6.6%), 진보층(1위 윷놀이 17.8%, 2위 화투놀이 8.8%) 등 모든 이념성향군에서 윷놀이가 1위로 나타났다.

1. 윷놀이 한 판 할까? 좋아!

윷이라는 놀이도구를 사용하여 노는 일종 놀이, 한자어로는 사희(柶戲) 또는 척사희(擲柶戲)라고도 한다. 중국어에서 음역으로 尤茨라고도 한다.

유래 : 여러 가지 설이 있어 확인되지 않는다. 삼국시대 또는 고려에서 전래되었다는 설이 있지만 부여에서 유래하였다는 설이 가장 유력하다고 평가된다. 부여 제가(저가(猪加), 구가(狗加), 우가(牛加), 마가

(马加)와 윷패(도, 개, 윷, 모)가 일치하다는 것이 주 이유이다.

특징 : 윷놀이 노는 시기는 주로 정월 초하루에서 대보름까지고, 남녀노소 누구나 함께 놀 수 있다. 현재는 시기의 제한 없이 아무때나 자유로이 즐긴다. 윷놀이가 농사 풍년을 점치기 위해 행해졌다는 설이 있는가 하면, 윷판의 29개 동그라미가 별자리를 의미한다는 설도 있다. 근년에는 한글 자모 29개(모음 10개, 자음 19개)를 적어 넣은 윷판이 생기기도 하였다.

2. 윷놀이 도구 : "이건 윷" "그건 말" "저건 판"

1) 윷가락[윷]
 가락윷(장작윷, 싸리윷) 외에도 밤윷, 팥윷, 콩윷 등이 있다.

2) 윷말[말, 띡]

출처 : 송준영. 전통놀이 속 과학.
http://www.etnews.com/20180209000324

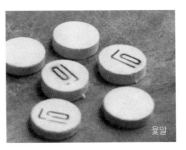

출처: 소느로
http://kek1382.blog.me/221298076137

3) 윷판[말판] : 전래의 원형 윷판 → 오늘날의 사각형 윷판

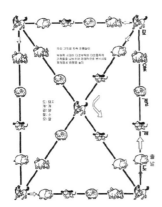

동물 윷판
출처:http://tofinderlover.tistory.com/692

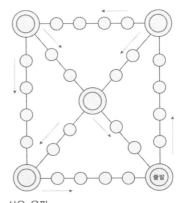

상용 윷판
출처:http://cafe.naver.com/moonlightmemory/567

3. 윷패 : 도개걸윷모

윷가락을 던져 멈춘 상태에서 윷가락이 엎어지거나 잦혀진 상태를
표시하는 용어.

"도 나와라!"
도(돝, 猪 . 豚) [1배 3등]

"개 나와라!"
개 (구, 狗 . 犬) [2배 2등]

"걸 나와라!"
걸 (양, 羯 . 羊) [3배 1등]

"윷 나와라!"
윷(소, 우, 牛) [4배 0등]

"모 나와라!"
모 (말, 마, 马) [0배 4등]

4. 윷말의 속도 : "한 칸" "두 칸" "세 칸" "네 칸" "다섯 칸"

도 : 한 칸 앞으로!

개 : 두 칸 앞으로!

걸 : 세 칸 앞으로!

윷 : 네 칸 앞으로! 한 번 더!

모 : 다섯 칸 앞으로! 한 번 더!

도 〈 개 〈 걸 〈 윷 〈 모

돼지 〈 개 〈 양 〈 소 〈 말

"한 칸 앞으로" 가는 것을 "한 발 앞으로" 간다고도 말한다. "한 칸", "두 칸"이라 하지 않고 "한 발", "두 발"이라 할 수도 있다. 윷이나 모가 나오면 윷가락을 다시 한 번 던진다.

5. 말 잡기/말 업기 : "잡자!" "업자!"

말 잡기 : "이거 잡아!"

윷을 던져 나온 패에 따라 말을 움직일 때 도착지점에 다른 편의 말이 있을 경우, 그 말을 잡을 수 있다. 잡힌 말은 처음부터 다시 출발해야 한다. 말을 잡으면 윷을 한 번 더 던질 수 있다. 말 잡기에서 한 번 더 던지는 것과 윷/모로 한 번 더 던지는 것은 중복되지 않는다. 즉 윷이나 모로 상대방 말을 잡았을 경우 한 번만 더 던질 수 있다.

말 업기 : "업자!" "업히자!"

자기편의 말이 이미 놓여 있는 말밭에 같은 편의 다른 말이 도착하면 전자가 후자를 '업는다'고 하고 후자가 전자에 '업힌다'고 한다. 겹쳐진 말은 한꺼번에 움직이게 되고 또한 한꺼번에 잡히게도 된다. '살아도 함께, 죽어도 함께!'

6. 편(팀) 구성 : "나랑 한 편 할래?" "좋아!"

남녀노소가 다 즐길 수 있는 놀이이고 참여자 개인의 나이나 지식,

경륜 등이 윷패에 별로 영향을 주지않기 때문에 윷놀이에서 편(팀) 구성은 아주 다양하게 할 수 있다. 경우에 따라 모종 기준으로 참여자들을 두 편으로 나누면 된다.

7. 윷놀이 시작 : "모 나와라!"

윷놀이에서는 편별로 윷을 던지는 선후 차례가 승부에 별로 영향 주지 않는다. 윷을 던져서 선후 차례를 정하고 두 편이 한 사람씩 건너 둘러 앉아 놀이를 시작한다. 시계 바늘이 도는 반대 방향 순으로 편별로 번갈아 윷을 던지고 윷패에 따라 말을 놓거나 전진케 한다.

8. 윷놀이 승부 : "이겼다, 이겼어." "졌다, 졌어."

편(팀)을 단위로 평균으로 나누어 가진 말(통상 4개)이 모두 입구(入口)에서 출발하여 다양한 경로를 거쳐 참먹이 [出口]를 먼저 빠져나가도록 한 편이 이긴다. 승부를 결정하는 요인은 윷던지기 기교, 윷말 쓰기 전략, 그리고 운이다.

9. 윷패의 확률 :

윷가락의 단면이 반원이고 배와 등이 나타날 확률이 같다고 하면 각 윷패가 나올 확률은

$$개(6/16) 〉 걸(4/16) = 도(4/16) 〉 윷(1/16) = 모(1/16)$$

이다. 그러나 실제 윷가락의 단면은 반원을 약간 넘는 형태이고 물리학적 요인도 고려할 경우 배가 나올 비율이 60%, 등이 나올 비율이

40%라면 각 윷패가 나올 확률은

걸(0.3456) = 개(0.3456) 〉 도(0.1536) 〉 윷(0.1296) 〉 모(0.0256)

가 된다. 하지만 배가 나올 비율이 61. 5%만 돼도 각 윷패가 나올 확률은

걸 〉 개 〉 윷 〉 도 〉 모

의 순이 된다. 그리고 윷패의 확률은 윷 모양, 던지는 동작, "마당" 등과도 관련된다.

10. 윷놀이의 매력 : "뒷도 나와라!"

윷놀이는 놀기 쉽다는 장점이 있다. 3살부터 놀 수 있다 하니 거의 모든 사람이 함께 놀 수 있는 유희다. 하지만 더욱 중요한 것은 재미있다는 데에 있다. 윷 네 개, 말 네 개지만 각 윷패의 확률이 다르고, 말 잡기ㆍ말 업기가 있어 도중에서 어떤 일이 발생할지 예측하기 어렵고, 팔방돌이 하면 21칸이나 가야 하지만 지름길로 가면 12칸밖에 안 되는(아랫그림 참조) 등 정세가 엎치락뒤치락하여 긴박감이 이어지고, 승부가 최종 갈라지기 전까지 반전의 기회가 사라지지 않는다. 특히 각 윷패가 나올 확률의 크기와는 상관없이 확률이 작은 "사건"의 발생은 시간적으로는 아무런 순서도 없기 때문에 말 넷이 다 잡혀 "이젠 다 졌다"고 실망하고 있을 때에도 "모 5회, 걸 1회"가 나와 완승할 가능성이 있다. 그 어떤 경우에도 "포기하지 말라"는 것은 윷놀이가 가르쳐주는 인생철학이다.

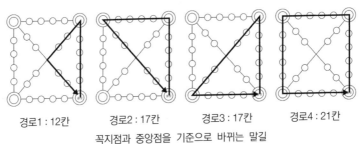

경로1 : 12칸   경로2 : 17칸   경로3 : 17칸   경로4 : 21칸

꼭지점과 중앙점을 기준으로 바뀌는 말길

"뒷도"(아랫그림 참조)를 설정한 후 우연성에 의한 윷놀이의 매력은 더욱 커져서 도 자리에 있는 말이 한 칸 후퇴하여 참먹이로 옮길 것을 기대하면서 "뒷도, 뒷도!" 하는 고함소리는 요행을 바라는 심성의 표출 이라기보다는 마지막까지 포기하지 않는 끈기를 보여 준다고 할 수 있 겠다. 윷놀이에는 우리민족의 이러한 "모습"과 "심성"이 고스란히 담겨 져 있다. 결국 언제 어디서나 웃음소리가 그치지 않는 것이 윷놀이다.

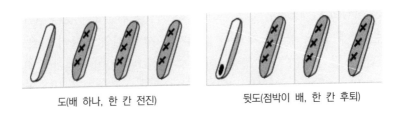

도(배 하나, 한 칸 전진)   뒷도(점박이 배, 한 칸 후퇴)

11. 윷놀이와 어린이들의 우리말 학습

윷놀이는 우리민족의 중요한 문화유산이다. 한글 주말학교에서 어 린이들에게 윷놀이를 가르치고 놀게 하는 것은 우선 윷놀이를 전통 문화의 내용으로 전승하려는 것이다. 위에서 이미 보다시피 윷놀이는 한국 가정오락으로는 아직도 가장 선호되지만 오늘날 중국 조선족 사

회에서 윷놀이를 노는 인구는 점점 줄고 있으며, 현재 제대로 놀 줄 아는 사람도 별로 많지 않은 것 같다. 때문에 주말학교 어린이들에게 윷놀이를 가르치는 것은 중요한 의미가 있다고 할 수 있다. 왜냐하면 우선 그들의 부모들도 함께 배우게 되기 때문이다.

우리 주말학교에서 초창기부터 윷놀이를 중요시하는 데에는 또 하나의 이유가 있다. 즉 윷놀이를 어린이들의 우리말 학습에 이용하려는 것이다. 김중만 교수의 한글 윷놀이판의 제작은 말판에 한글 자모를 넣어 말밭을 표기함으로써 어린이들이 윷놀이를 하면서 한글 자모를 접하고 우리글을 알게 하려는 하나의 시도임에 틀림없다.

[한글자모윷놀이판]

김중만 한국 원광대학교 명예교수가 만든 원형 한글윷놀이판을 참조해 필자가 만들어 본 것임.
참조 : 김동욱, "윷놀이 하다 보면 저절로 한글 깨우치죠",
http://www.segye.com/newsView/20160610002944

하지만 윷놀이를 우리 주말학교 어린이들의 우리말 학습에 이용함에 있어서 더욱 중요한 것은 윷놀이를 통해 어린이들의 말하기 능력을 높이려는 것이다. 주지하다시피 우리학교 대다수 어린이들은 우리말을 하지 못한다. 그들이 우리학교에서 한글을 배우면서 하는 "우리말 대화"는 주로 교사나 학부모의 물음에 답하는 것이다. 그들은 아직 물음을 한국어로 제출하지 못한다(않는다). 또한 "문답" 방식 외의 대화는 거의 불가능하다. 사실상 어린이들의 말하기 능력을 높임에서 가장 중요한 것은 어린이들끼리의 대등한 대화가 이뤄지도록 노력하는 것이다. 여기에 여러 가지 방안이 있으리라 생각되지만 어린이들을 조직하여 함께 유희를 노는 것이 아주 좋은 방안이라 생각된다. 각종 유희 중 윷놀이가 좋겠다고 글쓴이는 오래 전부터 생각하여 왔고, 우리학교 초창기에 손수 윷가락, 윷판, 윷말을 만들어 가지고 다니면서 교사, 학부모, 학생들에게 윷놀이를 가르치기도 하였다. 윷놀이에서 어린이들은 자기가 하고 싶은 말을 주동적으로 할 수 있을 것이다. 아직 성공한 실례가 없어 뭐라 말하기가 힘들지만 일부 학급에서 시도해 보기 바란다.

12. 윷놀이가 우리말 대화의 장이 되게 하려면

윷놀이를 통한 우리말 대화 능력 향상이 성공하려면 첫째, 어린이들이 윷놀이를 즐겨야 하고, 둘째, 윷놀이 과정에서 어린이들이 우리말만 사용하도록 해야 한다. 윷놀이는 거의 모든 어린이들이 즐기는 유희이므로 우리학교 어린이들도 즐기리라 생각한다. 그럼 어떻게 해야 윷놀이 할 때 어린이들이 우리말만 사용하도록 하겠는가?

  1) 교사가 윷놀이에 대하여 적어도 이 글에서 소개한 정도의 지식과 이해가 있어야 한다. 알아야 가르칠 수 있다. 윷놀이 관련 지식을 배워야 하는데 그 중에는 윷놀이 관련 한국어 용어도 포함된다.

그리고 어린이들에게 윷놀이를 가르치려는 교사들은 직접 놀아도 봐야 한다.

2) 어린이들(+학부모들)이 모든 윷패의 한국어 명칭을 알도록 해야한다. "3배 1등"의 윷가락들을 보면 자연스레 "걸"이라 하고, "2배 2등"의 윷가락들을 보면 서슴없이 "개"라 할 정도여야 한다. 한국어로 "도개걸윷모"를 잘 구별하지 못하는 어린이들을 데리고 윷놀이하는 것은 금물이다. 왜냐하면 그들은 중국어로 뭐라 호칭할 수 있기 때문이다. 윷을 던지면서 도개걸윷모을 식별하고 말하는 연습을 충분히 해야 한다.

3) 어린이들(+학부모들)이 각 윷패에 의해 윷말이 가는 칸수 및 관련 숫자를 셀 줄 알아야 한다. 우선, 도는 한 칸, 개는 두 칸, 걸은 세 칸, 윷은 네 칸, 모는 다섯 칸 간다는 것을 기억하도록 해야한다. 다음으로, 우리 고유어로 하나부터 둘, 셋, 넷, 다섯, 여섯, 일곱, 여덟, 아홉, 열까지 셀 수 있도록 해야 한다. 그렇지 않으면 어린이들(+학부모들)은 중국어로 "一步, 两步, 三步, ……"라 하면서 놀게 된다. 한국어 대화를 가르치려는 윷놀이가 "헛놀이"가 되고 만다. 말로만이 아니라 윷판에서 윷말을 옮기면서 칸수와 셈을 가르쳐야 한다.

4) "차례", "먼저", "다음", "앞으로", "시작하다", "던지다", "엎어지다", "잦혀지다", "추격하다", "잡다", "업다", "전진하다", "지다", "이기다" 등 낱말과 용어를 어린이들(+학부모들)에게 실물과 실제 동작을 보여주면서 가르치고 그들의 인지 정도를 체크하여야 한다.

5) 어린이들(+학부모들)이 위의 3가지 내용(2~4항)을 알게 되면 윷놀이를 시작할 수 있다. 한 조에 4명, 두 편으로 나누면 한 편에 2명씩이다. 처음에는 어린이들이 윷말을 쓸 줄 모르기 때문에 학부모가 써 주거나 지도해 주어야 한다. 윷말은 그것이 가 있어야

할 자리에 직접 갖다 놓는 것이 아니라 도자리부터 시작하여 "도, 개, 걸, 윷, 모"라 말하면서 멈춰야 할 자리에 갖다 놓아야 한다. 예를 들어 윷을 던져 "걸"이 나오면 직접 "걸" 자리에 윷말을 갖다 놓는 것이 아니라 "도, 개, 걸"이라 말하면서 걸자리에 갖다 놓아야 한다.

6) 학부모는 윷말을 쓰는 과정에서 어린이들의 한글 수준에 맞는 말을 하면서 어린이들끼리 말을 많이 하도록 유도하여야 한다. "윷말 쓰기"도 가르쳐 언젠가는 어린이들이 자체로 윷말을 쓸 수 있도록 하여야 한다. 이렇게 윷놀이 전 과정에서 우리말만 하면서 즐기게 된다면 어린이들의 우리말 대화 수준은 비약적인 진보가 있게 될 것이다. 교사는 어린이들의 수준 향상에 맞추어 합당한 낱말과 용어를 수시로 추가하여야 한다. "시작이 반"이라는 말이 있다. 우리는 어린이들이 우리말로 대화를 하게 되는 돌파구를 찾아야 한다.

7) 윷놀이를 통한 우리말하기 능력 양성은 어린이들이 윷놀이란 전통 민속놀이를 즐기면서 자기들끼리의 우리말 대화 구조를 형성하여 각자 주동적인 대화 욕구의 자연발생적 생성과 자주적 실현에 이르는 것이다.

[참고문헌]

1. 윷놀이, 한국민족문화대백과.
https://terms.naver.com/entry.nhn?docId=540548&cid=46670&categoryId=46670
2. 윷놀이, 한국민속대백과사전
https://terms.naver.com/entry.nhn?docId=1010826&cid=50221&categoryId=50230
3. 윷놀이-나무위키. https://namu.wiki/w/윷놀이
4. 윷놀이-위키백과. https://ko.wikipedia.org/wiki/윷놀이
5. 얼쑤(秀) 대한민국 윷놀이 한마당. https://cafe.naver.com/cultureportal/1736

▷ 인터넷에서 윷놀이에 관한 자료를 쉽게 찾을 수 있다. 위에 몇 개 열거한다. 이 글에서 필자는 윷놀이 관련 기초지식을 소개하였다. 도움이 되기 바란다. 그런데 일부 자료는 그 출처를 알 수 없게 되었고 이미 밝힌 "출처"도 일부는 진정한 출처가 아니라 필자가 거기에서 읽어봤다는 것을 표기한 것일 뿐임을 밝혀둔다. 윷놀이를 배우려는 분들에게 중요한 것은 직접 놀아보는 것이다. 그리고 필자는 이 글의 마지막 두 부분에서 제기한 방안이 일부 학급들에서 시험적으로 전개되기를 바란다. -2018년 7월 19일, 필자

〈두 가지 설명〉

① 이 글은 '2018 화동조선족주말학교 교사연수회 자료집'(36 - 50 쪽)에 실린 것이다. 단, '부록 윷놀이 규칙'은 '2019 화동조선족주말학교 학부모회장 연수회 자료집'(37 - 50쪽)에서 추가하였다. 하지만 '윷놀이 규칙'은 각 지방마다 일부 차이가 있다는 것에 유의하기 바란다.

② 필자는 2011년 우리 주말학교 초창기부터 윷놀이의 우리말 공부에서의 중요성을 강조하여 왔다. 당시 필자는 윷가락을 손수 만들어 갖고 다니면서 윷놀이를 보급시키려 하였지만 성공하지 못하였다. 필자가 윷놀이에 집착하는 원인의 하나는 어린이들이 우리말하기를 배우려면 어린이들끼리의 대화가 필수적이라는 이해가 있기 때문이다. 필자는 지금도 이러한 생각을 버리지 않고 있다. 말하기를 배우는 것은 단순한 "물음(교사, 어른)→대답(어린이)" 과정이 아니라 화자 쌍방의 "물음 - 대답" 과정이 필요되는 것이다. 윷놀이는 우리민족 전통민속놀이 중 이에 가장 적합한 유희라고 생각된다. 물론 문화적인 측면에서 필자는 윷놀이는 우리민족 다수인의 심리 정서에 아주(혹은 가장?) 잘 어울리는 유희라고 생각한다.

[부록]
윷놀이 규칙

1) 깔개의 크기

① 바닥의 깔개(윷가락을 던지는 자리)는 1.5미터×1.5미터 크기의 멍석으로 한다.

② 단, 현지 사정에 따라 깔개 규격이나 재질은 주최 측에서 통일하여 정할 수 있다.

2) 선잡기

① 선잡기(먼저 하기, 쟁두)는 각 편의 주장이 윷가락 두 개씩을 가지고 던져서 나온 모, 윷, 도의 끗수 순서대로 이긴 편이 먼저 던질지 나중에 던질지를 정한다.

② 끗수 높은 편을 홍, 낮은 편을 청이라 한다.

③ 선잡기의 두 가락 끗수는 모→윷→도의 순서로 한다.

3) 윷가락 던지는 요령

① 가락윷의 경우에 선수는 깔개자리로부터 1미터 - 1.5미터 이상의 거리만큼 떨어져 깔개 안으로 윷가락을 던진다.

② 던질 때는 무릎 앉은 자세에서, 윷가락을 던지는 선수 머리위 높이로 던져야 한다.

③ 굴리거나 그대로 놓는 경우 인정하지 않는다.

④ 이를 1회 어길 시에는 주의를 주고, 2회 어길 시에는 무효처리 한다.

⑤ 던진 윷가락이 하나라도 깔개를 벗어나면 낙(아웃)으로 분류되어 무효처리 되지만 다시 한 번 던질 수 있다.

4) 윷의 판정

① 윷가락이 어떤 물체에도 걸려있지 않은 상태에서 홀로 옆으로 열려있으면 젖혀진 것으로 간주한다.

② 만일 윷가락이 다른 물체에 걸려있는 경우에는 걸린 상대물을 그대로 빼내거나 치워서 윷가락이 떨어지는 대로 정한다.

③ 그래도 판단하기가 애매하다면 그 윷가락만 다시 던져 정하거나, 심판에게 알려서 심판이 판정하게 한다. 이렇게 된 경우 절대적으로 심판의 결정에 복종해야 한다.

5) 윷가락 분실

경기 도중 고의로 윷가락을 분실하거나 부러뜨리면 심판이 몰수 패를 선언할 수 있다.

6) 뒷도 인정

뒷도(물림도, 뒷도, 백도)는 앞방향이 아닌 다른 모든 방향으로 인정된다.

7) 예외 규정

윷가락이 한 개 이상 수직방향으로 선 경우에는 다른 윷가락의 모양에 관계없이 그 판을 모로 간주한다.

8) 승패의 결정

① 예선전과 본선 8강전까지는 단판 승으로, 본선 4강전부터 3판 양승제로 한다.

② 경기는 예선전, 본선 64강전, 32강전, 16강전, 8강전, 4강전, 결승전이라 칭한다.

③ 본선 64강전에서 패한 팀끼리 패자부활전을 할 수 있다.

2019 화동조선족주말학교
학부모회장 연수회에서의 환영사

2019년 12월 8일

존경하는 귀빈 여러분,

존경하는 학부모회장 여러분,

존경하는 교사 및 분교장 여러분,

우선 여러분의 오늘 연수회 참여를 열렬히 환영합니다!

역동적인 시대, 급변하는 환경 속에서 우리민족 전통문화와 우리말글은 여러 가지 도전에 직면하고 있습니다. 우리민족의 일상에서 전통문화는 점차 소원화되고 있으며 우리말글은 그 무대가 날로 왜소화되고 있습니다. 기성세대가 이렇다면 신생세대는 아예 수천 년 전통에서 완전히 유리되고 있습니다.

대안은 없는가? 있습니다. 교육입니다. 전통문화와 우리말글 교육입니다. 2011년 9월 17일에 출범한 복단구시연수학원 조선어반은 하나의 대안입니다. 한두 개 학급으로 시작된 저희 주말학교는 이제 50여 개 학급으로 성장하여 호소절(滬蘇浙 : 상하이, 강소성, 절강성) 방방곡곡에서 샛별처럼 반짝거립니다.

우리가 걸어온 지난 8년간 여정은 결코 평탄하지 않았습니다. 교사들의 헌신적인 노력, 학부모들의 열정적인 협력과 어린이들의 주인공다운 참여, 그리고 우리 민족사회 각계각층의 지지 덕분에 저희 학교는 중국 강남 지역에서 최대 규모의 조선족주말학교로 자리매김하였습니다.

호소절은 중국에서 경제·문화 수준이 제일 높은 지역으로서 삶의 경쟁이 가장 치열한 곳입니다. 강남 조선족은 치열한 경쟁에 직면하여 있습니다. 가장 중요한 것은 기의 경쟁입니다. 호소절에서 기를 펴면 전 중국에서 기를 펼 수 있고, 중국에서 기를 펴면 전 세계에서 기를 펼 수 있습니다.

학부모의 자녀 교육에서 가장 중요한 것은 바로 자녀의 기를 함양하는 것입니다. 자녀들이 남보다 시험 점수를 좀 높게 맞거나 상을 좀 더 많이 타거나 하는 것보다 그들이 그 어떤 때, 그 어디서나 기를 펴고 사고하며 행동하며 경쟁하며 개척할 수 있도록 교육하는 것이 무엇보다 중요합니다.

호소절에서 우리민족의 기를 살리는데 가장 유효한 무기는 우리민족 전통문화와 우리말글입니다. 우리민족이 호소절 발전에 공헌할 수 있는 가장 보귀한 선물은 역시 우리민족 전통문화와 우리말글입니다. 민족발전과 지역발전의 상호작용을 통한 시너지효과 및 윈윈을 기대해 보고 싶습니다.

저희 학교의 노력 방향은 우리민족 어린이들에 대한 교육을 통해 저희 학교가 전통문화 전승의 거점, 우리말글 배움의 요람, 민족정체성 수호의 보루로 자리 잡도록 하는 것입니다. 더욱 많은 성원을 부탁드립니다.

마지막으로 오늘 학부모회장 연수회에 참가한 학부모회장님들에게 경의를 표하며, 오늘 학부모회장 연수회를 조직하느라 수고하신 모든 선생님들에게 감사의 인사를 드리며, 그리고 바쁘신 데도 와주신 귀빈 여러분에게 깊은 사의를 표합니다.

오늘 모임이 성공하기를 기대합니다.

(이 환영사는 회의 자료집에 '머리말'로 수록되었다.)

2020년 제1회 학구장·분교장 회의(온라인) 기요

2020년 2월 22-23일 초고, 24일 완성고

1. 일   시 : 2020년 2월 22일(토요일) 오후 2:00-4:00
2. 장   소 : 참가자 소재지
3. 참가자 : 각 학구 학구장/연락인, 각 분교 분교장, 특별초청자.
다쉐청학구 오춘실, 민항학구 최지원, 쟈딩학구 전예화, 쥬팅학구
심춘실, 푸둥학구 류국화, 푸둥린강학구 이해영, 곤산분교 김금실, 상
주분교 조동휘, 소주희망분교 박해월, 태창분교 허이화, 화쵸분교 정
화옥, 닝버분교 최홍매, 소흥분교 장동진, 이우분교 서해남, 주지분교
김병진, 주지분교 황천윤, 홍보팀 정영복, 홍보팀 김화식, 도서관 김성
춘, 방미선 교수, 박창근 교장

4. 회의내용

원래는 2월 8일 개최하려던 회의다. 코로나19 때문에 온라인 방식으
로 열 수밖에 없는 상황에서 회의는 2월 22일 열리게 되었다. 본교와
분교의 참가해야 할 분들이 거의 전부 참가하였다. 원래 계획한 회의
내용은 [1] - [7]이었으나 우선 [특별내용]에 대한 토론이 있었다.

[특별내용]

코로나19로 인해 오프라인 수업이 당분간 불가능한 상황에서 저희
주말학교에서는 상해시 대·중·소학교 개학과 온라인 수업에 관한
상해시 교육위원회 규정을 참작하여 화동조선족주말학교 2020-1학
기 개학과 수업을 어떻게 할 것인가에 대하여 심도 있게 토론하였다.

학부모들의 희망과 학생들의 한글학습 수요를 종합적으로 고려하고 회의 참가자들의 의견을 아래와 같이 정리한다.

1) 개학일

저희 학교 소속 초등반과 유아반은 2020년 3월 7일(토)/8일(일) 온라인 방식으로 개학한다. 개학일 모든 학구/분교/학급에서는 코로나 19 대책 관련 내용을 학생과 학부모들에게 강조한다.

2) 수업방식

① 소재 지역 정규 학교에서 온라인 수업 하는 기간에 저희 주말학교에서도 온라인 수업을 한다.

② 휴대폰, 아이패드, 노트북, 텔레비전 등 여러 가지 수단을 이용한다.

③ 기존 학급 단위로 규정된 시간에 수업을 하되 1회 수업시간은 1시간을 초과하지 않는다. 학생 수가 너무 많은 학급(예 : 곤산 분교 일부 학급)은 팀을 나누어 수업할 수 있다.

④ 강의 자료는 강의 진도에 근거하여 담임교사가 다양한 방식으로 제작할 수 있다. 유희, 노래, 율동, 그림, 녹음, 녹화 등 방식을 이용할 수 있고, 합당한 앱을 선정하여 이용하는 것이 바람직하다. 특히 경험이 풍부한 교사들이 제작하여 위챗방 등을 통해 교류하기 바란다.

⑤ 학생들이 너무 어리기 때문에 수업 시 학부모가 함께 하기를 바란다. 전자제품 사용 시 특히 어린이들의 안전에 주의해야 한다.

⑥ 개학 초에는 뒤숭숭한 분위기를 다잡고 양호한 학습 분위기를 형성하여야 하며 복습과 진도의 관계를 잘 처리해야 한다.

⑦ 숙제는 너무 많이 내지 말아야 하며 낸 숙제는 완성 여부를 제때

에 검사하여 학습효과를 잘 파악하여야 한다.

⑧ 학생들의 시력을 보호하기 위해 휴대폰이나 아이패드 등을 보는 시간을 되도록 줄이고 휴식과 놀이, 율동 등을 교차적으로 안배해야 한다.

⑨ 소재 지역 정규 학교에서 오프라인 수업을 회복하면 저희 주말 학교에서도 오프라인 수업으로 전환한다. 온라인 수업에서 오프라인 수업으로 전환할 때 학생들의 온라인 학습 기간의 상황을 제대로 평가하고 상응한 조치를 취해야 한다.

3) 교실

오프라인 방식 수업으로의 전환을 고려하면 교실 임차 혼란이 발생할 수도 있으므로 사전에 대비하기 바란다.

4) 학비

상이한 방식이 검토되고 있다. 학부모들의 의견을 청취해야 한다.

① 예전과 같은 표준으로 받는다.(예 : 소주희망분교)

② 온라인 수업 기간에는 학비를 면제한다.(예 : 곤산분교)

③ 당분간 정하지 않고 오프라인 수업을 시작할 때 정한다.(예 : 본부)

5) 학생모집

이제부터 각 학구/분교/학급에서는 학생모집을 추진해야 한다.

회의내용 [1] - [7]

[1] 학구/분교 운영에서 제기된 문제들

시간상 관계로 아래의 5개 문제는 이번 회의에서 검토하지 못했다.

향후 위챗방 등을 통해 토론하기로 한다.

① 학구 / 분교 운영에서 제일 힘든 일은?

② 교사진의 안정 여부는?

③ 학부모들은 왜 우리말 교육이 필요하다고 생각하는가?

④ 학생들의 학습 적극성은?

⑤ 한국어 능력시험에 대한 관심은?

[2] 장기자랑

① 담당자 : 김금실, 김행성

② 장소 : 상해한국학교(연락인 : 전예화)

③ 시간 : 20200926, 오전 - 오후

④ 준비 :

- 수료증(신청 : 5월 초까지)
- 전통 체육 종목 : 투호, 제기차기, 윷놀이, 줄다리기 등
- 집체무의 조직
- 태권도 표현(상의 중)
- 다쉐청 조선족 취미운동회팀(상의 중)

[3] 교사 연수회

① 담당자 : 방미선, 최홍매

② 장소 : 닝버시

③ 시간 : 7월 31일 - 8월 2일

④ 내용 :

▸ 학교 소개(연혁, 현황, 전망) - 최지원 : 교장 - 교사 대화.

▸ 전통무용강좌 :

  - 나영은 총감 : 조선족 전통문화와 홍쿄진달래무용단

- 이화 무용교사 :흘라리, 고향의 봄
‣ 시범강의 : 초등반 석길자 교사 ; 유아반 최홍매 교사
‣ 기타 : 고려사관 참관, 닝버조선족협회 회장 등과 만남

[4] 낭송 · 낭독대회

① 담당자 : 미정

② 낭송 : 유아반 어린이들 ; 낭독 : 초등반 어린이들

③ 예선 장소 : 각 학급 소재지

④ 예선 시간 : 20200901 - 20201020

⑤ 본선 장소 : 상하이

⑥ 본선 시간 : 20201101

⑦ 관련 규정의 변경

‣ 낭송 · 낭독 내용 관련 규정 : 2020년 낭송 · 낭독대회 낭송 · 낭독 자료의 선정은 자유이지만 이번 대회에서 중복되어서는 안 된다. 선착순으로 먼저 선정하여 신청한 자가 우선권을 가진다. 그리고 지난 낭독대회에서 이미 낭독된 적이 있는 모든 자료의 낭송 · 낭독도 허용된다.

‣ 연속 참가 관련 규정 : 2020년부터는 낭송 · 낭독 대회 연속 참가에 관한 제한 규정을 모두 폐지한다. 학급내 공정한 경연에서 뽑힌 학생은 제한 없이 학교 본선 경연에 연속 참가할 수 있다. 단, 금상 수상자에 한해서는 금상을 수상한 이듬해에 연속 참가함을 제한한다.

‣ 발음표기에 관한 규정. 제1 - 3회 낭독대회 낭독단락은 전부 표준발음 표기를 하였었다. 올에는 대회 낭송 · 낭독 자료에 대한 통일적인 표준발음 표기를 하지 않고 지도교사가 직접 낭송 · 낭독 지도를 하기로 한다.

[5] **학부모 회장 연수회**

   ① 담당자 : 전예화, ○○○

   ② 장소 : 상하이

   ③ 시간 : 20201206

   ④ 강의 :

      ▸ 전철학 복단대 교수 : 우리 아이 어떻게 키울까?

      ▸ 박창근 복단대 교수 : 상해인성학교 역사

      ▸ 윷놀이 경연

[6] **여름방학 한국 방문 캠프**

   ① 담당자 : 류국화

   ② 시간 : 여름방학 (8월 24일경, 4 - 5일간)

   ③ 참가 학생 10명 정도

   ④ 캠핑 지역 : 한국 내

   ⑤ 류국화 교사가 관련 사항에 대하여 설명을 하였다. 향후 구체적인 방안을 작성하여 공표한다.

   ⑥ 학구나 분교 차원의 제안도 있기를 바란다.

[7] **2020년도 한글학교 교사 · 교장 초청연수**

2020년 7.6 - 7.13(7박 8일) 한국 재외동포재단 한글학교 교사 · 교장 한국 초청 연수가 있으니 최근 3년 이내 참가한 적이 없는 교사와 분교장들이 적극 참가하기 바란다. 관련 자료는 학교 교사 위챗방에서 보기 바란다.

회의참가자들에게 사의를 표합니다. 회의내용은 실행하면서 계속 다듬고 보완하겠습니다. 우선 코로나19를 이겨야 합니다.

[박창근 정리]

영화 "기생충" 관람 소감

2020년 3월 8일 초고, 3월 16일 수개

2020년 2월 10일 12시 26분, 나는 아래와 같은 소식을 위챗방에 띄워놓았다.

한국 영화 '기생충'이 제92회 아카데미 시상식에서 각본상, 국제장편영화상, 감독상, 더욱이 최우수 작품상을 수상하였습니다! 놀랍습니다! 대단합니다! 축하합니다!

제92회 오스카상 4관왕 봉준호(20200210)

'기생충'은 한국 100년 영화사에서 가장 빛나는 성과를 자랑하고 있다.

한국영화 역대 매출액 1위를 달성했으며 한국 영화사 최초로 칸 영화제 황금종려상, 골든 글로브 외국어 영화상, 두 번째 영국 아카데미 외국어 영화상, 각본상 수상작, 비영어 영화 최초 SAG 미국 배우조합상 앙상블상, 그리고 제92회 아카데미 시상식 작품상, 감독상, 각본상, 국제 영화상 수상의 위업을 달성한 기념비적인 작품이다.

https://namu.wiki/w/기생충(영화),20200216

그런데 이 영화를 본 적지 않은 사람들은 '왜 이 영화가 이렇게 유명한 상들을 수상할 수 있었는가?'에 대하여 의아해 하고 있다. 봉준호 감독도 작품상 수상 등은 완전히 뜻밖이라고 생각한 것 같다. 그럼에도 이 영화의 예술성, 오락성 등은 크게 성공한 것으로 평가되고 있다. 봉준호 본인은 "이 영화는 악인이 없으면서도 비극이고, 광대가 없는데도 희극이다."라고 자평하였다. 엄숙한 주제를 다루었는데도 재미있게 봤다는 것은 많은 관객들의 평가이다. '봉테일'(봉준호+디테일')이란 별명이 의미하는 것처럼 봉준호 감독의 꼼꼼함은 영화 '기생충' 중 기택의 '너는 다 계획이 있구나'란 명대사가 봉준호 감독에게서는 '나는 다 계획이 있어'라고 바뀌게 된다는 데서 절실히 나타난다고 할 수 있겠다.

하지만 이 영화의 내용을 어떻게 이해하겠는가 하는 것은 별로 수월하지 않은 것 같다. 여기에 영화를 전혀 모르는, 그리고 영화를 거의 보지 않는 관객의 신분에서 내가 느낀 바를 몇 마디 적어놓는다.

1. 오랜만에 본 영화

나는 어려서부터 영화 보기를 좋아하지 않았다. 6남매 중 아마도 영화를 제일 적게 봤을 것이다. 나는 모든 사람의 삶이 영화와 별 차이가 없다고 생각하여 영화 보기를 꺼렸던 것 같다. 나이가 많아짐에 따라 본 영화가 더욱 적어졌다. 이제는 '기생충'을 보기 전 제일 마지막으로 무슨 영화를 언제 봤는지도 기억나지 않는다.

작년에 '기생충'이 칸 영화제에서 황금종려상을 수상했을 때만 하여도 반드시 봐야 되겠다는 충동을 느끼지 못했다. 왜냐하면 빈부격차에 대한 담론은 너무나 흔한 것이기 때문이었다. 하지만 지난 2월 10일 아카데미 수상식에서 '기생충'이 오스카상 4관왕이 되는 것을 보니 봐야겠다고 생각하게 되었고 결국 1.5번 보았다.

엄숙한 주제의 영화를 재미있게 볼 수 있었다는 데서 봉준호 감독의 성공을 크게 축하하고 싶다. 하지만 세계 제일의 영화로 평가 받아 전 세계를 들썩케 하는 영화가 이렇게 간단한 이야기 줄거리에 출연인물도 이렇게 적고 내용도 간단하여 한 번 보면 내용상에서는 더 보고 싶지 않을 정도여서 "아~, 이러면 세계영화 제일이 되는구나!"하는 느낌을 받았다.

이렇게 평가하면서 그 중요한 원인은 내가 영화를 모르기 때문이라 생각하기도 한다. 술맛을 모르는 사람이 좋은 술을 마시고도 좋은 술인 줄 모르는 것과 같다. '둘째 며느리 맞아보아야 맏며느리 착한 줄 안다'는 속담도 있지 않은가.

2. 세계 명작

한 영화가 높은 평가를 받으려면 예술적인 측면과 내용적인 측면에서 모두 높은 평가를 받아야 할 것이다. '기생충'을 전 세계 영화인들이 높이 평가하는 것을 보면 그 예술성이 대단하다는 것을 보여준다.(아랫그림 참조)

한국 영화계의 기적 : 봉준호
http://news.mk.co.kr/v2/economy/view.php?year=2020&no=207564

동시에 내용상에서도 영화인들의 높은 평가를 받는다는 것을 알 수 있다. 특히 보통 관중이 그렇게 많다는 것은 내용상에서도 전 세계적

범위에서 넓은 공감대를 형성한다는 것을 보여준다. 즉 봉준호 감독이 이 영화를 통해 보여주려는 주제가 세계적인 범위에서 중요시되는 주제라는 것을 알 수 있다. 나는 그것이 단순히 빈부격차의 폭로에 그치지 않고 '빈부격차+α'에서의 α가 매우 중요한 역할을 했다고 생각한다.

3. 봉준호 감독의 가정 배경

봉준호는 1969년 대구광역시 한 지식인 가정에서 출생했다. 아버지 봉상균(1932 - 2017)은 영남대 미대 교수, 국립영화제작소 미술실장, 한국 1세대 그래픽 디자이너로서 한국디자인트렌드학회 이사장 등을 역임하였다. 어머니 박소영은 소설가 박태원의 둘째 딸이고, 형 봉준수는 서울대 영문과 교수이고, 누나 봉지희는 대학 교수로서 패션디자이너, 아내는 시나리오 작가 정선영, 아들 봉효민은 영화감독이다.

박태원(1909 - 1986)   봉상균(1932 - 2017)   봉준호(1969년~현재)

봉준호 감독의 외할아버지 박태원(1909 - 1986)은 유명한 소설가로서 1930년대 대표적인 모더니스트 작가로 평가된다. 박태원은 6 · 25 전쟁 중 가족은 남에 남겨 놓고 홀로 월북하였는데 그의 북한에서의 생활을 설명하는 데는 대학 교수, 남노당 숙청, 강제노동, 병환, 작가 등 용어가 사용된다. 그의 가장 유명한 소설은 1987년에 완간한 『갑오농민전쟁』(3부작)이다.

봉준호의 누나 봉지희에 의하면 어린 시절 봉준호는 '조용하고, 말수가 없었고, 느렸고, 공부는 굉장히 잘하고, 리더십도 있었지만, 특별히 끼가 있다거나 튀지는 않았다'고 한다. 그는 다양한 책을 읽기 좋아하고 그림, 문학, 영화, 음악은 다 좋아했다 한다. 때문에 봉준호 감독은 영화 각본을 직접 쓸 뿐만 아니라 스토리보드도 직접 만든다고 한다. 봉준호 감독은 천재적인 영화인으로 평가되고 있다.

12살 때부터 영화감독을 꿈꾼 봉준호 감독에 대하여 부모들은 하고 싶은 것은 다 해 보라고 격려하였다 한다. 그는 자신에 대한 아버지의 영향은 많았다고 인정하지만 북한에 간 외할아버지 박태원 작가의 영향에 대해서는 별로 언급하지 않는다.

봉준호 감독은 '민주노동당' 당원이었다고 한다. 하지만 현재 '정의당' 당원은 아니라고 한다. 그의 정치 성향에 대한 논쟁이 있는 것 같지만 그가 '좌파 영화인', '진보 영화인'인 것은 사실인 것 같다. 때문에 이명박 - 박근혜 정부시기에 '블랙리스트'에 오르기도 했다 한다. 하지만 봉준호 감독은 '박찬욱 감독과 나는 그 블랙리스트에 올랐지만, 사실 영향을 크게 받지 않았다.'고 말하였다.

4. 한국 사회의 빈부격차

봉준호 감독은 '기생충'을 통해 한국 사회의 빈부격차를 생동하게 보여주었다. 흔히 한국사회의 빈부격차는 1960년대부터 1980년대까지의 산업화 과정에서 형성되고 극단화된 것으로 평가된다. 또한 '양극화'란 말로 형용되는 것처럼 빈부격차가 대단히 큰 것으로 평가된다.

세계적으로 볼 때 한국의 빈부격차는 '세계 제일'인가? 1960년대부터 1980년대 기간의 한국 산업화 과정을 살펴본다면 사실상 당시 한국 사회의 빈부격차는 세계상의 수많은 국가들과 비교하면 별로 크지 않았다고 평가된다. 세계상에는 현재도 한국보다 빈부격차가 훨씬 엄중한 국가들이 아주 많다. 세계상에는 한국의 부자들보다 더 부유한 부자들이 너무 많고, 또한 한국의 빈자들보다 더 빈궁한 빈자들이 너무 많다. 때문에 한국 사회는 세계적으로 빈부격차가 가장 엄중한 사회로 평가되지는 않는다.

그리고 역사적으로 현재의 한국이 역사상의 한국보다 빈부격차가 더 큰 것도 아니라고 생각된다. 현재의 빈자들의 생활이 옛날 한국 농업사회의 머슴이나 '간도 소설'에 나오는 '간도 조선 농민들'보다 더 빈곤하다고 일괄적으로 말할 수는 없는 것 같다.(해방전 중국 조선족(인) 농민들의 빈곤상을 아는 지금의 젊은이들은 별로 없을 것이다.)

한국 사회에서 빈부격차가 과대평가되는 원인 중에는 1980년대 한국에 도입된 사이비 '사회주의이론'과 북한의 봉건적 사회주의 체제에 대한 '오해' 및 한국 전통사회의 '평등의식'이 서로 결합되어 외국과의 구체적 비교가 결여된 상황에서 한국사회의 빈부격차를 정 피드백적으로 확대 해석한 측면도 있는 것 같다.

5. '전통 이론'에 대한 반발?

정치상에서 진보성향을 띤 봉준호 감독이 '기생충'에서 보여준 '견해'는 한국 다수 좌파 정치인들과는 일치하지 않음을 알 수 있다. 그가 이전의 영화들에서 어떠한 가치관이나 입장을 보여주었는지는 모르겠지만 '기생충'을 통해서는 그가 여러 가지 "전통 이론"에 대하여 자기 나름의 주장을 하고 있음을 알 수 있다.

1) '부자=유능력자, 빈자=무능력자'인가?

1960 - 1980년대 한국 산업화 과정에서 시발점이 같았던 수많은 사람들이 분화되어 일부는 부자가 되고 일부는 빈자가 되었다. 결국 부자는 유능력자로, 빈자는 무능력자로 평가된다.

영화 '기생충'의 한 장면 : 반지하에서 사는 기택 일가 4인

그러나 '기생충'에서 부자인 박 사장은 유능력자이겠지만 빈자들은 결코 무능력자가 아니다. 기택뿐만 아니라 충숙, 기우, 기정이는 무능력자가 아니다. 때문에 기택 일가의 빈곤은 능력 유무와는 상관없는 다른 모종 원인이 있어야 한다. 이는 부자가 되려면 능력만 있어서는 되는 것이 아니며, 아무리 능력이 있어도 다른 여건이 구비되지 않으면 부자가 될 수 없고 빈자가 될 수도 있음을 보여준다.

기택 일가 네 사람이 박 사장네 집에서 일을 하면서 그들은 자기의 능력을 발휘하게 되었고 그대로 나아간다면 어느 정도 재부도 축적하게 되었을 것이다. 따라서 빈자로서의 사회적 지위를 어느 정도 높일 수도 있었을 것 같다. 인간이 갖고 있는 능력 자체는 재부가 아니다. 그것이 재부로 전환하려면 일정한 여건이 구비되어야 한다. 혹시 여기서도 '기회는 평등하고 과정은 공정하고 결과는 정의로울 것'이라는 것이 답안이었을까.

영화 '기생충'의 한 장면 : 박 사장네 집에서의 기택 일가

2)' 부자=부지런한 사람, 빈자=게으른 사람'인가?

한국 산업화 과정에서 형성된 또 하나의 철의 법칙은 '부지런하면 부자가 되고 게으르면 빈자가 된다'는 것이다. 그 역동적인 30년을 지나면서 한국인들은 가난한 사람들의 가난함을 '남들이 열심히 일을 하여 부자가 될 때 당신을 뭘 하였소?'라는 말로 비꼬았다. 도리가 전혀 없는 것은 아니었다.

그러나 현실 사회에서 부지런하면 반드시 부자가 될 수 있고 빈자는 모두 게을러서 빈자인가? '기생충'을 보면 박 사장이 부자가 된 것은 부지런히 일한 결과라고 할 수 있다 하더라도 기택 일가 4인은 결코 게으른 사람이 아니라는 것은 그들의 박 사장네 집에서의 노동 태도에서 알 수 있다. 그들은 자기가 맡은 일을 다 잘 하였다.

이는 근면함도 부자가 되는 하나의 필요조건이지만 충분조건은 아님을 보여준다. 그리고 빈자가 빈자인 것도 게을러서만인 것은 아니라는 것을 설명한다.

결국 '부자=유능력자, 빈자=무능력자', '부자=부지런한 사람, 빈자=게으른 사람'이란 공식은 부자의 논리, 이른바 성공자의 논리임을 알 수 있다. '기생충'은 한국 사회에서 보편화된 적이 있던 이러한 논리의 보편성을 인정하지 않는다.

　결국 빈부격차의 존재는 알지만 그 원인은 알지 못한다. '기생충'도 그 원인은 밝혀주지 못하고 있다. '기생충'에 실려있는 이야기만 본다면 부자와 빈자는 순수한 우연성의 산물이다. 마치 윷놀이에서 어느 한 시각에 모가 나오냐 도가 나오냐가 완전히 우연적인 것처럼 한 인간은 오늘은 부자이지만 내일은 빈자가 될 수 있고, 오늘은 빈자이지만 내일은 부자가 될 수 있는 것이다. 모나 도가 나올 확률에 대한 토론도 있지만 한 개인을 놓고 말하면 모나 도가 나올 확률과 모나 도가 나올 시간 순서는 상관없기 때문에 각 순간에는 모든 가능성이 다 열려있다고 할 수 있다.

윷놀이 : 모냐 도냐? 부자냐 빈자냐?

3) '부자=악인, 빈자=선인'인가?

부자와 빈자의 관계는 생활수준의 차이에 그치지 않고 도덕성과도 관련되게 묘사되어 흔히 '부자=악인, 빈자=선인'이란 등식으로 간소화된다. '흥부와 놀부', '콩쥐와 팥쥐' 등 이야기들이 보여주다시피 한국사회에서 이러한 등식은 현대사회의 묘사에 국한되지 않고 오랜 역사를 갖고 있다. 결국 '양선징악' 사상을 주장하는 것이다.

하지만 '기생충'은 한국 사회의 전통적인 선악론과 현대적인 선악론에 정면으로 도전하고 있다. 기택 일가는 모두 '사기꾼'이다. 기우의 '재학증명서' 위조, 기정의 유학파 위장, 기정의 팬티와 윤 기사의 해고, 문광의 폐병과 실직 등에서 기택 일가 4인의 도덕성의 타락을 보여주며 3가족 사이의 살인과 피살에서 빈자들의 사악함도 적나라하게 보여준다. 반대로 부자인 박 사장과 그의 아내 연교는 너무나 착하여 빈자들과의 '전쟁'에서 완전 무방비 상태이고 실패를 거듭한다. 그들은 자기가 누구에게 왜 패하는가도 잘 모른다. 기택은 호화 주택의 새 주인인 독일인도 '순진하다'고 평가한다.

부자와 빈자, 그리고 양자 관계에 대한 이러한 설정은 그 어떤 전통 '좌파' 이론의 지지도 받지 못한다. 오히려 전통 '좌파' 이론에 대한 배반이라고도 할 수 있다. 기택이 박 사장네를 "부자인데도 착하다"고 하자 충숙은 "부자라서 착한 거다. 돈이 다리미라 성격

영화 '기생충'의 한 장면 : 돈 많으면 착해진다.

구김살을 펴준다. 나도 돈 많으면 착해질 거다."라고 말하는데 이는 자본을 만악의 근원으로 매도하는 전통 이론을 완전히 포기한 것이라 할 수밖에 없다.

4) 빈자와 더빈자, 빈자와 부자

'기생충'에는 세 가족이 등장한다. 기택네와 근세네, 그리고 박 사장네이다. 빈자와 더빈자, 그리고 부자이다. 전통 좌파 이론에 의하면 '빈자=착한 사람=피해자, 부자=악한 사람=가해자'이므로 빈자와 더빈자가 손을 잡고 부자와 싸우는 것이 도리이고 정의이다. 하지만 봉준호 감독이 설계한 세 가족 간의 관계는 그렇지 않았다.

두 빈자 가족 사이의 관계는 그들과 부자 가족 사이의 관계보다 더욱 적대적이다. 원인은 간단하다. 두 빈자 가족은 부자 가족에 기생해야 살아갈 수 있는데 그들 중 한 가족만 '기생권'을 가진다. 때문에 두 빈자 가족 간의 관계는 적대관계, 즉 내가 죽지 않으려면 네가 죽어야 하는 관계이다. 결국은 빈자와 더빈자 사이의 참혹한 사살과 피살이었다.

그리고 부자 박 사장도 피해자다. 기택이는 박 사장을 죽였다. 그러나 이는 직접적인 적대적 관계에 의한 살인이 아니다. 어느 정도의 심리적 대립에 의한 충동적 살인 행위, '계획 없는' 살인이었다고 할 수 있다. 기택이는 박 사장을 '언젠가는 제거하여야 할 계급의 원수'로 간주하고 죽인 것이 아니다. 박 사장의 '냄새에 대한 민감한 반응'으로 인한 부자에 대한 증오심이 축적된 것은 사실이지만 기택으로 하여금 칼을 박 사장의 가슴에 박도록 한 것은 박 사장이 자동차 열쇠를 건네받는 과정에서 보인, 근세에 대한 극단적 혐오의 기색으로 인한 것이었다는 평가가 더 일반적이다.

영화 '기생충'에 등장하는 3가족 : 기택네(빈자), 근세네(더빈자), 박사장네(부자)

5) 냄새와 선

한국인은 서양인보다 냄새에 민감하지 못하다. 서양인은 25가지 냄새를 구분한다는데 한국인은 향(香), 전(羶), 초(焦), 성(腥), 후(朽) 등 고작 5가지 냄새를 구분한다는 기록이 있다. 그중 향을 제외한 네 가지는 모두 악취이다. 한국인이 '냄새가 난다'고 할 때는 '악취가 난다'는 뜻이다.

때문에 봉준호 감독이 '냄새'를 영화의 한 주제어로 사용한 것은 아주 흥미롭다. 처음은 다송이가 기택 가족 모두에게서 같은 냄새가 난다는 것을 발견하였고 박 사장도 기택에게서 나는 냄새를 여러 번 거론하였다. 이는 빈자가 목욕을 자주 하고 비누를 바꿔쓰고 옷을 갈아입는 등 방식으로 자기의 신분을 속이려 하여도 이미 체질화된 사회적 지위는 쉽게 감춰지지 않는다는 것을 의미한다.

'기생충'에서 냄새는 부자와 빈자의 경계를 의미하는 '선'으로 작용하기도 한다. 박 사장을 포함하여 부자들은 아무리 '선'(善)하다 하여도 빈자가 '선'(线)을 넘어서는 것을 좋아하지 않는다. 또는 허용하지 않는다. '기생충'에서 '선'을 넘으려는 모든 시도가 실패하게 됨을 볼 수 있다. 근세의 몸에서 나는 냄새에 저도 모르게 찌푸려진 박 사장의 얼굴은 그를 죽음으로 몰아간 직접적인 원인이기도 하였다.

영화 '기생충'의 한 장면 : 부자는 빈자가 '선'을 넘는 것을 허용 못 한다.

6) 수석(산수경석)

우선 사전의 해석을 보자.

'수석(壽石) : 관상용의 자연석.'
'산수경석(山水景石) : 산, 골짜기, 폭포수 등 자연의 경치가 조화된 것 같은 모습을 갖춘 壽石(수석).'

기우는 친구 민혁한테서 산수경석을 가진 후 늘 그것을 갖고 다닌다. 그 돌덩이가 자기네 집에 재물과 운을 갖다 주리라고 믿는다. 결국은 비극으로 끝나지만 그 돌덩이는 한 동안 기택네에게 확실히 재물과 희망을 갖다 준 것처럼 보인다. 사실상 여기에는 한국의 다른 영화나 드라마와 마찬가지로 이 세상에는 모종의 신비한 힘이 존재하며 그 힘에 의해 한 인간의 명운이 결정되는 것으로 안배된다.

여기서 봉준호 감독은 한국인 고유의 다신적 애니미즘을 자기의 영화에 도입하였다. 일·월·산·천·수 등과 같은 무생물계에도 영혼이 있다고 믿어 산수경석은 모든 가능성의 이유, 모든 우연성에 필연성(논리성)을 가미하는 근원으로 작용한다. 그러나 '기생충'은 신과 현실의 관계에서 한국인은 마음속 어느 한 구석에 신을 품고 있지만 결코 신이 만능하다고는 생각하지 않으며 결국은 현실의 유혹을 떠나지 않는다는 것, 사실상 현실을 더 중요시한다는 것을 보여준다. 여기서 봉준호 감독은 독창적이지 않다. 봉준호 감독은 그 어떤 관념보다 현실을 더 중요시한다는 것을 보여준다.

영화 '기생충'의 한 장면 : 산수경석을 품에 안고……

6.맺은말

나는 자기가 영화에 대한 평을, 특히 '기생충'과 같은 영화에 대한 평을 쓸 능력이 있다고 생각하지 않는다. 이 글을 쓴 것은 단순히 자기의 생각을 좀 정리해 보고 싶어서이다. 쓰는 과정에서 '사고'(지난 수년간 수많은 일에 대해서는 '사고'의 기회가 없었다)의 재미가 되살아나는 기분도 있었지만 현재 나에게는 그런 기분을 향수할 겨를이 없다.

마지막으로 두 가지를 지적하고 싶다.

첫째, '기생충'은 한국 사회, 나아가서는 인류사회가 직면하고 있는 빈부격차, 신분차이 등 현실을 직시하고 문제점을 폭로하였다는 데서는 성공적이다. 거기에 예술적 재능을 가미하여 '세계 제일'의 영화로 평가되었다. 하지만 그렇게 비참한 현실을 개변하고 문제점을 해결하는 데에는 아무런 방안도 제시하지 못하고 있다. "인생은 계획대로 되지 않는다.'무계획'이 가장 좋은 계획이다."라는 말이 이 영화의 결론으로 들린다.

둘째, '기생충'은 우리말 우리글의 세계적 영향력 확장에 큰 기여를 하였다는 것이다. 한글을 쓰고 한국어로 말하는 한국인들이 출연한 영화가 '세계 제일'의 영광을 따냈다는 것은 엄청난 일이 아닐 수 없다. 한국어를 사용한 문화상품이 '세계 제일'의 문화상품이 되었다는 것은 한국어가 이러한 '세계 제일'의 문화상품의 담체가 될 수 있음을 과시하여 한국어의 세계적 확산에 기여하게 되었다.

(원래는 방학기간에 완성하려던 글이 제대로 되지 않아 오늘에 이르렀다. 3월 7일 주말학교는 계획대로 개학하였다. 코로나19 때문에 온라인 방식에 의한 개학 개강이었다. 해야 할 일들이 많아 더는 글 쓸 수 없음을 고려하여 3월 8일

초고를 마치고 여러 위챗방에 올려놓았다. 토론을 좋아하고 사고를 향유할 수 있는 분들에게 조금이라도 참고의 가치가 있으면 다행이겠다고 생각하였다. 그러나 어쩐지 불쾌한 심정이 사라지지 않았다. 결국 원고를 수정하여 오늘 수정본을 내보낸다. 아직도 미흡한 점이 많지만 초고에 비해서는 고쳐진 곳이 적지 않다. 그리고 영화 장면도 여러 장 실어놓았다. 많은 지적이 있기를 바란다. - 필자)

인(人)과 족(族), 족(族)과 민족(民族), 그리고 조선족

2020년 4월 5일

'조선족'의 현황과 향후 전망에 대한 토론이 가끔 적지않은 사람들의 주목을 끈다. 엄숙한 토론은 별로 없고 그냥 소일거리로 취급되는 경우가 많은 것 같다. 심도 있게 연구하는 사람이 별로 없으니 그럴 수밖에 없겠다. 나도 여기서 생각나는 대로 몇 마디 하려 한다.

1. 인(人) 과 족(族)

중국어에서는 워낙 인(人)과 족(族)을 구분하지 않았다. 《毛泽东选集》(合订一卷本) 585쪽에는 다음과 같은 문구가 있다.

我们中国现在拥有四亿五千万人口，差不多占了全世界人口的四分之一。在这四亿五千万人口中，十分之九以上为汉人。此外，还有蒙人、回人、藏人、维吾尔人、苗人、彝人、僮人、仲家人、朝鲜人等，共有数十种少数民族，⋯⋯

여기서 모택동은 1939년 당시 인(人)을 족(族)과 같은 의미에서 사용하였다는 것을 알 수 있다.

중국에서는 장족이나 회족을 가리킬 때 장민(藏民), 회민(回民)이란 단어를 사용하기도 한다. 예하면 상하이에 있는 회족중학교는 회민중학(回民中學)이라 한다. 상해시급 중점 학교다.

현재 민족을 가리킬 때 공식적으로는 족(族)을 인(人)으로 쓰지 않는다고 하지만 일상생활에서 아직도 많은 사람들은 그렇게 쓴다. 사실

상 그 어떤 경우에도 중국 조선족, 조선의 조선인, 한국의 한국인 등을
제대로 이해하기 위해서는 명칭만으로는 부족하여 추가 설명이 필요
하게 된다.

2. 족(族) 과 민족(民族)

중국에는 56개 '민족'이 있다고 말한다. 이 56개 민족(民族)은 통상
56개 족(族)으로 호칭된다. 때문에 '족'과 '민족'을 엄격히 구분하느라
하는 것은 별로 의미가 없다. 한족(漢族)과 한민족(漢民族)을 구분하
느라 하는 것이 의미가 없듯이 조선족(朝鮮族)과 조선민족(朝鮮民族)
을 구분하느라 하는 것도 별로 의미가 없다.

바이두(百度)에 들어가 '朝鮮'을 찾으면 다음과 같은 것을 볼 수 있
다. 즉 조선의 주요 민족을 '조선족'이라 한다. 이것이 잘못되었다고
할 수는 없다.

中文名称	朝鮮民主主义人民共和国 🔗	人口密度	212.47人/平方公里（2018年）
英文名称	Democratic People's Republic of Korea 🔗	主要民族	朝鮮族

사실상 '한(민)족'('漢(民)族')의 구성원은 주로 중국에 있고, 그 외에
는 동남아, 미국 등에 있다고 말할 수 있듯이 '조선(민)족'(한국에서는
한민족이라고 한다)의 구성원은 주로 한반도 남과 북에 있고, 그 외에
는 미국, 중국, 일본 등에 있다고 말할 수 있다. '조선족' 개념은 중국
조선족에게만 적용되는 것이 아니다.

족(族)과 민족(民族)을 엄격히 구분하느라 하는 것은 의미 없는 일
이다. 중국 조선족 학자들을 제외한 중국학자들이 학문연구의 내적
필요성에 의해 족(族)과 민족(民族)을 구분하느라 하는 논의는 별로
없는 것 같다.

3. 영어 표기

위와 같은 과민 반응은 '조선족'의 영어 표기가 자꾸 거론되는 데서도 나타난다. 1978년에 편찬되어 1980년에 출판된 《汉英词典》(北京 : 商务印书馆, 1980年)에서는 [朝鮮族]을 다음과 같이 설명한다.

(1) the Chaoxian(Korean) nationality, distributed over JIlin, Heilong-
    jiang and Liaoning
(2) The Korean people(of Korea)

40년 전에 이미 이러한 표기들이 있었다. 여기서도 '족'과 '민족'의 구분은 의미 없다는 것을 알 수 있다. 단, 'Chaoxian'이란 개념을 조선족의 영어 표기에 넣는 것은 신중한 고려가 필요 되는바 Chaoxian과 Korea의 이해 차이로 인한 불필요한 오해가 생길 수도 있다. 혹시 남북통일 후 국호를 한국어로 '조선민국'이라 한다 하여도 영어로는 결코 Republic of Chaoxian이라고 하지 않을 것이다. Chaoxian은 Korea, Chosun, Josun 중의 하나로 대체될 것이다.

일상에서 중국 조선족을 영어로 표기할 때 Korean Chinese가 적합하다. 이 영어 단어는 한국계 중국인, 조선계 중국인, 또는 중국 국적의 조선족, 중국 국적의 한인(韓人) 등으로 이해될 수 있는바, 즉 민족은 조선족(혹은 韓族), 국적은 중국이란 뜻이므로 '중국 조선족'이라 번역함이 가장 적합하다. 예를 들면, 중국 조선족 엘리트들이 가장 많이 집중되어 있다고 할 수 있는 중국조선족과학기술자협회는 영어로는 The Korean - Chinese Scientists and Engineers Association이라 한다.

중국 조선족을 'Chinese Korean'이라 하는 것은 완전히 잘못된 번역이다. 이는 영어에서 '중국계 한국인', 즉 중국인 혈통으로서 한국 국적인 사람을 가리키기 때문이다. Korean American이라 써놓고 미국인을 포함한 영어 국가 국민들로 하여금 '한국계 미국인'이 아니라 '한국적(韓國籍) 미국인'이라 이해하라고 할 수는 없지 않겠는가.

4. 1945년 광복 시의 재중 조선인(한인)

1945년 8월 광복이 될 때 중국에는 조선인(한인)이 약 216만 명 있었는데 광복이 되면서 이들은 3분화되었다. 약 60만 명은 북한으로 귀환하고, 42만 명은 남한으로 귀환하였으며, 나머지는 중국에 남았는데 1953년 중국 조선족 인구는 112만 명이었다. 그리고 중국 내에는 소수의 북한 국적의 '조교'가 있다.

여기서 지적하고 싶은 것은 광복 전에 재중 조선인(한인) 중 일부는 이미 중국 국적을 취득하였다는 것이다. 현재의 용어로 말한다면 당시 그들은 이미 중국 조선족이 되었다고 해야 할 것이다.

5. 개혁개방 후 중국 조선족의 향방

개혁개방이 추진되면서 중국 조선족 사회에는 새로운 3분화가 발생하고 있다. 이 새로운 3분화는 1945년 광복 당시의 3분화와 크게 다른 양상을 보여주고 있다.

  1) 한국 및 일본, 미국 등 외국으로 약 80만 명이 진출, 그 중 일부는 이런 국가들에서 국적이나 영주권을 취득하였다. (정확한 숫자는 얼마일까?)
  2) 북경, 청도, 상해, 광주 등 중국 내 연해 도시 및 그 주변을 중심으로 전국 31개 성·시·자치구로 퍼지어 그 중 일부는 호적도 옮

겼다.(정확한 숫자는 얼마일까?)

3) 중국 조선족의 소수가 계속 연변조선족자치주와 장백조선족자치
현 등 조선족 집거구(조선족 자치지역) 내에 거주하고 있다. 이런
집거구 내에서도 조선족 인구는 이민족보다 훨씬 적다. (정확한
숫자는 얼마일까?)

6. 조선족 민족정체성의 변모

중국의 다른 소수민족과 마찬가지로 중국 조선족의 정체성은 2중성
을 띠고 있다. 즉 중국 국민으로서 다른 중국인들과 동질성이 있고,
조선민족으로서 고유의 문화와 언어 등을 보유하고 있다는 측면에서
다른 민족과 이질성(특수성)이 있다. 조선족이 이민족에게 동화된다
는 것은 이러한 이질성(특수성)이 없어진다는 것이다.

현재 조선족은 전체적으로, 특히 집거구를 떠난 조선족은 이민족으
로의 동화가 서서히 또는 급속히 추진되고 있음을 보여준다. 아래는
산재지역 조선족의 일반 상황이다.

1) **공동의 삶터가 없다.** 산재지역 조선족인들이 새로운 집거구를
구축한다는 것은 중국의 인구구조, 조선족의 경제력 등을 보면
가능하지 않다. 예를 들면 2010년 상해시 조선족 인구는 22257명으
로 상해시 총인구의 0.1%도 안 된다. 그들이 서울시 면적의 10배도
넘는 상해시에서 집거지를 구축한다는 것은 거의 불가능하다.

2) **공동의 경제기초가 없다.** 개혁개방 후 조선족 기업인들이 우후죽
순처럼 성장하고 있지만 그들이 소유·운영하는 기업을 조선족
기업이라 할 수 있는가는 쉽게 답할 수 없다. 왜냐하면 그런 기업
내에 조선족인은 극소수이기 때문이다.

3) **민족언어와 전통문화가 점차 소원화 되고 있다.** 고유 언어와 전

통문화는 산재지역 조선족이 조선족으로 가장 오랫동안 버틸 수 있는 내용물이다. 그러나 현실은 여기서도 이미 가시적인 변화가 일고 있음을 보여준다.

4) **조선족 사회의 공통어가 조선어로부터 중국어(한어)로 전환하고 있다.** 공식적 혹은 비공식적 조선족 모임에서 사용 언어가 조선어로부터 중국어(한어)로 전환하였거나 전환하고 있다. 각종 조선족 '췬'을 보면, 소수의 조선족 문화 '췬'이나 조선어 교육 '췬'을 제외한 대다수 '췬'은 사용 언어가 중국어이다. 또는 주로 중국어를 사용한다.

5) **절대다수 어린이들이 우리말글을 모른다.** 화동조선족주말학교 신입생은 90% 이상이 입학 시 우리말글을 전혀 모른다. 심지어 연변조선족자치주에서 태어나고 자라서 대학에 입학한 조선족 학생들 중 조선어를 모르는 학생들이 적지 않다.

6) **조선족 가족 공통어가 중국어로 바뀌고 있다.** 부부 쌍방이 조선족일 경우 약 50% 가족의 공통어는 중국어이고, 급속히 증가하는 다문화 가정의 경우 거의 전부가 중국어를 가족 공통어로 하고 있다.

7) **민족 전통문화의 많은 내용이 이미 조선족 가정의 일상 생활에서 생략되어 있다.** 중국 조선족 전통문화는 '문화대혁명' 시기에 큰 타격을 받았었는데 개혁개방 후 인구 분산화가 추진되면서 만경 창파에 일엽편주와 같은 조선족 가정에서 이는 별로 이상한 현상이 아니다.

8) **이민족과의 통혼으로 다문화 가정이 급증하여 중국 조선족의 정체성이 혈통적 측면에서 개변되고 있다.** 특수한 경우를 제외한다면 다문화 가정에서 자녀들의 이민족화가 가속화된다는 것은 의심할 여지가 없다. 한국 내에서의 국제결혼은 이민족의 한국인화에 기여하지만 중국 내에서의 이민족과의 결혼은 조선족의 이민

족화에 기여하게 된다. 하지만 아직까지는 다문화 가정 학부모들 중 자녀들에게 우리말글과 전통문화를 가르치기 위해 노력하는 분들이 아주 많은 것은 사실이다.

9) **민족 심리 또는 민족의식이 점차 사라지고 있다.** 모든 민족은 민족 정체성의 내용으로서 고유의 민족 심리 또는 민족의식을 갖고 있다. 이런 심리나 의식의 근저에는 민족 자부심이 숨어있다. 그러나 집거구를 떠나 중국 대도시로 이주하면서 중국 조선족 일부 구성원들은 경제력, 문화력과 사회지위 등에서 자기들이 예전에 갖고 있던 자부심이 일부 '맹목적'이었다고 생각하면서 열등감에 사로잡히게 되었다. 따라서 자기가 조선족임을 지켜야 한다는 민족 심리나 민족의식이 전례 없이 약화되기 시작하였다. 여기에 한국인과 조선족 사이에 발생한 불미스러운 일들은 일부 조선족인의 민족 심리와 민족의식을 크게 타격하였다.

위의 모든 것은 산재지역 조선족은 급속히 자기의 언어와 문화를 잃어가고 있으며, 급속히 이민족에게 동화되고 있다는 것을 보여준다. 동시에 무시할 수 없는 것은 산재지역 조선족인들 중 민족 정체성, 전통문화와 우리말글을 고수·전승하려는 노력도 꾸준히 진행되고 있다는 것이다.

7. 중국 조선족 없어질까?

단군신화(기원전 2333년 단군이 고조선 건국)로부터 계산한다면 반만년 역사를, 문자로 기재된 시대(管仲이 지었다는 〈管子〉에 기록된 기원전 7세기의 사료)로부터 계산한다면 삼천년 역사를 자랑하는 조선민족은 인구 증감은 있겠지만 쉽사리 역사 무대에서 사라지지 않을 것이다. 조선반도(한반도)에서는 물론이고 중국 대륙에서도 마찬가지다.

1) 역사의 회고

현재의 '조선민족'과 '한민족'은 동일한 대상에 대한 상이한 명칭이다. 현재의 조선민족(한민족)은 지난 수천 년간 중국 동북지역과 한반도에서 명맥을 이어왔고 통일신라시대에 한·예·맥의 통합을 이룩하였다.

역사상 한반도 북부와 현재의 중국 동북지역에 수립된 고조선(이는 옛 조선에 대한 후세인들의 호칭, 당시에는 그냥 '조선'이었음, 기원전 108년 한나라에 의해 멸망됨.)과 고구려(전37 - 668)는 예맥의 나라, 발해(698 - 926)는 예맥·숙신의 나라였다. 고조선·고구려시기에 예맥은 자기의 독자적 국가 정권을 보유하였었고, 발해시기에 예맥은 숙신과 공동으로 국가 정권을 보유하였었다.

발해가 망한 후 예맥은 동북지역에서 국가정권 수립에는 실패, 지방정권 수립에는 성공한 적도 있었지만 결국 이민족에게 동화되고 말았다. 하지만 한반도에서 예맥은 삼한과 함께 통일신라인, 고려인을 구성, 오늘의 조선인(한국인)에 이르게 되었다.

동북지역에서도 우리민족의 명맥은 끊이지 않았다. 조선반도(한반도)의 조선민족(한민족) 구성원들은 기회가 있을 때마다 자기들의 옛 삶터였던 동북지역에 진출하여 고조선인과 고구려인의 명맥을 이어왔다.

> ▸ 요나라(907 - 1125) 시기, 현 적봉시 동쪽에 삼한현(三韓縣) 설치, 고려인 민호 약 5천.
> ▸ 금나라(1115 - 1234) 시기, 시조 함보가 신라/고려에서 옴, 위의 삼한현 존속.
> ▸ 원나라(1206 - 1368) 시기, 요동지역 '고려군민' 관리에 국가기관 설치, 1308 - 1376년에 '심(양)왕'을 설치하여 요양 - 심양 지역 고려인을 관리.
> ▸ 명나라(1368 - 1644) 시기인 1436 - 1449년 요동도사 관할지역(현

요녕성 범위) 인구의 10분의 3이 고려인과 여진인. 명나라시기에 영향력이 가장 큰 조선인 후예는 이성량(1526 - 1615), 그와 그의 아들들은 요동최고군사장관 요동총병(遼東最高軍事長官 遼東總兵)을 30여 년간 맡았다.

▶ 청나라(1616 - 1912) 시기, 후금(1616 - 1636) 팔기군에 조선인 3000명, 1627년 정묘호란 시 조선인 5000명 피랍, 1636 - 1637년 병자호란 시 조선인 수만 명 피랍.

▶ 전쟁 포로나 전쟁 이민 외에 조선에서 명·청으로 넘어간 민간 이민도 많았으리라 추측됨. 이에 대한 연구가 필요하다.

▶ 현재 중국 조선족의 존재와 연변조선족자치주, 장백조선족자치현, 그리고 43개 조선족자치향(진)의 존재는 이러한 역사적 맥락에서 고찰할 수 있다. 현대 중국 조선족은 주로 19세기 중반 이후 조선 반도에서 넘어온 조선인 및 그 후손들에 의해 형성된 것이다.

고조선의 조선인과 삼한의 한인은 지난 수천년간 현재의 중국 동북 지역과 한반도에서 명맥을 이어왔다. 중국 조선족은 앞으로도 명맥을 이어나가리라 생각된다. 인구의 구성이나 수량은 변화가 있겠지만 소멸되지는 않을 것이다.

2) 중국 조선족 자치 지역

중국 조선족은 중화인민공화국 설립 후의 70여 년간 자기의 고유언어와 전통문화를 전승 발전시킴에 있어서 미국, 일본, 러시아 등 세계상 그 어느 국가의 조선민족(한민족) 이민 사회도 비교가 안되는 거대한 성과를 취득하였다. 중국 조선족의 존재 양상은 우리민족 수천년 역사에서 그 선례를 찾아보기 힘든 기적이라 할 수 있다.

① 중국 정부의 소수민족정책과 조선족자치지역 운영이 중국 조선족의 전례 없는 발전을 가능케 하였다. 각 민족의 정치 평등을 보장하는 동시에 배급, 입시, 승진, 교육과 사회발전 등에서 한족

은 향수할 수 없는 각종 특혜가 조선족에게 부여되었다. 특히 조선족자치지역이라는 조선족에 의한 지방정권의 설립과 운영, 그리고 조선족 학교의 설립과 운영은 중국 조선족의 존속과 발전에 큰 기여를 하였다. 해외에 나간 중국 조선족인들이 중국 정부의 소수민족정책을 칭찬하는 주원인은 바로 여기에 있다.

② 조선족인들의 창조적인 노력과 각고분투는 정부가 마련한 정책과 제도가 조선족의 발전으로 전환될 수 있도록 하였다. 예를 들면 중국 조선족이 중국 56개 민족 중 평균 교육수준이 가장 높은 민족이 된 것은 동일한 체제 속에서 조선족이 꾸준히 노력한 결과임에 틀림없다. 중국 조선족은 중국의 정치, 경제, 문화등 여러 분야에서 많은 성과를 따내었고 많은 기여를 하였으며 우수한 인재들을 많이 배출하였다.

③ 인구유동을 제한하는 일부 정부 정책이 조선족 정체성의 보전과 조선족 사회의 안정 발전에 기여하였다. 개혁개방 전과 후를 비교한다면 개혁개방 전의 중국 사회는 계획경제체제 하에서 인구유동이 엄격히 통제되고 조선족 인구의 자유 이동도 불가능하여 조선족 개인의 자유와 발전은 어느 정도 제한되었지만 민족 정체성과 사회 안정성은 잘 유지되었던 것이다.

개혁개방 후 시장경제의 발전과 인구유동의 자유화는 수많은 조선족 개인과 조선족 사회의 발전에 획기적인 기여를 하였다. 하지만 조선족 인구 분산화가 급속히 추진되어 조선족자치지역 조선족 인구의 급감과 이민족 인구의 급증, 조선족 학생 부족에 의한 조선족 학교의 대량 철폐, 조선족 농민들의 대거 이농에 의한 민족 공유 경제기초의 약화 등으로 조선족자치지역 자체가 존속 위기에 처하게 되었다. 이제 조선족자치지역의 존속과 발전에는 조선족의 존망에 관계되는 사항으로 간주하여 접근해야 할 것이다.

3) 산재지역 조선족인의 민족정체성 수호 노력

산재지역 조선족인들은 각종 '조선족협회', '중국 조선족과학기술자협회', '조선족노인협회', '조선족여성협회', '조선족기업인협회', 그리고 '조선족주말학교' 등을 통해 민족 언어와 문화를 전승하기 위해 노력하고 있다. 이러한 조치와 노력은 거의 전부가 조선족인들의 자발적인 노력에 의한 것으로서 향후 정부로부터의 민족 정책적 지원을 받는 것이 필요 된다.

이러한 노력이 산재지역 조선족인들의 이민족으로의 동화를 막을 수 있겠는지는 아직 섣불리 판단한 일이 아니지만 어느 정도 그 과정이 완만하게 진행되도록 하리라는 것은 의심할 필요가 없을 것이다. 사실상 수많은 산재지역 조선족인들은 '동화와 발전'의 관계에서 고민하고 있다. 때문에 산재지역 조선족 민족 언어 및 전통문화 교육에 관한 정부 정책과 조치가 속히 마련된다면 산재지역 조선족 사회 및 지역 사회 전체의 발전에 유리할 것이다.

4) 한반도로부터 중국에 유입되는 '한국인'

1992년 중한 수교 후 중국에 유입되는 한국인은 대폭 증가하여 2010년에 12만 명을 상회, 재중 외국인 중 가장 많게 되었다. 현재 정확한 통계 숫자는 모르지만 수십만 명에 달하리라 생각된다. 재중 한국인 중 일부는 이미 경제적으로 중국에 정착하는 성향을 보여주고 있고 중국에서 태어난 세대 중 일부는 한국어를 모른다. 수십 년이 지나면 그들 중 일부는 '중국 조선족'이 되리라 추측할 수도 있겠다.

옛날 중국에 유입된 한반도 이주민과 비교하여 보면, 옛날에는 주로 동북지역으로 유입되었지만 현재는 이주민이 중국 연해지역 전체로 확산된다는 것을 알 수 있다. 현재는 북한에서 중국으로의 정상적인 인구 유입이 거의 단절된 상태인데 언젠가 중국과 북한 사이 인구 유동이 자유로워지면 연변과 동북지역으로의 북한 조선인 유입도 증가할 것이다.

세계적으로 인구밀도가 가장 높은 국가 중의 하나인 한반도 국가에서 중국으로 유입되는 한국인(조선인)은 지속적으로 전개되는 '유입 - 동화 - 재유입' 과정에서 중국 조선족의 명맥 연장에 기여할 것이다.

5) IT(정보기술)를 탄 공동체

100만 - 200만 명 정도밖에 안 되는 중국 조선족이 960만㎢나 되는 중국에서 독자적 사회를 구성하는 하나의 방식은 개혁개방 전처럼 소수 지역에 모여 사는 것이다. 그러나 조선족의 분산화는 불가역적인 역사 과정이다. 향후 현존하는 집거지 조선족도 계속 분산화 될 것이다. 조선족 집거지의 규모가 어느 정도 되어야 하나의 사회로 존속하겠는지는 아직 정확히 알 수 없지만 조선족 사회의 완전 해체 전까지 아마도 소규모의 조선족 집거지가 다수 병존할 것이다. 이와 동시에 더욱 많은 조선족 인구는 중국의 광활한 지역에서 이민족과 혼재해 살게 될 것이다.

그러면 조선족 집거지 형식으로 존재하던 조선족 사회가 완전히 해체된 후에도 조선족 사회가 존속 가능할까? 그때에도 중국 조선족이 하나의 민족으로 존속할 수 있을까? 나는 상당히 오랜 기간 중에는 조선족 집거지가 없어지지 않으리라 생각하지만 만약 그렇게 된다 하여도 기대를 담은 답안은 긍정적이다.

인간사회의 형성 및 그 규모는 인구, 생산, 교통 및 통신에 의존한다. 현대 기술적 시각에서 상상할 수 있는 미래 조선족 사회의 유일한 존속 방식은 IT에 의한 민족공동체의 유지와 운영이다. 분산화가 추진될 수록 조선족 사회의 존속은 더욱 IT에 의존하게 된다. 현대사회는 개인 간의 교류에서 대면 대화보다 휴대폰이 더욱 일상적인 통신수단이 되었으며, 문화의 교류와 전파, 전승에서 온라인 방식의 중요성은 더욱 커지고 있다. 예를 들면 전국 각지에 흩어져 있는 우리는 조선족 노래와 춤을 극장에 가서 관람하는 것이 아니라 자기가 임의로 선정한 공간위치에서 위챗을 통해 듣고 본다. 전통문화와 민족언어의 전승과 발전은 관련 정보의 전달과 창조 과정으로서 IT에 의해 가능한 것이다. 심지어 많은 경우 IT에 의해서만 가능한 것이다. 코로나19에 맞서 실행한 온라인 수업만이 아니라 호소절(滬蘇浙) 방방곡곡에 흩어져 있는 50여개 학급들을 관리하기 위하여 화동조선족주말학교는 오래전부터 IT가 있음으로써 그 운영이 가능하였다. 사실상 현재 호소절에 살고 있는 조선족 인구 수량과 분포를 본다면 만약 현대적 통신수단(휴대폰, 컴퓨터 등)이 없다면 이미 하나의 민족으로서의 강남지역 조선족의 존재, 또는 하나의 민족사회로서의 강남지역 조선족사회의 존재가 의심될 정도로 상호 연락과 교류가 극히 적은 상태에 처해 있을 것이다.

물론 IT가 중요하다 하여 인간관계에서 모든 정보를 IT가 전달할 수 있는 것은 아니다. 대면 대화는 그 어떤 IT로도 대체할 수 없는 정보전달 기능이 있다. 향후 IT가 아무리 발달한다 하여도 대면 대화를 완전히 대체하지는 못할 것이다. 따라서 대면 대화를 가능케 하는 교통수단도 필요 되는 것이다. 그리고 일정한 규모의 인구는 조선족 사회의 구성과 존속에서 불가결의 제1 요소임은 더 말할 필요가 없다. 조선족이 없는 조선족 사회는 운운할 가치가 없다. 따라서 생산의 중요성은 더 말할 필요가 없는 것 같다.

8. 선택의 자유와 원칙

15세기 전에 우리민족은 자기의 언어를 기록하는 데에 필요한 제지술과 인쇄술은 갖고 있었으나 자기의 문자가 없었고, 20세기에 우리민족은 일본 제국주의자들에게 우리말글을 사용할 권리를 박탈당한 적이 있었다. 그럼에도 현재 중국 조선족인들은 자녀들에게 우리말글을 가르쳐야 하는가 아니면 안 가르쳐도 괜찮은가 하는 데에서 여러 가지 선택에 직면하여 있다. 다행히 학부모들은 자유로이 선택할 수 있고 모든 선택에는 나름대로 득과 실이 있다.

학부모들의 선택은 자기를 위한 선택이 아니라 나이어린 자녀들을 위한 선택이기 때문에 '우리 조선족의 미래를 위하여' 등은 결코 선택 기준이 될 수 없다. 학부모들의 선택에 신중함이 절실히 필요 되는 것은 이는 자기 자녀의 삶에 대한 책임감이 필요한 선택일 뿐만 아니라 자기 자녀의 소질에 대한 판단력, 그리고 사회와 민족 및 우리말글 향후 전망에 대한 예견성도 필요한 선택이기 때문이다.

화동조선족주말학교는 자녀들에게 우리말글을 가르쳐야 한다는 선택을 한 학부모들이 보내온 그들의 자녀들을 위하여 존재하는 것이다. 그런데 이들 어린이들의 우리학교 입학은 그들의 선택에 의한 것이 아니라 그들 부모들의 선택에 의한 것이다. 학부모들 선택에 대해서는 향후 그들 자녀들이 다 큰 후에야 이러저러하다고 평가할 수 있다. 즉 돌이킬 수 없는 선택 결과에 대한 사후 평가에 불과할 것이다.

그럼에도 나는 일단 학부모들이 현명한 선택을 하였다고 평가하고 싶다. '요컨대 자녀들을 조선족주말학교에 입학시킨 학부모들의 현명한 선택은 영원히 후회되지 않을 선택이다. 아울러 학부모들의 후회되지 않을 선택은 바로 자녀들의 원망하지 않을 운명이다. 현재 조선족주말학교를 다니는 어린이들은 향후 부모님들의 오늘의 선택에 무한한 경의를 표할 것이다.'

여기에 나타난 주제어는 '선택, 후회, 경의'이고 숨겨있는 주제어는 '성공'이다.

나의 언어 교학(教學) 체험 20가지

비록 전공은 언어학이 아니지만 나는 어려서부터 언어 학습에 대한 흥취가 언어학 전공자들에 못지않았다. 학교에서 조선어(한국어), 중국어, 러시아어, 영어를 배웠고 독학으로 일본어를 배웠으며, 30대 중반에 독일어를 배운 적도 있다. 그 외에도 배워보고 싶던 언어가 있었지만 제대로 배워낸 언어는 결국 몇이 안 된다. 그리고 중국어, 일본어, 한국어를 가르쳐 본 적도 있다.

돌이켜보면 경험도 있지만 교훈도 적지 않다. 조선족주말학교 운영에서 이러한 경험과 교훈을 이용하느라 하지만 제대로 안될 때가 많다. 여기서는 나의 체험(배울 때 체험, 가르칠 때 체험, 언어 교학 조직 체험 등) 중에서 현 단계 우리주말학교 우리말 교육과 학습에서 참고 가치가 있으리란 것들을 20가지로 정리해 본다. 우리학교 교사들과 학부모들에게 조금이라도 참고 되기 바란다.

1. 독학 고충 : '우리말, 지금 안 배워도 괜찮아. 필요할 때 독학으로 배우면 되지.' 모르고 하는 말이다. 나의 일어 공부는 2시간 청강 외에 100% 독학. 복단대 대학원 입시 97점, 당시 외국어 최고 득점. 많이 활용했고 일본 가서 일어로 특강한 적도 있다. 단, 독학은 언어학습에 좋잖다. 대가가 너무 크다. 학교에서 배우도록 해야 한다.

2. 우리말 학교 : '애들한테 우리말 가르치려 해도 학교가 없어서.' 이제는 아니다. 화동조선족주말학교가 호소절(滬蘇浙) 방방곡곡에서

샛별처럼 반짝거린다.

3. 현명한 선택 : '아이들이 너무 힘겨워.' 득(得)이 있으면 실(失)이 있다. 자녀들을 위한 우리말글 교육의 선택은 부모들의 영원히 후회되지 않을 현명한 선택이다.

4. 우리말 환경 : '언어환경이 좋지 않아서.' 환경은 인간을 만든다. 하지만 인간은 환경을 개변할 수 있다. 필요 되는 우리말 환경은 우리가 창조해야 한다.

5. 위성 안테나 : 우리말 환경은 우선 볼거리, 들을거리를 많이 제공할 수 있어야 한다. 현재로서는 한국 TV방송을 활용하는 것이 하나의 지름길이다.

6. 가족 공통어 : 조선족 가정의 공통어는 우리말이다. 모든 언어 공부는 듣기에서 비롯된다. 부부간 우리말의 규범적 사용은 자녀의 우리말 조기 교육에서 제일 중요하다.

7. 부모 자녀간 대화 : '유치원 때부터 애들이 중국말만 해서.' 그때가 고비다. 물러서면 안 된다. 부모는 우리말, 아이들은 중국말, 이렇게 하는 대화라도 차선이다.

8. 다문화 가정 : '그 사람이 우리말을 전혀 몰라서.' 다문화 가정은 쌍어 제도가 가능하다. 조선족 일방이 자녀 및 배우자에게 우리말을 가르치면 된다. 하루 10분간!

9. 우리말 우리넋 : '이 바쁜 세월에 우리말 꼭 배워야 하나.' 우리말에는 우리 넋이 담겨 있다. 우리말은 우리 넋을 담는 제일 좋은 그릇이다. 우리 넋은 우리말에 담자.

10. 우리말글의 운명 : '중국어와 영어를 알면 되지 않나.' 되고 안되고를 떠나, 역사상 이래저래 무시됐던 우리말글이 가장 쓸모 있게 된 것은 오늘날이다. 아끼자.

11. 성공한 담임 선생님 : O쌤은 우리말 강의를 잘 한다고 정평이 나있다. 그런데 O쌤이 떠난 후에도 애들이 빠지지 않았다. 왜? 답안 : '난 우리말이 너무 재미있어요.'

12. IT를 탄 민족공동체 : '이제 조선족은 공동의 삶터가 많지 않아.' 산산이 흩어지는 조선족을 하나로 묶어세우는 가장 현실적인 수단은 바로 IT다. 실례 : 온라인 수업.

13. 대면 대화 : 'IT 또는 AI가 좋기는 한데 어쩐지.' 때문에 기술이 아무리 발달해도 언어 교육에서 반드시 필요되는 것은 인간과 인간의 직접적인 대면 대화다.

14. 그림책 읽어주기 : '아이들이 알아들을까.' 그림을 보는 아이, 아빠가 읽어주는 우리말 소리를 들으면서 저절로 내용을 터득한다. 하루에 5분간, 한 책을 30번 정도.

15. 우리글 딱지 : 1958년 문맹 퇴치 때 본 기억이 난다. 집에 있는 가구들에 붙인 그 명칭 딱지들을. 이제는 중국어, 영어, 한국어 3개

문자로 된 딱지를 붙이자.

16. 하루에 하나 : 외국어를 배울 때 매일 낱말 하나씩 추가로 늘리는 학습 방법을 이용해 본 적이 있으리라. 날마다 우리말 낱말 하나씩 배운다. 3년만 견지하면 성공!

17. 낱말은 반복 : '낱말 도대체 몇 번 읽어야 기억될까.' 누구도 모른다. 알 수도 없다. 자꾸 반복하여 보고 읽고 쓰고 듣고 말하면 기억된다. 100번쯤이면 기억될 것 같다.

18. 언어는 시간 : 언어 수준은 학습에 소요된 시간에 정비례한다. 천재가 없다. 시간 들여 제대로 배워둔 언어는 아무리 '지식 폭발' 시대라도 평생 쓸모가 있다.

19. 이삭줍기 : 산 언어는 새 단어, 새 표달 방식을 종종 만들어 낸다. 아무리 익숙한 언어라도 모를 말이 있게 된다. 때문에 게으름 없이 적어 두고 익혀야 한다.

20. 말을 해야 배우는 말하기 : 수영은 물속에 들어가 헤엄을 쳐야 배우고 축구는 운동장에서 공을 차야 배우듯이, 우리말 하기는 '우리말 마당'에서 우리말을 해야 배운다.

(얼마 전에 '선택과 노력'이란 제목으로 써서 발표하였던 글은 여러 번 수개하였었는데 오늘 읽어보니 역시 마음에 들지 않아 또 수개하였다. 이제는 당분간 고치지 않겠다. -지은이)

화동조선족주말학교 6월 6일
등교수업 시작 예정

2020년 5월 18일

   등교수업에 관한 상해시 교육위원회의 관련 규정과 우리학교 상황에 근거하여 아래와 같이 통고합니다.

   1. 비상 조치 : 지난 2월 22일에 열린 '2020년 제1회 학구장·분교장 회의(온라인)' 규정에 따라 우리 주말학교에서는 코로나19에 맞서 3월 7일 온라인 방식으로 개학·개강하여 현저한 성과를 거두었고 학부모와 어린이들로부터 호평을 받았습니다. 재외동포재단에서도 우리학교의 노력에 긍정적인 평가를 하였으며 최군 등 여러 교사들의 온라인 수업자료는 재외동포재단 사이트에 소개되었습니다.

   2. 등교 수업 : 상하이 각 학구에서는 6월 6일부터 등교 수업(오프라인 수업)을 시작할 수 있습니다. 등교 수업 시 특히 코로나19 방역 조치를 잘 취해야 합니다.

   3. 학생 등록 재확인 : 등교수업을 맞아 각 학급에서는 등록 학생 수를 재확인하고 학생 명단을 작성하기 바랍니다. 신입생·편입생의 신청도 널리 접수하고 있습니다.

   4. 6월 수업일 : 6월 수업일은 6일, 13일, 20일입니다. 20일 학기 총화 및 방학식도 하기 바랍니다.

5. 기말 시험 : 이번 학기는 기말시험을 치르지 않을 수 있습니다. 하지만 방학숙제는 제대로 남기기 바랍니다.

6. 교과서 : 학생 수가 확인되면 교과서를 제때에 마련해 놓기 바랍니다. 교과서에 관련하여서는 김성춘 선생님과 연락하기 바랍니다.

7. 교실 임차 : 등교 수업 전에 교실 임차 수속을 완성하기 바랍니다. 특히 방역 조치 등을 잘 점검하고 미흡한 데가 있으면 사전에 시정하기 바랍니다.

8. 온라인 수업 : 혹시 사정에 의해 계속 온라인 수업을 해야 할 학급과 학생이 있을 경우 되도록 그들의 요구를 만족시키기 바랍니다.

9. 각 분교 : 각 분교에서는 현지 정부 교육부문의 규정을 준수하면서 점차 등교수업으로 전환하기 바랍니다.

10. 엄청난 시련 : 전 세계를 휩쓰는 코로나19는 엄청난 시련입니다. 우리는 이미 큰 승리를 거두었습니다. 등교 수업 시 경각성을 더욱 높여 아무런 차실도 발생하지 않도록 하여야 합니다. 모든 곤란을 극복하고 이번 학기를 순조롭게 마무리 짓기를 바랍니다。

[화동조선족주말학교]

278

2020년 1학기 장학금 수여식에서의 발언

2020년 7월 11일

안녕하십니까?

우선 오늘 장학금을 받은 어린이들과 학부모님들을 축하합니다. 지난 3년간 열심히 노력한 결과입니다. 3년이란 약 1000날입니다. 하루 1원씩 장려한 셈입니다. 왜 3년 이상 견지한 학생들에게 장학금을 주는가? 그것은 언어를 제대로 배우기 위해 기초를 닦으려면 가장 적어도 3년은 배워야하기 때문입니다.

오늘 수여식은 참 잘 열렸습니다. 이번 장학금 자금을 지원한 기업인이 지원하겠다고 해서부터 준비시간은 10일밖에 안됩니다. 그 동안 준비는 마치 전쟁하는 것과 같았습니다. 특히 장학생 심사소조 3분 정말 수고 많았습니다. 물론 처음이기에 아직 부족한 점도 있습니다. 다음번에는 더 잘할 것입니다.

저는 이 장학금이 오랫동안 살아남기를 바랍니다. 제가 제안해 만든 상해조선족대학생 장학금은 거의 10년이 되는데 아직도 살아있습니다. 우리 주말학교 장학금은 몇 년이나 살아있을까? 아직 모릅니다. 오래 살도록 노력해야지요.

올해 우리 주말학교는 개교 이래 가장 준엄한 시련을 겪고 있습니다. 세계적으로 코로나가 가장 크게 강타한 대상 중의 하나가 교육입니다. 우리 주말학교도 큰 타격을 받았습니다. 그러나 우리는 완강히 싸웠습니다. 작년 말 52개 학급이었는데 지난 학기에 수업한 학급은 44개입니다. 작년 말 학생수가 310명이었는데 지난 학기에 수업한 학생은 170명 정도입니다. 코로나와의 싸움에서 가장 많은 수고를 한 것은 선생님들이었습니다. 하지만 이 과정에서 우리 선생님들과 학부모들은 온라인으로 수업하는 방식을 배우기도 하였습니다. 그 의의는 장기적으로 역할을 보여줄 것입니다.

코로나는 인간사회의 구조를 바꾸고 있습니다. 교육시스템의 구조도 바뀌고 있습니다. 구경 어떤 구조가 좋을까? 우리는 실천 속에서 배우고 모색할 수밖에 없습니다. 모든 선생님들과 학부모님들이 이러한 개혁과정에 동참 하기를 바랍니다. 방학기간의 교사연수회에서도 이 문제가 검토될 것입니다.

마지막으로 여기 온 장학생 어린이들이 우리말글을 더 많이 배우고 학부모들이 사업에서 더 좋은 성과를 내고 선생님들이 방학기간에 에너지를 좀 많이 축적하여 다음 학기에 이용하기 바랍니다.

이와 동시에 오늘 장학금을 지원해 주신 기업인과 오늘 모임에 참여하신 귀빈 여러분들께 '정말 고맙습니다'라는 인사를 드리고 싶습니다. 여러분의 지지와 성원은 우리가 일하는 데 큰 힘이 됩니다. 제2회 장학금 수여식은 연말이나 내년 초에 하겠는데 그때에는 코로나가 더는 장난치지 못하여 우리 참여자들이 함께 식사나 할 수 있기를 기대합니다. 감사합니다.

2020 화동조선족주말학교
교사연수회 자료집 머리말

2020년 7월 15일

안녕하십니까?

인류는 현재 새로운 도전에 직면하고 있습니다. 코로나19 때문입니다. 세계보건기구(WHO)는 2020년 2월 11일 신종코로나바이러스감염증의 공식 명칭을 'COVID - 19'로 정했다고 발표했고, 한국에서는 2월 12일 이 질환의 한글 공식 명칭을 '코로나바이러스감염증 - 19'(약칭 코로나19)로 정했다고 발표했습니다. 'COVID - 19'에서 'CO'는 코로나(corona), 'VI'는 바이러스(virus), 'D'는 질환(disease), '19'는 2019년을 의미합니다.

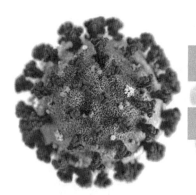

코로나19의 인류에 대한 해악은 전방위적입니다. 코로나19에 의한

폐렴은 인류의 생존에 대한 큰 위협이 되었습니다. 뿐만 아니라 코로나19는 정치, 경제, 문화, 교육, 종교 등 기존 사회질서에 대한 큰 위협이 되었습니다. 특히 코로나19로 인한 "사회적 거리두기"는 기존 사회구조의 변화와 전통 인간관계의 변화를 강요하고 있습니다.

주지하다시피 교육은 코로나19에 가장 큰 타격을 받은 영역 중의 하나입니다. 우리 주말학교도 예외일 수 없었습니다. 하지만 2020년 1학기에 우리 학교 교직원들과 학부모들은 코로나19와 용감히 싸워 예전처럼 3월 첫 토요일인 7일에 개학 개강을 하였습니다. 대다수 학구와 분교의 학급들은 4개월간 수업을 견지하였습니다. 분교 학급들의 출석률은 대단히 높았습니다. 우리 교사들이 만든 다수 온라인 강의 자료는 재외동포재단 웹사이트에 소개되기도 하였습니다. 그리고 2020년 또 하나의 큰 성과는 다년간의 노력을 거쳐 화쵸분교가 공식 등록이 되었다는 것입니다. 예전 다른 분교들은 "쉽게" 등록되었지만 이번 화쵸분교는 정말 어렵게 성공하였습니다.

그러나 코로나19에 의한 피해는 큽니다. 2019 - 2학기와 비교하면 약 15%의 학급들이 수업을 하지 못했고, 수업에 참가한 학생 수가 약 40% 감소하였고, 수업시간도 예전보다 훨씬 줄었습니다. 코로나19에 의한 피해의 불량 후과는 아마도 향후 시간이 한참 걸려야 철저히 극복될 수 있을 것입니다.

코로나19의 피해는 이번 교사연수회에서도 나타나고 있습니다. 사실상 얼마 전까지만 하여도 적지 않은 선생님들이 2020 교사연수회를 개최할 수 있겠는가 우려하였습니다. 개별적으로 이번에는 열지 말자는 제의도 있었습니다. 코로나19의 확산을 막는 근본적인 조치가 결여한 상황에서 우리는 원 계획을 수정하지 않을 수 없었습니다. 광범위한 조사와 다수 분교장 및 학구장들과의 검토를 거쳐 우리는 새로운 방안을 만들게 되었습니다.

우선, 연수회 날짜를 2박 3일에서 1일로 단축하여 8월 15일 하루만 열기로 했습니다.

둘째, "온라인+오프라인" 방식으로 하기로, 즉 개회식과 닝버 2교사의 시범강의는 온라인으로, 그 후의 학습과 토론은 오프라인으로 하기로 했습니다.

셋째, 한 곳에 모여 하던 연수회를 5곳에 나누어 하기로 했습니다. 5팀을 만들어 팀 단위 연수회를 열기로 하였습니다. 각 팀의 구성과 회의장소 등 상황은 아래의 표와 같습니다.

2020 교사연수회 : 팀구성 - 팀장 - 회의장소					
	팀명	팀구성	팀원수	팀장	장소
1	상하이팀	본교+가흥분교	16	전예화	상하이
2	소주팀	소주희망분교+상주분교+무석분교	8	박해월	소주
3	화쵸팀	화쵸분교+곤산분교+태창분교	7	정화옥	화쵸
4	이우팀	이우분교+주지분교	6	서해남	이우
5	닝버팀	닝버분교+소흥분교	11	최홍매	닝버
계			48명		

20200801

넷째, 연수회 내용을 변경하여 일부는 원 계획 내용을 이용하고 일부는 새로운 내용을 추가하였습니다. 5곳에 나뉘어하기 때문에 원 계획 중 적지 않은 내용은 철회하지 않을 수 없게 되었습니다. 추가 내용은 "코로나19와 주말학교 운영"에 대한 토론, 또는 "학교 설립 10주년과 우리분교의 성장"으로 정하였습니다.

각 팀에서 주관적 능동성을 발휘하여 창의적으로 이번 연수회를 조직하기 바랍니다. 특히 자기 분교가 걸어온 발자취를 돌아보면서 내일을 구상해 볼 때는 창의적인 사고, 건설적인 아이디어가 중요하다고 생각합니다. 파괴는 건설보다 단순한 일입니다. 건설은 파괴보다 창의적인 일입니다. 그리고 건설은 축적을 필요로 하는 일입니다. 그 동안 모두 너무 바삐 보내면서 뒤를 돌아볼 사이도 없었습니다. 이번 연수회는 길지는 않지만 잠깐이나마 우리가 남긴 발자취를 뒤돌아볼 기회를 갖게 되어 원동력을 재생하는 데에 활용되기를 바랍니다.

우리 주말학교가 다음 학기에 직면하게 될 가장 엄중한 문제는 학생 모집입니다. 일부 학부모들이 코로나19로 인한 경제 침체와 교육 부진 등으로 조바심이 생기고 자녀의 우리말글 학습 효과에 대한 신심이 약화되어 다음 학기부터 자녀를 학교에 보내지 않을 가능성이 커지게 된 것입니다. 조바심과 싸워 이겨야 합니다.

이를 위해서는 여러 가지 대책을 마련해야 합니다. 때마침 한 기업인의 학생 장학금 제안과 헌금은 코로나19 때문에 가라앉은 일부 학부모들의 사기를 진작시키는 데에 큰 힘이 되었습니다. 7월 11일 우리 화동조선족주말학교 제1회 장학금 수여식에서 10명 학생들이 장학금을 받았는데 그들은 모두 6학기 이상 재학, 출석률은 90% 이상(그중 5명은 100%), 학습 성적은 우수였습니다. 그들은 우리학교 학생들과 학부모들, 그리고 선생님들에게 노력방향을 보여주었습니다.

이제 우리말글 학습의 당위성을 설명할 때 "우리는 조선족이기에"만으로는 안 된다는 것을 알고 있습니다. 때문에 우리는 더 많은 설명을 해야 하고 더 많은 아이디어를 창출해야 하며 더 많은 실효적인 조치를 취해야 합니다. 우리의 노력은 성공할 것입니다.

2020 화동조선족주말학교
교사연수회 자료집 편집을 마치면서

2020년 8월 1일

　작년 자료집 편집을 마치면서 후기를 쓸 때와 비교하면 오늘 이 후기를 쓸 때 나의 심정은 더욱 홀가분하다. 작년 이맘때 나는 모집해야 할 11명 교사 중 이미 10명을 모집한 상태여서 가뜬한 기분이었었는데 올에는 우리 주말학교가 사악한 코로나19를 성공적으로 피했다는 것만이 아니라 코로나19의 '덕분'에 나는 집안에 갇혀서 이 자료집에 수록한 글 3편도 만들어 볼 수 있었다는 등으로 기분이 나쁘지만은 않다. 글쓰기는 재미있는 일이지만 시간을 짜낸다는 것은 정말 쉽지 않다.

　2020년에는 교사연수회가 중단되는 것이 아닌가 하는 고민도 있었지만 결국 '온라인+오프라인' 방식으로 '5팀 5곳' 연수회를 열 수 있게 되고 여러 교사들의 적극적인 호응으로 준비가 잘 진척되어 다행이다. 열악한 환경 속에서 참가 신청자가 역대 최다라는 것에 감개무량하다. 우리 선생님들의 적극적인 사명의식, 이것이 바로 우리 주말학교가 존속하는 원동력이다. 그 어떤 어려움도 대응책이 있다는 것을 또 한 번 깊이 느낀 한 해라 할 수 있겠다.

　걱정거리가 없지는 않다. 학생 모집에 대한 코로나19의 타격은 다음 학기에 지속될 것이고 새로 교사를 몇 명 더 모집해야 한다. 특히 무석분교, 상주분교, 주지분교는 "생사존망"의 위기에 처해 있다고 할 수 있다. 그리고 장학금 때문에 생긴 걱정도 있다. 모 기업인의 지원으로 제1회 본교 장학금 수여는 잘 되어 어린이들과 학부모님들 모두가 기뻐하기도 하였지만 이 장학금 체제가 얼마 동안 지속될 수 있겠는가,

본교에서만이 아니라 분교에까지 넓힐 수 있겠는가 등은 내가 고민하지 않을 수 없는 문제들이다.

다음 학기부터 시작되는 '무용반'도 '기대반 걱정반'이다. 우리 학교가 민족 전통문화의 전승과 보존에서 뭔가 좀 더 해야 한다는 생각이 현실로 전환하는 하나의 계기가 될 수도 있지만 어찌하여야 일회성 이벤트에 그치지 않고 정기 운영이 가능하겠는가 고민하지 않을 수 없게 되었다.

하지만 뭐니 뭐니 해도 학교 설립 10주년을 어떻게 맞을까 하는 것이 제일 큰 걱정덩어리다. 중국인들은 "十年樹木, 百年樹人"(나무를 기르는 데는 십 년이 필요하고 인재를 육성하는 데는 백 년이 필요하다.)이란 말을 즐겨한다. 주말학교를 몸소 해보니 10년이란 무엇인가를 알 수 있게 되는 것 같다. 1980년대 말에 설립되었던 '북경한국어학교'가 '10년 고비'를 넘겼음에도 결국 흔적 없이 사라진 것을 보면 화동조선족주말학교가 향후 몇 년간이나 버텨낼 수 있을까 걱정하지 않을 수 없다. 역사란 정말 위대하다는 것을 느끼게 된다. 위대한 역사 속에서 모든 인간은 무한한 우주에서 브라운 운동을 하는 미세 먼지 알갱이에 불과하다.

마지막으로 제12회 화동조선족주말학교 교사연수회의 개최 및 자료집의 완성에 기여한 모든 분들에게 사의를 표한다. 모든 유기체가 흐르는 강물과 같듯이 우리 주말학교도 끊임없는 흐름 속에서 어딘가를 향해 진화한다. 그리고 우리는 그 진화에서 보람을 느낀다.

제12회 교사연수회의 성공을 기원한다!

제12회 화동조선족주말학교
교사연수회 개회식에서의 축사

2020년 8월 15일

안녕하세요!

오늘 우리는 상하이, 소주, 화쵸, 이우, 닝버 등 5곳에서 제12회 교사 연수회를 개최하고 있습니다. 오늘 참석하신 모든 분들에게 감사의 인사를 드립니다.

현재 우리 산재지역 조선족 사회의 우리말글 교육은 준엄한 시련에 직면하고 있습니다.

우선, 코로나19의 타격입니다. 코로나19의 인류사회에 대한 타격은 전방위적입니다. 그중 가장 큰 타격을 받은 영역 중의 하나가 바로 교육입니다.

둘째, 한국 기업의 대규모 중국 이탈은 산재지역 조선족 사회의 형성, 존속과 발전에 아주 불리한 요인으로 작용하고 있습니다.

셋째, 상하이 등 대도시 호적 취득의 어려움은 산재지역 조선족 인구의 분산화를 더욱 심화하고 있습니다.

넷째, 이민족 간의 결혼에 의한 다문화 가정의 급증으로 우리말글과 우리전통문화의 입지는 더욱 좁아지고 있습니다.

이 모든 것은 우리 주말학교 소속 분교나 학구, 학급의 신설과 운영을 더욱 어렵게 하고 있습니다. 살길은 혁신입니다.

1. 학급 정원 : 본교는 예전에 학생 수 5명 미만의 학급은 폐반 처리하였습니다. 그러나 현재는 이렇게 할 수 없습니다. 그래서 2019년부

288

터 1대1, 1대2, 1대3의 수업도 허용하고 있습니다. 즉 학교 차원에서 모든 어린이들의 수업기회를 보장해 주기 위한 것입니다.

   2. **교사진** : 우리학교 교사는 주로 조선족 고등학교 학력이 있는 조선족 대졸생들이 담당하여 왔습니다. 그런데 언제까지 이럴 수 있을까는 미지수입니다. 한편, 초창기에는 근속연수가 5 - 6년인 교사들도 여러 분 있었지만 현재는 3년이 넘는 교사도 많지 않습니다. 대책이 필요합니다.

   3. **유아반** : 본교는 2016년부터 유아반을 시험 운영하였습니다. 지난 수년간 이는 아주 잘된 조치였음이 확인되었습니다. 현재의 노력방향은 유아반 수의 증가와 질의 향상입니다.

   4. **무용반** : 우리민족 무용은 호소절 조선족이 이 지역에서 가장 자랑할 만한 문화 내용 중의 하나입니다. 올해 상하이 춘절야회에는 조선족 아동무용 공연도 있었습니다. 2020 - 2학기부터 운영하려는 무용반이 성공한다면 우리학교 발전에 대단히 유리할 것입니다.

   5. **교과서** : 현재 대다수 학급에서는 『재외동포를 위한 한국어』를 사용합니다. 내년부터 소수 학급에서 영어권 용 『재외동포를 위한 한국어』를 시험적으로 사용해 볼까 구상하고 있습니다.

   6. **장학금** : 지난 7월 한 기업인의 희망에 따라 본교 10명 학생들에게 장학금을 수여하였습니다. 연속 수학 기간, 출석률과 학습성적이 고려되었습니다. 장학금의 제도화와 분교로의 확산 여부는 검토 중입니다.

7. IT(정보기술) : 긴 안목에서 볼 때 중국 조선족은 IT를 이용하여 다수의 디아스포라를 형성하여 살아갈 것입니다. IT에 의한 우리말글 교육 및 전통문화 전승에 대한 연구와 실행이 강화되어야 할 것입니다.

위의 7개 분야에서 혁신이 있기를 바랍니다.

내년은 우리 학교 설립 10주년입니다. 어떻게 이를 계기로 지난 10년을 잘 총화하여 새로운 도약을 이룩하겠는가 잘 토론해 보기 바랍니다.

마지막으로 오늘 연수회가 성공리에 열리고 여러분이 오늘 하루 유쾌하기를 기원합니다.

고맙습니다.

새 학기를 맞아 – 쥬팅학구 학부모회의

2020년 8월 26일

2020년 8월 26일 저녁 7시 30분부터 10시까지 최종민 쥬팅2019반 담임 선생님은 자택에서 학부모회의를 소집하였다. 쥬팅2019반 학부모 3명과 설립예정인 쥬팅2020반 학부모 2명이 참석하였다. 그리고 박창근 교장 선생님도 오늘 회의에 참석하였다.

오늘 회의는 9월 5일 개학을 맞아 학부모들에게 우리학교를 소개하고 학생모집을 추진하며 학교운영에 대한 학부모들의 의견과 제안을 청취하기 위해 소집된 것이다.

1. 최 쌤은 우선 학부모들이 하루 종일 일하고도 피곤함을 무릅쓰고 참석한 데에 깊은 사의를 표하면서 자기소개를 하였다. 오늘 회의 내용은 박 교장 선생님의 학교소개, 학부모들의 의견과 제안 청취, 쥬팅학구 학생모집과 다음 학기 운영 등이라고 말씀하였다.

2. 이어서 박 교장 선생님의 학교 소개가 있었다. 박 쌤은 학교의 연혁과 현황을 간략히 얘기하고는 오늘 회의에서 여러 학부모들이 의견과 제안을 많이 하기 바란다고 하였다. 학부모들은 학교의 "4대행사 +장학금 제도"에 큰 관심을 보여주었다.

3. 학부모들은 교사의 수업과 학교 운영에 적극 의견과 제안을 내놓았다. 그중 중요한 것은 아래의 몇 가지였다.

첫째, 교사가 수업시간에 교재 내용(단어와 과문) 외에는 거의 전부 중국어를 쓰는데 이는 바람직하지 못하다.

이에 박 쌤은 "수업시간에 중국어를 그렇게 많이 쓰는 것은 우리 주말학교에서 제창하는 수업방식에 위배되는 것이다. 교사는 수업 중 부득이한 경우를 제외하고는 중국어를 쓰지 말아야 한다. 교사가 수업 시간에 우리말 환경을 창조하여야 애들이 제대로 배울 수 있다."고 강조하였다. 최 쌤은 자기는 영어 수업에서도 그렇게 하였지만 우리말글 수업에서도 실물, 그림, 영상 등을 많이 사용하고 최대한 중국어를 사용하지 않을 것이라고 말씀하였다.

둘째, 학부모들은 교사가 어떻게 가르치는가를 보고 싶은데 담임교사가 거절한다.

이에 박 쌤은 "교사는 학부모들의 이 요구를 만족시켜야 한다. 하지만 정상적인 수업질서를 유지하기 위해서 학부모회장과 교사가 상의하여 실행하는 것이 좋다. 동시에 교사는 학부모들의 적극성을 잘 인도하여 학부모가 '보조 교사' 또는 '교학 조수' 역할을 하도록 하면 바람직할 것이다."고 말씀하였다. 이에 학부모들은 "교사가 수요하면 적극적으로 협력하겠다"고 표시하였다.

셋째, 주말학교가 사회에 잘 알려져 있지 않다. 조선족사회를 상대로 홍보를 좀 더 많이 하였으면 좋겠다.

박 쌤은 홍보사업의 부족함을 시인하면서 향후 학교 차원에서 홍보에 많이 노력하겠다고 표시하였다. 동시에 모든 학부모들이 함께 노력하기를 희망하였다.

넷째, 최 쌤은 학생 모집이 아직 지지부진하다고 얘기하면서 해결책을 주문하였다.

이에 학부모들은 배드민턴 모임이나 지인 등을 통해 적극 협력하겠음을 표시하였고, 박 쌤은 전 쥬팅2018유아반 어린이들 중 유아반을 '졸업'하는 어린이들을 적극 받아들여야 한다고 당부하였다.

4. 그 다음, 최 쌤은 새 학기 교실, 수업시간 안배 등 구체 사항들에 대한 설명을 하였다. 박 쌤과 학부모들은 최 쌤이 자택을 교실로 사용하도록 함에 깊은 사의를 표하였다.

5. 마지막으로 오늘 회의 참가자들은 크게 만족하면서 향후 일심협력하여 쥬팅학구를 잘 운영해 나가기로 다짐하였다. "자녀들을 위하여!" 자기의 모든 것을 바치려는 우리 학부모님들과 맡은바 직책을 잘하려는 담임 선생님의 마음과 의지를 수시로 역력히 볼 수 있는 현장이었다. 쥬팅학교의 2020 - 2학기가 멋있게 펼쳐지리라 믿어마지 않는다.

코로나19를 딛고 전진하는
화동조선족주말학교 다쉐청학구

2020년 8월 30일

    2020년 8월 30일 오후 1:30 - 4:30, 다쉐청학구 7명 학부모와 2명 교사는 西外公馆에서 박창근 교장 선생님의 주재로 학부모회의를 열었다. 우선 코로나 때문에 서로 만남도 힘들게 된데 아쉬움을 표하면서 최근 연변에서 상하이로 돌아와 다음 학기 다쉐청 2019반 수업을 맡게 된 설완청 교사를 열렬한 박수로 환영하였다.

    여느 학구와 다름없이 다쉐청학구도 코로나19로 인해 큰 타격을 받았다. 3월 초부터 온라인 수업을 지속하였지만 4개 학급 중 한 초등반은 완전히 소멸되었고, 다른 한 초등반은 온라인 수업에 참여한 학생이 1 명밖에 없었고, 유아반도 6월 초가 되어서야 겨우 3명이 오프라인 수업을 시작하였다.

    그런데 이 두 학급 담임교사가 사정에 의해 학교를 떠나게 되었다. 그래서 다음 학기에는 4명짜리 학급 하나만 남는 게 아닌가 모두가 깊이 우려하였다. 2013년 다쉐청에 주말학교 학급이 생긴 후 제일 큰 위기의 시점이었다. 그러나 오늘 회의는 다쉐청학구가 완전히 위기에서 탈출하였음을 보여주었다. 가장 중요한 것은 다음 학기 학급편성이 비교적 원만하게 이루어졌다는 것이다. 오늘 회의에서 확정된 결과는 아래와 같다.(신청할 분들은 아래의 연락처로 신청할 수 있다.)

    다쉐청 2018 반,학생 4명, 수업시간 9:30 - 11:30, 담임교사 오춘실.
    다쉐청 2019 반,학생 6명, 수업시간 9:00 - 11:00, 담임교사 설완청.
    다쉐청 2018 유아반, 학생 4명, 수업시간 9:00 - 11:00, 담임교사(예정자).

오늘 회의에서 교장 선생님은 학교의 관련 결정과 조치에 대해서도 아래와 같이 소개하였다.

① 내년 화동조선족주말학교는 설립 10주년을 맞아 기념활동을 진행한다. 이에 학부모들의 적극적인 동참을 기대한다.

② 2020년 9월 5일 화동조선족주말학교 무용반이 설립되어 개강한다. 담임교사 류연.

③ 2020 - 2학기에 장학생 10 명에게 장학금을 수여한다.(연속수학 기간, 출석률, 학습성적 등을 고려하여 심의한다.)

④ 2020 - 2학기부터 낭독대회는 낭송낭독대회로 개칭, 초등반은 낭독회, 유아반은 낭송회를 열고 각각 상품과 상장, 상금을 수여한다.

⑤ 내년부터 담임교사가 비교적 높은 영어수준이 있는 학급을 선정하고 학부모들의 동의를 거쳐 시험적으로 영어권 한국어 교과서를 사용한다.(우선 이러한 교재 지원을 받아야 하기에 한국 재외동포재단과 연락 중이다.)

⑥ 소수 학생 학급 운영에 관한 학교의 규정을 자세히 설명하였다. 즉 다쉐청지역에서도 1:1, 1:2. 1:3, 1:4 수업이 가능하고 필요한 경우에는 도서관 공간을 이용할 수 있다.

⑦ 학구 운영체제의 개혁에 있어서는 학구장의 지위를 확인하고 학구장 · 교사 대표 · 학부모 대표로 구성된 학구운영위원회를 설립한다.

⑧ 모 회사의 축구반 설립과 운영에 대하여 우리 주말학교는 지지하며 상황에 따라 적극 협력하기로 한다.

그리고 학부모들과 교사들은 위의 관련 사항들에 대하여 열정적으로 검토하였으며 향후 상호 협력할 데에 관하여 의견을 교환하였다.

마지막으로 교장 선생님을 9월 5일 정식 수업을 하기 전에 약 10분 정도 이용하여 개학식을 여는 것이 좋겠다고 말씀하였다.

회의는 자초지종 기대, 희망, 갈망, 염원과 기쁨이 넘쳐흐르는 진지하고 유쾌한 분위기 속에서 진행되었다. 이들은 다쉐청학구가 전진하는 힘으로 작용할 것이다.

2020년 9월 13일 학구장 회의 기요

2020년 9월 15일

1. 2020년 9월 13일 13:30 - 17:00에 숭쟝다쉐청 西外公馆에서 학구장 회의가 열렸다. 박창근 교장 주재로 열린 이날 회의에는 김성춘 다쉐청학구장, 이순철 민항학구장, 이동승 쟈딩학구장, 현국동 푸둥학구장(위챗 참여), 최종민 쥬팅학구 연락인, 그리고 방미선 교수가 참가하였다. 박창근 교장은 화동조선족주말학교의 연혁과 현황을 간략히 설명하면서 변혁의 중요성을 강조하였다.

2. 화동조선족주말학교는 이제 월례교사회의 중심의 운영방식으로부터 학구중심의 운영체제로 전환하고 있다. 새로 임명된 학구장들은 이러한 변혁의 수요에 부응하여 학교 발전에 큰 기여를 할 수 있을 것으로 기대된다.

3. 각 학구에는 학구장을 주임으로 하는 학구운영위원회를 설립한다. 학구운영위원회는 3 - 5명으로 하되 학구장, 담임교사 대표, 학부모 대표로 구성된다.

4. 학구장과 학구운영위원회는 정상적인 학구운영을 기본 책무로 한다.
   ① 학생 모집. 한 학급 학생수가 6 - 10명이 되도록 노력한다. 정원 미달인 경우 학구 차원에서 적극적인 대책을 강구한다.
   ② 학구 사정에 걸맞은 교사진의 구성에 제의나 추천을 한다. 교사

들의 상황에 따라 표창, 징계, 제명 등 제안을 할 수 있다.
③ '학교의 존폐는 학부모들의 손에 달려 있다'는 것을 명기하면서 학부모들이 적극적으로 학구 운영에 참여하도록 권장한다.
④ 학교 연간 "4대" 행사(장기자랑, 교사연수회, 낭송·낭독대회, 학부모회장 연수회)에서 학구 차원의 역할을 주도한다.
⑤ 학구는 개학식, 방학식, 민속 명절, 야유회 등 다양한 기회를 이용하여 주말학교 발전, 전통문화 전승과 우리말글 활용에 기여한다.
⑥ 학구 내 교사들과 학부모들의 교류, 협력과 단합을 추진하여 학구를 해당 지역 전통문화 전승과 우리말글 활용의 장으로 구축한다.
⑦ 학구내 활동, 행사 등에 필요한 자금 모금과 사용을 감당한다.
⑧ 기타 학구·분교와의 교류와 협력을 통해 학교 발전에 기여한다.

5. 학교 "4대 행사+1"에 각 학구는 적극 참여한다.
① '장기자랑' 행사의 9월 말 개최가 불가능하여 합당한 시기를 계속 모색한다.
② '2020 교사 연수회'는 이미 지난 8·15에 성공적으로 열렸다.
③ '2020 낭송·낭독대회'는 예정대로 11월 초 상하이에서 개최한다.
④ '2020 학부모회장 연수회'는 예정대로 12월 초 상하이에서 개최한다.
⑤ '2020 - 2학기 본교 장학금'은 내년 1월 초 장학생들에게 수여한다.

6. 학교 설립 10주년 기념행사
내년 9월 17일은 화동조선족주말학교 설립 10주년이다. 다방면의 준비가 소요되는 종합적인 행사를 진행하게 되므로 각 학구도 적극 참여해야 하고 나름대로의 준비를 해야 한다. 학교 차원에서는 아래의 사항이 추진될 전망이다.
① 화동조선족주말학교 설립 10주년 자료집 편집.

② 우수 교직원, 학부모와 학생 표창, 그리고 후원인 모두에 대한 표창.

③ 설립 10주년 기념의 글짓기(교사, 학부모, 학생, 그리고 사회인 등)

④ 기념행사 준비위원회를 설립하여 추진.

7. 통보된 학교 차원의 기타 이슈들

① '소수 학생 학급' 운영에 운영기한을 설정할 데 대한 논의.

'소수 학생 학급'(즉 학생수가 1-4명인 학급) 운영은 우리말글을 배우려는 모든 어린이들에게 기회를 부여한다는 긍정적인 의미가 있지만 여러 학기 지속될 경우 재무상 학교 운영에 부담이 되는 것도 사실이다. 그래서 이런 학급은 한시적으로 운영되어야 한다는 논의가 있게 되었다.

② 영어권 『재외동포를 위한 한국어』 교과서 사용에 관한 논의.

이는 현 주말학교 학생들이 우리말글 학습에서 지나치게 중국어 통번역에 의존함을 시정하고, 우리말-영어 쌍어 학습에 유리한 언어환경을 창조하며, 우리말 학습에 대한 어린이들과 학부모들의 열정을 높이는 데에 유리하리라는 기대에서 출발하는 것으로서 그 합리성과 호불호에 대한 지속되는 검토가 필요하다. 학교에서는 여건이 구비되면 내년부터 실험 운영해 보려 한다.

③ 이번 학기에 시작된 '무용반' 운영에 모두들 긍정적인 평가를 하였다. 교사가 수업 중 우리말로 강의할 경우 어린이들이 우리말과 우리춤을 동시에 배울 수 있어 일거양득의 효과가 있을 것으로 전망한다.

④ 1만 책 이상의 한글 도서를 어떻게 효과적으로 이용할 것인가하는 문제는 여전히 하나의 숙제로 남아 있다.

[박창근 정리]

제574돌 한글날을 맞아

2020년 10월 8일

2020년 10월 9일은 제574회 한글날이다. 세종대왕의 위대한 업적을 기리며 2015년 10월 8일 '제569회 한글날'을 맞아 정리하였던 자료에 〈한글〉의 내용을 추가하여 다시 발표한다.

한글

한글은 조선왕조(1392 - 1910) 제4대 임금인 세종대왕(재위 : 1418 - 1450)이 주도하여 만든 문자로서 1443년에 완성되고 1446년 10월 9일 '훈민정음'이라는 이름으로 반포되었다.

음소문자로서의 한글은 자모의 창제, 구조와 배열, 자모 조합에 의해 구성되는 글자의 구조 등에서 독창성이 강할 뿐만 아니라 과학성도 뚜렷하여 세계적으로 아주 중요시되는 일종 문자이다.

한글학회

1908년 8월 31일 '국어연구학회' 출범.

1911년 9월 3일 '배달말글모음'으로 개칭.

1913년 3월 23일 '한글모'로 개칭.

1921년 12월 3일 '조선어연구회'로 변경.

1931년 1월 10일 '조선어학회'로 개칭.

1949년 9월 5일 이후 '한글학회'로 확정.

한글날

1926년, 음력 9월 29일을 '가갸날'로 정함.

1928년 '한글날'로 개칭.

1945년 광복 후 한글날을 양력 10월 9일로 확정.

1946년 한글날을 공식 기념일로 지정.

1970년 한글날을 법정 공휴일로 지정.

1991년 법정 공휴일에서 한글날 제외.

2005년 12월 한글날을 국경일로 지정.

2012년 12월 한글날을 국정 공휴일로 재지정.

『훈민정음(訓民正音)』(해례본)

세종어제(世宗御製) 서문(序文)과 한글의 제작 원리가 담긴 『훈민정음(訓民正音)』(해례본)은 1940년에 발견되어 1962년 국보 제70호로 지정되었고, 1997년 10월 유네스코(UNESCO) 세계기록유산(Memory of the World)으로 등록되었다.

유네스코 세종대왕 문해상[UNESCO King Sejong Literacy Prize]

국제문맹퇴치운동을 활성화하기 위해 문맹퇴치에 공로가 있는 기관 또는 개인에게 수여하는 상으로서 1989년에 제정돼 1990년부터 매년 9월 8일(문해의날, 1965년에 지정됨) 시상한다. 유네스코 각 회원국 대표나 관련 기관 등의 추천을 거친 후 유네스코 사무총장이 위촉한 심사위원들의 심사로 매년 수상자가 결정된다.

복단구시연수학원 조선어반 설립 9주년 기념
및 제9회 화동 조선족 어린이
장기자랑 모임을 맞이하여

2020년 10월 24일

안녕하십니까?

오늘 우리는 코로나에 대비하여 호소절 여러 곳에서 화동조선족주말학교 설립 9주년 기념 조선족 어린이 장기자랑 대회를 열게 됩니다.

2011년에 출범한 화동조선족주말학교는 그 이듬해부터 장기자랑 대회를 열기 시작하여 여태까지 한 번도 거른 적이 없었습니다. 올해는 9번째입니다.

그럼 우리는 왜 장기자랑을 이토록 중요시하는가?

우리의 부모님들은 자녀 교육에서 무엇보다도 양기를 키워줘야 한다고 강조했습니다. 양기가 없으면 공부를 잘 할 수 없고 가령 공부를 잘한다 하더라도 배운 지식은 무용지물이 된다고 생각하셨던 것입니다.

그럼 어떻게 해야 어린이들의 기를 키울 수 있겠는가? 중요한 것은 그들 개개인이 남다른 재능을 가질 수 있다는 것을 알도록, 또한 그러한 능력을 갖도록 노력하게 하는 것입니다.

장기자랑은 장기를 과시하는 과정입니다. 우선은 장기를 양성해야 합니다. 우리는 이를 악물고 힘쓰는 어린이들의 노력에서 그들의 장기가, 나아가서는 그들의 기가 무럭무럭 자라는 것을 보게 됩니다.

오늘날 경쟁은 대단히 치열합니다. 특히 호소절은 삶의 경쟁이 가장 치열한 곳입니다. 그런데 각종 경쟁 중 가장 중요한 것은 기의 경쟁입니다. 호소절에서 기를 펴면 전 중국에서 기를 펼 수 있고, 중국에서 기를 펴면 전 세계에서 기를 펼 수 있습니다.

우리의 장기자랑 모임은 바로 전 세계를 향해 기를 펴는 방향으로 나아가는 우리민족 어린이들에게 주어진 하나의 기회입니다. 모든 어린이들과 학부모님들이 잘 활용하고 잘 향유하기 바랍니다.

오늘의 제9회 장기자랑은 저희 주말학교에서는 처음으로 학구·분교 단위로 시행하는 장기자랑 모임입니다. 각지에서 열리는 오늘의 모임이 성공적으로 진행되고 오늘 모임에 참가한 모든 분들이 즐겁기를 기원합니다.

코로나19, 문자통일, 언어통일, 그리고 우리말

2020년 11월 23일

어쩐지 주변의 분위기가 뒤숭숭하다. 우선 코로나19로 인해 제반 사회분위기가 뒤숭숭하다. 미국이나 유럽에서는 감염자, 사망자가 그냥 늘고 있다. 상하이에서도 부지불식간에 감염자가 튀어나온다. 백신의 실용화는 아직은 좀 기다려야 하는 것 같다. 2천년전부터 "인간은 사회적 동물이다"는 말이 있었지만 인간들의 흩어짐과 모임의 기제에 대해서는 아직 모르는 것이 많은 것 같다. 이러한 분위기 속에서 주말마다 한데 모여 한글 공부하기는 정말 쉽지 않다.

그리고 많은 학부모들이 "언어통일"의 스트레스를 받으면서 갈팡질팡한다. 중국어와 영어만 잘하면 되는 게 아닌가? 우리 민족어는 반드시 배워야 하는가? 왜 우리 민족어 때문에 이렇게 모진 심리적 갈등을 겪어야 하는가? 그런데 사실상 그 누구도 "언어통일"이란 말은 하지 않았는데 말이다.

강남 지역의 치열한 경쟁 속에서 우리민족 차세대의 민족 문화 전승과 민족어 학습을 위해 분투하는 학부모들과 교사들을 보면서 올 초부터 겪고 느낀 바를 간략하여 적어본다.

코로나19

2020년 인류는 역사적인 시련을 겪고 있다. 코로나19는 세계적으로 인간사회의 구조, 생산방식과 생활방식을 개변하고 있다. "사회적 거리두기"가 현재 하나의 새로운 실용적·학문적 개념으로 등장하였다. 가까운 친구를 오랜만에 만나서도 악수를 하지 않고 상대방과 주먹을 마주쳐야 한다.

그럼에도 2020년 우리 주말학교는 환경 변화에 능동적으로 대응하여 왔다. 올해 초 코로나19가 확산되기 시작할 때 일부에서는 개학을 연기하자는 주장도 있었지만 우리는 "온라인 수업" 방식을 도입하여 예전과 마찬가지로 3월 7일 개학 개강하였다. 6월 초부터 "온·오프라인 수업"을 병행하였고, 9월에 시작된 제2학기에는 "대면 수업"으로 전면 복귀하였다. 우리학교 교사들의 온라인 수업 장면과 교수안은 한국 재외동포재단 웹사이트에 여러 번 소개되기도 하였다.

코로나19의 위협 속에서 우리학교 4대 전통행사를 어찌하겠는가도 걱정거리였다. 결과적으로 일시, 규모와 지역을 조절하여 성공적으로 진행할 수 있었다.

교사연수회는 8월 15일 상하이(6개 학구+가흥분교), 화쵸(곤산분교+화쵸분교+태창분교), 소주(소주희망분교+상주분교+무석분교), 이우(이우분교+주지분교), 닝버(닝버분교+소흥분교) 등 5개 팀으로 나뉘어 "온·오프라인", "전체·팀별 회의" 방식으로 열렸는데 뜻밖에 큰 성공을 거두었다.

"장기자랑"은 2011년 우리 학교 설립 이후 한 번도 거른 적이 없는 연례행사이다. 최근 수년간은 해마다 5월에 400 - 500명이 한데 모여 행사를 치렀다. 하지만 올에는 새로운 방식을 도입하여 10월과 11월 상하이에서는 푸둥(푸둥학구·린강학구 주최, 10월 24일)과 숭장(다쉐

306

청학구·쥬팅학구 주최, 10월 24일)에서 열었고, 강소성과 절강성에서는 닝버분교(10월 24일), 곤산분교(10월 25일)와 소흥분교(11월 1일) 주최로 열었다.

"낭독대회"도 개최 일시와 장소 및 방식을 조절하지 않을 수 없게 되었다. 예전에는 예선에서 선발된 학생들이 상하이에 모여 본선 경연을 하였었는데 이번에는 예선에서 선발된 학생들(1학급 1명)이 제출한 동영상에 의한 심사로 수상 등급을 매기는 방식으로 전환하게 되었다. 11월 29일 심사위원회의 심사가 진행된다. 5명 심사위원 중 4명은 상하이에서, 1명은 한국에서 심사를 하게 된다. 정보사회이고 IT(정보기술)시대임을 새삼스레 느끼게 된다.

학교 교직원들과 학부모들의 고투에도 불구하고 코로나19의 주말 학교 교육에 대한 타격은 엄중하다. 일부 학급은 휴강, 개별 분교는 휴교, 학교 학생 수는 줄었다. 하지만 지난 6월 말 한 한국 기업인의 지원에 의한 장학금은 학부모들과 학생들의 사기를 북돋우어 주었고, 지난 10월 무석분교의 복원과 주지분교의 개강은 현지 학부모들과 학생들에게 새로운 희망을 보여주었다.

2020년의 승자는 코로나가 아니라 우리라는 것이 확인되었다. 코로나와의 싸움에서의 승리는 우리민족 차세대, 차차세대의 우리말글 및 전통문화 교육에 대한 의지와 열정, 헌신 정신이 있었기 때문에 가능하였으며, 이러한 의지와 열정, 헌신 정신의 현실화에 기여한 올바른 방안, 방법과 방식이 있었기 때문에 가능하였다.

그런데 우리는 새로운 도전에 직면하게 되었다. "언어통일"의 도전이다. 우리는 "언어통일"에 관한 파일을 본 적도 없고 지시를 들은 적도 없다. 하지만 학부모들은 연변에서 온 소식에 의해 "언어통일"이 임박한 것처럼 알고 있다. 도대체 웬 일인가? 진시황의 "문자통일"부터 보기로 하자.

문자통일

주지하다시피 진시황은 기원전 221년 군사상에서 중국을 통일한 후 당시 한자 문화권에서 사용되던 한자를 통일하여 소전체(小篆體)를 쓰도록 하고 기타 6국의 문자를 폐지했던 것이다.

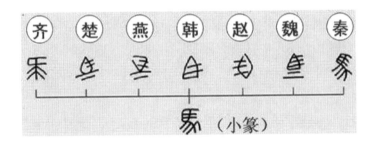

문자통일은 당시 진나라의 중앙집권체제를 공고히 하고 운영함에 대단히 유효한 조치였고 한자(漢字) 및 한문화(汉文化)의 정체성 형성과 발전, 국가의 통일과 발전에 크게 기여하였다. 특히 진시황 이후 중국의 국가가 통일과 분열을 거듭하는 과정에서 한족이 서로 다른 국가에 나뉘어 있어도 여전히 하나의 민족으로 존속함에 통일 문자는 큰 기여를 하였다. 나아가서 한족(漢族)과 중국이 주변 민족들과 국가들을 흡수하여 문화 대국 및 문화 선진국으로 발전함에 크게 기여하였다. 만주족의 실례에서 보다시피 중원을 점령한 기타 민족들은 한자(漢字)에 의해 축적된 한문화(漢文化)를 흡수하여 결국은 한족에게 동화되었던 것이다.

진시황의 문자통일은 다른 여섯 개 국가에서 쓰던 한자는 폐지하고 진나라의 소전체만 쓰게 한 문자통일이었다. 그러나 그 이후 소전체보다 더 간편한 예서(隸書)가 유행되었고, 다시 해서(楷书)로 발전하였다. 즉 진시황 후부터는 한민족(汉民族)은 모종 글씨체만 남기고 다른 글씨체를 없앤 것이 아니라 모종 글씨체를 "통용 문자"로 하면서 다른 글씨체의 사용도 허용하였다. 한자 서예의 발전은 그 단면을 보여준다. 현대 한어 서법에서는 글씨체를 전서, 예서, 해서, 행서, 초서 등 5개로 나눈다. IT, 특히 AI(인공지능)의 급속한 발전으로 보다 멋있고 보다 새로운 글씨체를 순식간에 만들어 낼 수 있을 뿐만 아니라 상이한 글씨체의 상호 전환도 순식간에 실현할 수 있는 시대에서 어느 한 글씨체만 사용하고 다른 글씨체는 없앤다는 것은 시대착오적인 조치가 아닐 수 없다.

篆书　　　　隶书　　　　楷书　　　　行书　　　　草书

그리고 다수 한자가 필획이 너무 많아 쓰기 불편하여 필획을 줄이기 위한 노력으로 현대 한어에서는 간체자를 "통용 규범 한자"로 사용하는 동시에 번체자와 이체자를 특정한 지역과 영역에서 사용함을 허용하게 되었다. 컴퓨터에서 간체자와 번체자는 순식간에 서로 전환할 수 있다. 한자의 발전을 보면 단일화된 규범 글씨체의 발전과 더불어 글씨체 다양화도 추진되었음을 보여준다.

표준 한어

언어의 물질적 구성에서 보면 문자보다 우선적인 것은 소리이다. 언어는 일정한 규범을 지닌 소리의 집합체(구어), 일정한 규범을 지닌 손놀림의 집합체(수어), 또는 일정한 규범을 지닌 부호의 집합체(문어)

등이다. 소리, 손놀림, 또는 부호의 집합체가 오랜 시간의 진화를 거쳐 언어가 되었다. 먼저 여러 방언들이 생기고 점차 표준어가 생기게 된다. 표준어는 서로 소통이 안 되는 방언 간의 소통을 가능케 한다.

중국 14억 인구가 서로 말이 통한다는 것은 놀라운 일이 아닐 수 없다. 표준한어가 있기 때문이다. 2015년 현재 중국 인구의 70%가 표준어 사용능력이 있고, 아직 알아듣기만 하고 말하기가 안 되는 인구는 4억이라 하였다. 중국 각지를 돌아다니면 아직도 방언만으로는 의사소통이 안 되는 인구가 적지 않음을 알 수 있지만 개혁개방 이후 대규모 인구유동은 표준한어의 보급에 크게 기여하였음을 알 수 있다.

역사적으로 표준한어는 통상 "관방 한어"와 동일한 개념으로서 아언(雅言), 아음(雅音), 통어(通语), 정음(正音), 관화(官话), 국어(国语), 보통화(普通话) 등으로 불리면서 "통용어"의 역할을 하였다. 대륙에서 현대 표준한어는 "보통화"이다.

한어의 분류는 학자에 따라 차이가 있지만 통상 한어족은 13개 어종으로 나뉘는데 官话, 晋语, 粤语, 湘语, 吴语, 徽语, 赣语, 客家语, 闽北语, 闽南语, 闽东语, 闽中语, 莆仙语라고 주장된다. 官话는 표준어이고 그외는 모두 방언이다. 현대 표준한어는 동남 지역 방언과 비교하면 고대 한어의 음성이 많이 사라졌고 특히 "입성"(入声)은 전부 없어졌다.

"입성"이란 단어가 나온 김에 이에 대해 좀 더 말해 보자. 필자는 1970년대에 입성과 관련하여 중국어, 일본어, 한국어를 비교한 논문을 쓴 적이 있는데 고대 한어의 입성은 그 종류와 발음이 그대로 한국어에 남아 있다. 예하면 한자의 한국어 음독에서 " - ㄱ"받침, " - ㄹ"받침, " - ㅂ"받침을 가진 한자는 모두 입성자이다(예 : 學(학), 發(발), 合(합)). 그리고 고대 한어의 " - ㅁ" 받침과 " - ㄴ" 받침은 현대 한어에서는 " - ㄴ" 받침으로 통합되었지만 이들 한자의 한국어 음독에는 그대로 남아있다(예 : 인(人), 심(心)). 한국어의 한자 음독은 고대 한어의 산 화석이다. 현대 한어에서 없어진 이러한 발음들은 남방 방언에는 아직도 일부 남아 있다. 그리고 한국어에는 못 미치지만 일본어, 특히 고대 일본어에서도 유사한 현상을 발견할 수 있다.

한어의 표준어과 방언의 관계에서 중국 정부의 언어정책은 "보통화를 보급하고 방언을 보호한다"는 것이다. 보통화를 전 국민이 알게 하려고 노력하지만 보통화로 방언을 대체하거나 인위적으로 방언을 소멸하는 것이 아니라 방언을 보호하는 것이다. 예를 들면 유동 인구의 급속한 증가로 어린이들이 "상하이 말"을 모르게 되자 정부 측에서는 상하이 말 보호조치를 도입하기도 하였다. 방언은 방언으로서의 언어 가치, 문화 가치, 사회 가치가 있기 때문이다. 정부의 언어정책은 표준어만 남기고 방언을 없애는 "언어통일" 정책이 아니다.

언어통일

19 - 20세기의 세계화 사상의 전파는 세계적인 언어통일에 대한 기대를 부풀린 적이 있다. 전 세계 전 인류가 모두 한 언어를 사용하리라는 기대였다. 하지만 현대 사회는 그러한 전망에 별로 낙관적이지 않다. 먼 옛날 한 가지 언어를 사용하면서 바벨탑을 쌓아 하늘에 닿으려던 인간들이 여러 가지 언어(어떤 사람은 현존하는 언어가 7000여 종이라 한다)의 사용으로 불신과 몰이해의 혼돈에 빠졌다가 이제 다시 한 가지 언어만 사용하려고 시도하는 것 같다. 천당에 대한 기대가 숨어 있을 거라 생각된다. 그러나 현재 유엔은 영어, 프랑스어, 중국어, 스페인어, 러시아어, 아랍어를 공용어로 하고 있는데 세상의 모든 사람이 그중 어느 한 언어만 사용하게 되리라고 생각하는 것은 너무 활달한 상상력의 소산인 것 같다.

　사실상 중국에서만도 언어통일은 바람직한 일이 아니다. 중국에는 현재 56개 민족이 있고 모든 민족은 자기의 고유어가 있으며 어떤 민족은 여러 가지 언어를 사용하기도 하여 현재 중국에서 사용되는 언어는 도합 70 - 80여 종이 된다고 한다. 한족이 모두 표준한어를 사용하는 것은 그래도 상대적으로 쉬운 일이고 가능성도 있어 보이는 일이지만 55개 소수민족이 자기의 민족어를 버리고 모두 한어를 사용한다는 것은 거의 가능하지 않다.

　자기 민족 고유어를 완전히 상실한 민족에 대하여 우리는 보통 이미 다른 민족에게 동화되었다고 말한다. 그런데 민족, 특히 유구한 전통이 있는 민족의 이민족으로의 동화는 쉽지 않다. 5천년전 중원에서 활약하던 묘족은 탁록지전(涿鹿之战)에서 패한 후 삼지사방으로 흩어져 갖은 고난을 겪었지만 없어지지 않았고 중국에서의 그 인구가 1953

312

년 2,490,874명에서 2010년 9,426,007명으로 대폭 증가하여 壮族, 回族, 满族, 维吾尔族에 이어 인구가 다섯 번째로 많은 소수민족이 되었다. 1234년 금나라가 망할 때 여진족은 이제 역사 무대에서 사라지는가 했었는데 400년 후 만주족으로 탈바꿈하여 중국 역사상 가장 강성한 적이 있는 청나라를 세우기도 하였다. 이미 한족에게 완전히 동화된 줄로 알았던 요녕성 박보촌 박씨 주민들은 워낙 1274년 한반도에서 원나라에 온 우리민족 구성원의 후예로서 700여년 후에 다시 조선족으로 복귀하리라고는 누가 상상할 수 있었을까?

진시황식 문자통일에 상당한 "진시황식 언어통일"은 표준한어만 남기고 한어 방언을 전부 없앤다는 의미 외에 더욱 중요한 의미가 있다. 중국에서 표준한어는 한민족(汉民族)의 통용어일 뿐만 아니라 중국 전체 국민의 통용어이고 표준한자는 한민족(汉民族)의 통용 문자일 뿐만 아니라 중국 전체 국민의 통용 문자이다. 때문에 진시황식 문자 통일의 현대적 의미가 표준한자만 남기고 소수민족 문자를 포함한 기타 문자를 전부 없애는 것이라면 "진시황식 언어통일"은 표준한어만 남기고 한어 방언과 소수민족 언어는 전부 없앤다는 것이다.

그러나 중국인은 결코 귀중한 문화유산인 한어 방언과 한자의 번체자, 이체자를 버리고 역시 귀중한 문화유산인 소수민족 언어와 문자를 버리는 무모한 짓을 하지 않는다. 보통화의 보급이 방언 말살을 의미하지 않는 것처럼 표준한어의 보급이 소수민족 언어 말살을 의미하는 것이 아니다. 《中华人民共和国国家通用语言文字法》(2000년 10월 31일 제정, 2001년 1월 1일 시행)은 보통화와 규범 한자의 법적 지위를 명확히 하고 보통화와 규범 한자의 보급과 사용을 더욱 강화하려는 것이다. 그럼에도 이 법에는 방언의 사용과 번체자, 이체자의 사용에 관한 규정도 포함되어 있고, 또한 "각 민족은 자기의 언어 문자를 사용 발전시킬 자유가 있다"고 규정하였고, "소수민족 언어 문자의 사용은 헌법, 민족 구역 자치법 및 기타 법률의 관련 규정에 의한다."고 규정하였다.

우려되는 결과

《中华人民共和国国家通用语言文字法》이 제정되어 이미 20년이다. 교육분야에서는 두 가지 소식이 인상적이다. 첫째, 향후 소수민족학교는 보통 학교(한족 학교)와 같은 "한어문" 교과서를 사용한다. 즉 소수민족학교에서의 한어문 교육이 매우 중요시된다는 것이다. 그리고 "정치"와 "역사" 등도 한어로 가르친다고 한다. 둘째, 향후 소수민족 학생들은 대학 입시 때 한족 학생들과 마찬가지로 한어로 시험을 봐야 한다. 즉 이전처럼 소수민족 언어로 시험을 보면 안 된다. 2023년부터 이렇게 한다는 말이 돈다.

결과는 어떠할까? 이론적으로 여러 가지 가능성이 존재할 것이다.

소수민족 학생들의 한어 수준이 획기적으로 제고될 것이다. 우리나라 교육 현실에서 무엇보다도 중요시되는 것이 대학 진학인데 대학 입시에서 한어로 시험을 봐야 한다는 것은 "최고지시"처럼 학생들로 하여금 한어 학습을 중요시하게 한다. 나아가서 소수민족 전체의 한어 수준도 크게 높아질 것이다.

하지만 소수민족 학생들의 자기 민족어 수준은 급격히 하락할 것이다. 소수민족어가 대학 입시에서 별로 역할이 없게 된다면 소수민족 학부모나 소수민족학교 교사, 그리고 소수민족 학생 본인들은 소수민족어 학습을 포기하거나 대학 입학 후의 일정에 넣게 될 것이다. 나아가서 원래 소수민족어로 대학 입시를 보던 소수민족들의 민족어 수준은 크게 하락할 것이다.

총체적으로 소수 민족어는 크게 퇴보할 것이다. 언어만 있고 문자가 없는 소수민족들의 민족어는 소멸 속도가 빨라질 것이고, 단순한 일상생활 용어로 남아있던 낮은 수준의 소수민족어도 소멸 속도가 빨라질 것이며, 본 민족 내부의 정치, 경제, 문화, 교육 등 제반 영역에서 광범위하게 사용되던 비교적 높은 수준의 소수 민족어는 단순히 일상생활 용어로 사용되는 낮은 수준의 소수민족어로 퇴보할 것이며, 국제무대에서 비교적 널리 사용되는 상당히 높은 수준의 소수 민족어는 다음 세대에는 그렇게 높은 수준의 민족어를 습득한 구성원이 없거나 부족하게 될 것이다.

다시 말하면 "통용 언어 문자"의 보급과 강화는 좋은 일이지만 정책 제정에서 편차가 발생할 경우 자칫하면 "언어통일" 정책으로 오용되어 소수민족들의 한어 수준은 높아지지만 소수민족 언어는 없어지거나 퇴보하게 될 것이고, 나아가서 적지 않은 소수민족들이 급속히 이민족에게 동화되는 결과가 초래될 우려가 있다. 이는 중국의 발전에 도움되지 않으며, 56개 민족으로 구성된 중화민족의 번영에 도움 되지 않으며, 다양한 문화와 언어 문자의 절대다수를 재생 불가한 사(死)문화, 사(死)언어, 사(死)문자로 전락시켜 영원한 유감을 남기게 된다. "통용 언어 문자"가 보급 · 발전되어야 할 뿐만 아니라 소수민족 언어와 문자도 보호 · 발전되어야 한다.

우리말

"우리말"이란 데에는 중국 조선어, 조선의 조선어, 한국의 한국어, 러시아와 중앙아시아 지역의 고려어 등이 망라되어 있다. 그중 중국의 "규범 조선어", 조선의 "문화어", 한국의 "표준 한국어"는 이 3곳 우리말의 표준어를 표시하는 말이다.

그럼 이 3자의 관계는 어떨까? 우리 민족어는 도대체 어느 것을 표준어로 해야 할까? 조선왕조·대한제국·대한민국의 600여 년간에 서울은 줄곧 수도이다. 그러므로 서울말은 당연히 현대 우리말 표준어의 기초방언이다. 한국에서는 "교양 있는 사람들이 두루 쓰는 현대 서울말"을 표준 한국어로 한다. 즉 우리말의 표준어는 표준 한국어로 하는 것이 맞다고 본다.

현대의 중국 조선어는 중국 조선족의 언어로서 한반도에서 건너온 한반도 각지 방언이 중국 내에서의 융합을 거쳐 형성되었고 현재 실제 사용 인구는 100만 정도이다(2010년 중국 인구 통계에서 조선족 인구는 약 183만 명, 그중 80여 만이 한국, 일본 등 국외에서 살고 있다). 중국 조선어는 억양, 철자법, 띄어쓰기, 발음법, 단어 등에서 북한 문화어나 한국 표준어와 다른 데가 적지 않다. 중국 조선족 언어학자들의 오랜 노력을 거쳐 중국 "규범 조선어"는 이제 우리 민족어의 비교적 규범화된 중국 방언이 되었다고 할 수 있다.

중국에서의 우리말 교육을 보면, 중국에 있는 한국인들이 운영하는 "한국학교", "한글학교", "세종학당", "한글학원" 등에서는 표준 한국어를 가르친다. 중국 각지에 설립되어 있는 중국 대학교 "조선어 학과", 조선족인들이 운영하는 우리말 주말학교(예하면 화동조선족주말학교) 등에서도 표준 한국어를 가르친다. 단, 조선족 학생들을 대상으로 하는 연변 등 지역의 국공립 전일제 중소학교에서는 중국 조선어, 즉 한국어의 중국 방언을 가르친다. 이러한 학교 졸업생들은 태어나서부터 우리말을 배우기 시작하여 고등학교까지 우리말을 배우고 익혔음에도 중국 대학교 조선어학과에서 4년간 1500시간 정도밖에 우리말을 배우지 못한 한족 학생들보다 "한국어가 약하다"는 평가를 받는다. 그들은 한국 유학을 가려면 표준 한국어를 다시 배워 중국 조선어 속의 방언 요소를 제거해야 한다. 이는 기존 우리말 교육의 심각한 문제점을 보여주는 것이라고 할 수 있겠다. 대안은 다른 모든 교육기관들과 마찬가지로 중국 국공립 조선족 중소학교들에서도 중국 실정에 맞게 표준 한국어를 가르치는 것이다.

우리말은 역사가 유구하다. 고조선 시대로부터 수천 년이나 이어져 왔다. 당시의 조선인들을 모두 벙어리였다고 할 수 없겠으니 그들이 한 말을 "조선어"라고 함은 너무나 자연스러운 것이다. 한글은 비록 그 역사가 600년이 채 안되지만 아주 과학적이고 창조적인 문자로 평가된다. 한글 창제자인 세종대왕을 기리어 유네스코에서는 해마다 문맹퇴치사업 유공자들에게 세종대왕상을 수여한다. 한국어를 사용한 한국 영화 "기생충"이 2020년 제92회 오스카상 4관왕을 수상하였다는 것은 한국어가 "세계 제일"의 문화상품의 담체가 될 수 있음을 보여준다(참고 : 박창근. 영화 "기생충" 관람 소감, 2020 화동조선족주말학교 교사연수회 자료집, 73 - 86쪽). 또한 2007년 국제특허협력조약의 국제 공개어는 모두 10개, 즉 영어, 프랑스어, 독일어, 일본어, 러시아어, 스페인어, 중국어, 아랍어, 한국어와 포르투갈어이다. 한국은 경제력이 세계 10위권에 들어있는 나라이다. 중국 조선족은 중국 56개 민족 중 평균 문화교육 수준이 제일 높은 민족이다. 현 시대는 역사적으로 한국어가 가장 영향력이 큰 시대이고 가장 배울 가치가 있는 시대이다. 수많은 이국인, 이민족인이 한국어를 배우고 있는 것이 한국어의 현대 위상이다.

그런데 유감스럽게도 개혁개방 이후 중국 조선족의 민족어 수준은 급격히 하락하고 있다. 조선족 자치지역(자치주 1개, 자치현 1개, 자치향진 43개)에서도 조선족 중소학교의 대다수가 폐교되고 조선족 학교 학생 수가 급감하고 조선족 학교의 수준이 떨어지고 있다. 조선족 산재지역을 보면 대다수 조선족 어린이들은 우리말글을 모른다. 이들 지역에 조선족주말학교가 설립되어 조선족 어린이들에게 우리말글을 가르치고 있지만 입학생 숫자가 적령기 조선족 어린이 숫자 중에서 차지하는 비율은 아주 낮다.

이러한 상황에서 현재 추진되고 있는 "통용 언어 문자" 교육 강화 조치는 중국 조선족 언어 문자 교육에 대한 보호조치가 없는 경우에는 그야말로 재난적인 후과를 초래하게 된다. 중국 조선족 집거지역에서 우리말은 조선족 사회의 정치, 경제, 문화, 교육 등 제반 영역에서 주도적 지위를 상실하고 단순한 일상생활 용어로 전락할 것이다. 중국 산재지역에서 우리민족어와 전통 문화의 현주소는 더욱 서글프다. 산재지역 조선족인의 대다수가 우리말글에 편승하여 새터로 이주하였겠지만 우리말글은 그들의 자녀들에게 이어지지 못하고 있는 현실이다. 결국 중국 조선족인은 우리말 연구와 교육에서, 중한·한중 통역 분야에서, 그리고 중한 관계 또는 한국 관련 연구에서 우리말을 앎으로써 보유하고 있던 기존의 비교우위를 상실하게 될 것이다.

이러한 추세를 고려하면 중국 조선족의 우리말 교육 수준의 하락은 불가피적이다. 그 연장선상에서 중국 조선족의 이민족으로의 동화가 거론된다. 개별적 구성원들의 동화는 언제나 가능하다. 특히 산재지역 조선족 일부 구성원들의 이민족으로의 동화는 불가피적이다. 호소절에서 살면서 우리는 이러한 동화과정이 급속히 광범위하게 추진되고 있음을 알 수 있다. 그러나 하나의 민족으로서의 중국 조선족 전체가 이민족으로 동화하여 없어지리라고는 생각되지 않는다.(참고 : 박창근. 인(人)과 족(族),족(族)과 민족(民族),그리고 조선족. 2020화동조선족주말학교 교사연수회 자료집, 88 - 98쪽.)

화동조선족주말학교

화동조선족주말학교는 2011년에 설립되어 햇수로는 이미 10년이 된다. 내년은 우리주말학교 설립 10주년이다. "벌써!", "청산유수", "쏜살같이", "눈 깜짝 할 사이" 등 시간 흐름의 빠름을 묘사하는 말들이 머리에 떠오른다.

10주년을 맞아 여러 가지 "통계"가 있으리라 생각되는데 그런 데에 대해서는 그 때에 가서 얘기하기로 하고 여기서는 아래의 두 가지 내용을 정리해 본다.

우리학교의 노력방향

화동조선족주말학교를 "우리말글 배움의 요람, 전통문화 전승의 거점, 글로벌 경쟁력 함양의 장, 민족정체성 보전의 보루"가 되도록 하는 것이다.

"언어통일" 우려 대책

"통용 언어 문자"의 강화는 "언어통일"이 아니다. 하지만 교과의 조절로 인한 불이익이 발생할 것 같은데 중국 조선족에게 가장 우려되는 것은 "우리말글의 위축"이다. 조선족은 민족어인 우리말글에서의 비교 우위를 고수해야 한다. 우리 주말학교는 1)유아반에서는 교수법 혁신을 통해 유아들의 우리말하기 능력을 획기적으로 향상시키고, 2)초등반에서는 언어능력 향상과 TOPIK(한국어능력시험) 응시 지도를 병행 추진하며, 3)유아반·초등반에서 민족 전통 문화예술 교육을 강화하고, 4)우리말글을 모르는 성인의 증가에 대비해 한글 속성반을 신설하고, 5)조선족 고급 한국어 인력 양성에 일조할 방안도 검토하는 것이 바람직하겠다.

2020 조선족 어린이 낭독대회 자료집 머리말

2020년 11월 26일

　어릴 적에 어른들이 책은 소리를 내서 읽어야 한다고 말씀하시던 일이 생각난다. 소리를 내지 않고 책을 보면 "죽은 글을 읽는다"고 꾸지람을 하셨다. 왜 그렇게 생각하셨는지 그때 물어본 적이 없어 이제는 알 수 없다. 아마도 옛날 서당에서 읽는 책은 한어로 된 책이었기 때문이었으리라 추측해 보기도 한다.

　예를 들어 《三字經》를 배운다고 할 때 선생이나 학생이나 모두 중국말을 할 줄 모르는 상황에서 읽고(낭독) 쓰는 외에 또 무슨 공부 방법이 있었겠는가. 여기서 "낭독"이라는 것은 한문을 중국어 발음으로 읽는 것이 아니라 한국어 발음으로 읽는 것이다. 예를 들면, "三才者, 天地人。三光者, 日月星。三綱者, 君臣義。"를 "삼재자 천지인. 삼광자 일월성. 삼강자 군신의."라고 읽었으리라.

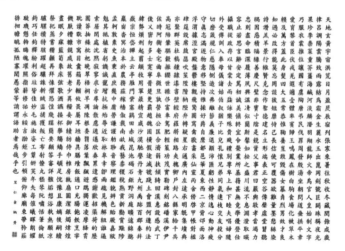

한자의 한국어 음독을 알기 위해서는 《千字文》(周興嗣, 470~521)을 먼저 배워야 한다. 이 천자문은 겹치는 글자가 없는 1000개의 한자를 무질서하게 배열해 놓은 것이 아니라 4언 절구의 한시(漢詩)로서 521년에 벌써 신라에 도입되었다 한다. 처음 4구절을 보면

天地玄黃 宇宙洪荒 日月盈昃 辰宿列張

이라 써 놓고

천지현황 우주홍황 일월영측 진수열장

이라 달달 외워야 한다. 한자의 뜻을 알기 위해서는

하늘 천(天), 따 지(地), 검을 현(玄), 누를 황(黃),
집 우(宇), 집 주(宙), 넓을 홍(洪), 거칠 황(荒).

이라 외워야 한다. 지금은 한글이 있어 이렇게 적어 놓을 수 있는데 옛날에는 그냥 읽으면서 기억해야 한다. 얼마나 힘들었을까 짐작된다.

이만하면 왜 옛날 사람들이 "낭독"을 그렇게 중요시했는가를 알 수 있다. 우리는 신식 교육을 받았으므로 《千字文》을 읽으라는 핍박은 받지 않았지만 학교에서 "낭독"은 강요되었었다.

우리가 학교 다닐 때는 소학교 3학년부터 한어(漢語)를 배웠다. 당시 우리 동네는 거의 전부가 조선족인이었다. 우리집 뒤에 한족 소학교가 있었지만 당시 조선족 애들과 한족 애들은 함께 놀지 않았다. 말이 통하지 않았다. 때문에 중국말은 들을 기회도 말할 기회도 없었다. 라디오, 텔레비전, 컴퓨터 따위는 본 적도 없다. 우리집 가까이에 영화관(당시 화룡에서는 유일한 사회주의 건물이라 불렸다)이 있었고 중국말 하는 영화도 상영하였는데 우리 동네에 사는 아저씨가 우리말로 통역해 주었다. 그분의 직업이 영화관에서 통역을 하는 것이었다. 혼자서 남녀노소 모두의 목소리를 냈으니 정말 대단한 분이었다.

322

거의 유일하게 중국말을 들을 수 있는 것은 한어과 시간이었는데 한어 선생님도 수업할 때 주로는 조선말을 많이 했고 한어는 말하는 것보다 교과서를 읽는 경우가 많았다. 수업 시간 외에 한어 선생님은 학생들과 중국말을 절대 하지 않았다.

때문에 우리가 중국말을 하거나 듣거나 하는 데 가장 유효한 수단이 바로 "낭독"이었다. 학교에서는 언제부터인지 잘 기억되지 않지만 첫 시간 수업을 시작하기 전에 "高聲朗讀" 시간을 두고 학생들이 마음대로 자기가 읽고 싶은 한어 교과서 과문을 높은 소리로 읽게 하였다. 그 당시 학생들이 사회에 진출한 후 그런대로 "니디 워디" 하면서 중국말을 할 수 있게 된 데에 가장 큰 기여를 한 환절은 아마도 "高聲朗讀"이었다고 생각된다. 무엇보다도 그 낭독 시간에 중국말을 하기 위한 발음기관 관련 근육이 많이 단련되었을 것이다. 한 언어의 특수 발음을 내기 위해서는 관련된 특수 부위의 근육이 단련되어야 하는데 이는 그 언어로 말하고 읽어야 가능하기 때문에 "낭독"은 말하기에 중요한 것이며 "高聲朗讀"은 더욱 중요한 것이었다. 인간의 모든 행동은 뇌력과 체력의 결합이 필요 된다.

"낭독"은 현재 우리 주말학교 어린이들이 우리말을 배움에 아주 중요한 수단이다. 때문에 나는 주말학교 수업 현장을 돌아볼 때 간혹 어린이들이 한글 책을 읽는 소리가 들리면 더없이 친절한 감을 느낀다. 유감스럽지만 한글 읽는 소리가 들리는 데는 많지 않다. 향후 우리 선생님들이나 학부모들은 어린이들에게 책을 많이 읽어 주고 또한 학생들이 자체로 많이 읽도록 인도하여야 할 것이다. 나는 몇 가지 언어를 배워봤는데 한국어는 소리가 유난히 아름답다. 어린이들이 언제 그렇게 느낄 수 있을까. 어린이들은 자기가 읽는 책의 내용이 재미있고 자기가 책을 읽을 때 나는 소리가 멋있게 들리면 누가 시키지 않아도 자꾸 소리 내어 읽게 된다.

2017년부터 낭독대회를 개최하여 이제 4년이 된다. 학부모들이나 어린이들로부터 가장 환영받는 행사 중의 하나이다. 코로나 때문에 열기가 식지 않았을까 걱정도 있었는데 전혀 그렇지 않다. 자료집을 보면 알 수 있다.

이번 행사를 치르느라 많은 분들이 수고하였다. 이 기회를 빌려 행사 실무를 맡은 교직원들, 낭독 지도교사들, 자녀와 함께 출전하다 싶이 노력한 학부모님들, 바쁘신 와중에도 심사위원을 맡아주신 교수님들과 사장님들, 특히 수년간 해마다 낭독대회를 후원해 준 월드옥타 상해지사에 깊은 감사의 인사를 드린다.

마지막으로 이번 낭독대회에 참여한 전체 어린이들에게 열렬한 축하의 인사를 보낸다. 승패보다 중요한 것은 참여이다. 승패에 너무 개의치 말기 바란다.

2020 조선족 어린이 낭독대회
시상식에서의 축사

2020년 12월 6일

안녕하십니까!

우선 오늘 시상식에 참석하신 귀빈 여러분에게 깊은 사의를 표합니다. 귀빈들은 우리의 행사를 지지하러 오셨습니다. 특히 월드옥타 상해지회의 다년간의 후원에 깊이 감사합니다.

다음으로 이번 낭독대회에서 수상한 모든 어린이들, 그들을 지도하신 모든 교사들에게 축하의 인사를 드립니다. 노력의 성과입니다. 특히 민항학구 정현아 학생의 금상 수상을 축하합니다. 이는 본부 학생이 처음으로 따낸 금상입니다.

여러분,

2020년에 우리는 두 키워드의 시련을 겪어왔습니다. 하나는 "코로나"이고 다른 하나는 "언어통일"입니다. 이에 대하여 저는 "코로나19, 문자통일, 언어통일, 그리고 우리말"(20201123)이란 글에서 토론해 보았습니다.

제가 최근에 쓴 다른 한 편의 글은 2020 낭독대회 자료집 머리말입니다. 한국어 학습에서의 낭독의 필요성과 중요성을 토론하였습니다. 여기서 낭독의 중요성을 한 번 더 강조하고 싶습니다. 중국 명문대 교장들이 한자를 틀리게 읽어 망신한 얘기는 적지 않습니다. 한자를 다 아는 사람은 없으므로 기실은 모르는 한자가 있는 게 문제가 아니라 사전에 준비를 잘 하지 않은 게 문제였습니다. 1991년 저는 한 일본 학회의 초청으로 대회 특강하러 일본에 간 적이 있었습니다. 간 날 저녁에 몇몇 일본 학자들과 함께 음식점을 찾아 다녔는데, 그들은 모두 유명한 학자들이었지만 식당 간판을 보면서 한자를 읽을 줄 몰라 "뭐라 읽을까?"라고 하면서 머리를 갸우뚱하는 모습을 여러 번 보았습니다. 중국이나 일본에서 이는 어쩔 수 없는 일입니다. 비교해 보면 한글은 정말 대단합니다. 옛 글자는 모르는 것이 적지 않지만 현대 한글은 좀 배운 사람이면 다 읽을 수 있습니다. 그래서 우리는 애들이 한글을 유창하게 읽어내려 가게 되리라는 기대를 품고 열심히 가르칩니다.

저는 우리의 학생들이 주말학교를 통해 유창하게 말할 수 있게 되리라고는 생각하지 않습니다. 그러나 아무 책이나 손에 쥐면 유창하게 읽어낼 수 있으리라고는 기대해 볼 수 있지 않겠습니까? 그래서 낭독에 기대하는 것입니다.

불행한 일이지만 이제 연변 등 조선족 집거 지역에서도 우리말글을 모르는 "우리말 벙어리, 우리글 문맹"들이 많이 배출될 것입니다. 그들 중 일부는 상하이에도 올 것입니다. 우리는 그들을 맞을 준비를 잘 해야 합니다. 우리 주말학교는 현지에서 태어난 애들에게 우리말글을 가르칠 뿐만 아니라 조선족 집거 지역에서 온 이런 조선족 성인들에게도 우리말글을 가르칠 준비를 하여야 할 것입니다. 내년에 첫 시도를 해 보려고 합니다.

마지막으로 오늘 모임이 잘 열리기를 바랍니다. 오늘 모임의 성공적 개최를 위해 열심히 일하신 모든 분들에게 감사의 인사를 드립니다.

감사합니다.

호 · 소 · 절에 울려 퍼지는 우리글 읽는 소리
2020 화동 조선족 낭독대회 성공리에 열려

2020년 12월 17일

머리말

2020년은 코로나 때문에 무슨 일을 해도 통쾌하지 않다. "코로나에 감염되면 어쩌나?" 이러한 걱정이 늘 따라다닌다. 어린이들을 상대로 하는 교육에서는 더욱 신경 쓰지 않을 수 없다. 코로나가 조금 완화된 지난 8월 중순에도 제12회 화동조선족주말학교 교사연수회(2020 교사연수회)는 역시 "온라인+오프라인" 방식으로 열었다.

9월 초 호 · 소 · 절(상하이 · 강소성 · 절강성) 거의 모든 학교들에서 등교 수업을 전면 회복하였다. 우리 주말학교도 수업은 전부 등교 수업으로 전환하였다. 현 상황에서 등교 수업의 효과가 온라인 수업보다 좋기 때문이다. 하지만 언제든지 부지불식간에 튀어나오는 코로나에 대비하여 모임 규모를 엄격히 제한하는 상황에서 제9회 장기자랑 대회는 예전처럼 400 - 500명이 한 운동장에 모여 진행하던 "성대한 잔치"는 그만, 10월 하순으로 연기하여 "학구 · 분교" 단위로 개최하지 않을 수 없었다. 규모가 가장 클 것으로 예상했던 민항학구, 소주희망분교의 "장기자랑"은 코로나의 위협 때문에 불발되고 말았다.

이러한 상황에서 "2020 낭독대회"를 어떻게 할까 하는 것도 의사일정에 올랐다. "코로나 때문에 교사들과 학부모들이 모두 지쳐 있다", "올에는 낭독대회에 대한 재외동포재단의 지원도 없다는데?", "경제상황이 좋지 않아 후원자가 있겠나?" 하지 말자는 의견이 만만치 않았다.

하지만 학교장으로서의 나의 태도는 결연하였다. "2017년부터 열어온 낭독대회는 학생들과 학부모들이 가장 좋아하는 행사이다. 이미 아주 성공적으로 3회 열었다. 때문에 2020 낭독대회를 그만 둘 아무런 이유도 없다. 코로나를 상대해서는 대회 규모와 방식을 조절하면 된다. 중요한 것은 경연 방식을 바꾸는 것이다."고.

2020 낭독대회 요강 발표

낭독은 모든 언어 학습에서 하나의 필수 방식이다. 외국어 학습에서도 마찬가지다. 특히 모어를 외국어처럼 배우는 산재지역 조선족 어린이들에게는 더욱 그러하다. 그들은 낭독을 통해 한국어 발음 능력, 문자 식별 능력과 발화 능력을 제고하고 한국어 발음 흥미와 한국어 도서열독 흥미를 양성하며 한국어 발음에 필수적인 근육을 튼튼히 단련할 수 있다. 또한 예쁜 한복을 입고 낭독하는 어린이들의 모습은 학부모들의 참여도를 크게 높여준다. 제1회부터 학부모들은 낭독대회에 큰 관심을 보여 왔다. 그리고 교사들은 학생을 지도하는 과정에서 본인들도 많은 것을 배우게 된다.

나는 해마다 "낭독대회 요강"을 발표해야 한다. "2020 낭독대회 요강"에서는 코로나 사태를 고려하여 새로운 방식으로 개최하는 낭독대회의 진행방식과 일정을 아래와 같이 명확히 하였다.

진행 방식 : 1단계인 예선은 학구·분교 소재지에서 대면 방식으로 하고, 2단계인 본선은 상하이에서 신청자가 제출한 '낭독 동영상 자료'를 심사하는 방식으로 한다.

회의 일정 : 예선 경연 마감일은 11월 22일이고, "본선 경연"으로서의 '낭독 동영상 자료' 심사일은 11월 29일이고, 본교 시상식은 12월

6일에 하고, 분교들은 각기 소재지에서 시상식을 한다.

기타 : 지정 도서, 낭독 심사, 시상(상장, 상금, 상품 준비 등), 담당자 등에 대하여서도 관련된 모든 분들에게 명확히 통고하였다.

이 요강은 2020년 10월 9일에 발표되었다. 하지만 코로나 사태의 불확실성으로 낭독대회가 제대로 열릴 수 있겠는가 하는 근심은 좀체로 가시지 않았다.

본선 경연 참가 신청인 29명!

본선 경연 참가자 수는 모종 의미에서 낭독대회의 성공 여부를 가늠하는 잣대이기도 하다. 제1회는 21명, 제2회는 29명, 제3회는 24명이었다. 그럼 이번에는 얼마나 참가할까?

지난 10월 9일 "2020 낭독대회 요강"이 발표된 후 각 학구·분교 학급 단위의 예비 경연이 시작되었고 각 학구·분교로부터 11월 19일에 본선 경연 참가 신청자가 29명이라는 소식이 전해 왔다. 이건 너무 고무적인 숫자였다. 참가자가 가장 많던 제2회와 같다. 코로나 때문에 침체되어 있는 분위기를 보면 이는 우리 주말학교의 질서가 정상 상태에 근접하고 있다는 징표이기도 하다. 그 후 학생 2명이 감기에 걸려 낭독 동영상을 제출한 학생은 27명에 그쳤지만 이미 만족스러운 결과였다. 본부 6개 학구, 강소성 4개 분교, 절강성 3개 분교에서 본선 경연에 참가한 것이다.

그런데 녹화 자료를 한국에 머물러 있는 심사위원에게 전달할 때 문제가 생겼다. 그분은 코로나 때문에 상하이에 돌아오지 못하고 한국에서 낭독 자료를 보고 심사하기로 하였던 것이다. 그런데 파일이 이메일로도 전달되지 않아 몇 시간 시도하다가 결국은 위챗으로 한 장한 장씩 25번 보냈는데 마지막 2파일은 여전히 전달되지 않았다. 너무 커서였다. 급히 학부모들을 찾아 일부 잘라서 보내는 수밖에 없었다. 워낙 1 - 2분으로 한정했었는데 그 두 분이 너무 긴 파일을 보내서 그렇게 된 것이었다.

27명 중 본부 10명, 분교 17명. 심사 결과는 놀라웠다. 우선 본부 정현아 학생이 금상을 수상하였다는 것이다. 제1회는 가흥분교 학생이, 제2회와 제3회는 곤산분교 학생이 금상을 수상하였었다. 때문에 이번에 민항학구 학생이 금상을 수상한 것은 우리 학교에서는 하나의 큰 뉴스가 되었다. 다음으로 곤산분교 학생들이 은상 2개과 동상 1개를 타고 화쵸분교 학생들이 동상 2개를 탄 것이다. 은상 2개와 동상 3개를 싹쓸이한 곤산분교 3명 학생과 화쵸분교 2명 학생은 이 두 분교의 저력을 충분히 과시하였다. 그리고 정상 수업으로 복귀한지 얼마 안 되는 무석분교에서 출전한 학생의 장려상 수상은 교사가 없어 오랫동안 휴교 상태에 처했던 무석분교가 정상 상태로 복귀했음을 의미하는 것이었다. 고무적이었다.

"본선 경연" - 낭독 동영상 심사

11월 29일 오후, 심사의 공정 공평을 위해 전부 외부 인사로 구성된 심사위원회 4명 재상하이 위원들은 쟈딩에 있는 도서관에 집중하여 27명 학생들의 낭독 동영상을 하나하나 보고 들으면서 채점하였고 재한국 심사위원은 채점 결과를 위챗으로 보내왔다. 도우미들이 규정에 따라 점수들을 처리하니 27명 참가자들의 점수 순위와 수상 등급이 확정되었다.

심사 결과를 보면 이번 낭독대회에서 "경쟁"이 얼마나 치열하였는가

심사과정 도우미들(20201129)

심사를 마치고 함께

를 알 수 있다. 순위 1 - 10의 최종점수는 29.72(금상)→29.48(은상)→ 29.33(은상)→29.18(동상)→29.06(동상)→29.01(동상)→29.00(장려상) →28.90(장려상)→28.64(장려상)→28.57(장려상)이다. 동상과 장려상 의 경계가 0.01점! 실제 수준 차이보다 "운"의 차이 때문이라고 함이 사실에 더 맞을 것 같다.

학생들의 낭독에 대한 평가는 심사위원회의 몫이다. 가장 신경 쓰이는 것은 채점의 공평 공정이 다. 채점 과정에서 불공정 불공 평이 발생할 경우 낭독대회 자체 가 모든 긍정적 가치를 상실하게 될 수도 있다. 우선 부정이 발생 할 가능성이 있는 모든 요소를

심사위원회 회의 장면(20201129)

제거하는 것이 필요 된다. 지난 3차례 낭독대회에 아무런 잡음이 없었 음을 고려하여 올 심사위원회도 예전과 비슷한 방식으로 구성하고 심 사과정은 완전히 심사위원회에 맡겼다. 11월 13일에 출범한 심사위원 회는 김영규 상해외국어대학 한국어학과 교수가 심사위원장을 맡고, 조선족 학자 1명, 한국인 기업인 3명으로 구성되었다. 그중 한국인 심 사위원 1명은 한국에 발이 묶여 한국에서 심사에 참가하였다.

채점 표준으로는 "발음, 태도, 감정"을 종합 고려하도록 하였는데 다행히도 모든 심사위원들이 참답게 심사하였기에 고도의 근접성을 보여주었다. 예를 들면, 금상 수상자의 낭독에 대한 5명 심사위원의 채점은 10.00, 9.92, 9.90, 9.90, 9.90이었다. 하지만 채점 기준을 좀 더 구체화할 필요가 있다는 의견이 제기되어 내년에는 그렇게 하여야 될 것 같다. 끊임없는 시행 - 착오 속에서 진화가 이루어지는 법이다.

2020낭독대회 자료집

화동조선족주말학교의 교사연수회, 낭독대회, 학부모회장 연수회 등은 모두 회의 자료집을 편집 인쇄한다. 그중 낭독대회 자료집 편집이 제일 힘들다.

거의 모든 자료집에 나는 머리말을 썼다. 『2020 조선족 어린이 낭독대회 자료집』 머리말에서 나는 우리의 조상들이 《千字文》과 《三字经》을 배울 때의 예, 그리고 우리가 어릴 때 한어를 배울 때의 예를 들어 우리말글 학습에서 낭독이 얼마나 중요한가를 설명하였다.

낭독대회 자료집 편집에서 가장 힘든 일은 발음표기이다. 원래 이 일은 전문가가 할 일이다. 여건이 구비되지 않아 처음 두 번은 거의 전부를 내가 하였고, 제3회는 여러 분이 함께 하였다. 올 낭독대회 준비과정에서 나는 이번에는 발음표기를 하지 않아도 괜찮다고 하였다. 당시 주로는 발음표기에 소요되는 작업량이 너무 많다는 점을 고려하였던 것이다. 하지만 처음 낭독 자료를 선정하여 보내온 지도교사들이 자체로 발음표기를 하여 제출하였고, 이번 낭독대회에서 사용한 반 이상 자료가 지난 3차례 낭독대회에서 이미 발음표기를 한 것이었기에 결국 이번 자료집에 수록된 모든 낭독 자료는 발음표기가 있는 것

이다. 일부 오류가 발견되지만 발음표기를 한 낭독 자료의 제공은 어린이들의 학습에, 교사들과 학부모들의 지도에 큰 도움이 되는 것은 사실이다. 이렇게 해 나간다면 보귀한 낭독 자료가 축적될 것 같다. 일부 교사들이 자체로 발음표기를 할 수 있음을 보니 대견스럽기도 하다.

여기서 특히 지적하고 싶은 것은 자료집 1과 2의 편집은 내가 직접 완성하였지만 자료집 3과 4의 편집은 이해영 교수가 많은 실무를 담당하였다는 것이다. 대학교 한국어학과 교수인 이해영 교수의 주말학교 교육 참여는 정말 고마운 일이다.

시상식

동적 세상에서 가장 많이 볼 수 있는 것은 "흡인"과 "배척"의 관계이다. "사회적 거리두기"는 코로나 대책에서 하나의 기본 개념이다. 낭독 동영상 자료에 대한 심사를 통해 학생들의 낭독 등급을 매기면서도 시상식만은 전체 수상자들이 상하이에 모여 했으면 좋겠다는 생각이 가시지 않았다. 하지만 얼마 전 상하이에서 또 코로나 신규 감염자가 발생하면서 이런 생각은 완전히 접었다. 시상식도 본부와 각지 분교가 각기 하기로 하였다.

상하이 본부 시상식은 12월 6일에 열렸다. 이번 낭독대회 담당자인 전예화 선생님이 시상식 사회를 맡았다. 그동안 낭독대회가 진행되어 온 상황을 소개하면서 지지해 준 모든 분들에게 깊은 사의를 표하였다.

본교 시상식은 지난 8월 본교 교사연수회를 개최한 적이 있는 공간에서 열렸다. 개회식 축사에서 나는 연변 등 조선족 집거지역에서도 향후 "우리말 벙어리, 우리글 문맹"

사회를 보는 전예화 선생님

이 양산되리라고 역설하면서 그들에게 우리말글을 가르칠 준비를 해야 한다는 것을 강조하였다. 이는 내가 좀 전에 발표한 "코로나19, 문자통일, 언어통일, 그리고 우리말"이란 글과 맥락을 같이 한다고 생각된다.

이학준 월드옥타 상해지회장은 열정에 넘치는 축사를 통해 화동조선족주말학교와 낭독대회를 높이 평가하면서 향후 이 낭독대회가 계속 견지해 나가기를 희망하였으며, 월드옥타 상해지회는 예전과 다름없이 지원해 나갈 것이라고 언명하였다. 나의 기억이 틀리지 않는다면 이학준 회장은 제2회부터 연속 3번 낭독대회 개회식에 참석하였다. 정말 고마운 일이다.

유감스럽게도 수상식에는 수상 학생 10명 중 4명밖에 참가하지 못했기에 참가자 총수도 20여 명밖에 안되었다. 나는 수상하러 오지 못한 학부모들이 부득이한 이유에서 그렇게 했으리라 믿으면서도 "교육에서 '기'의 함양이 뭣보다 더 중요하다"고 말하고 싶다. 다른 공부도 중요하겠지만 수상할 때의 흥분, 격동, 자부 등으로 생성되는 '기'는 어린이들에게 잊혀 지지 않고 소진되지 않는 원동력으로서 직접 수상식에 참가해야 얻을 수 있는 것이다. 금·은·동 상이나 장려상이나 마찬가지다. 중요한 것은 이런 상에 대한 이해와 평가이다. 잘 평가되는 장려상은 폄하되는, 또는 제대로 평가되지 못하는 금·은·동 상보다 더욱 큰 고무와 격려의 역할을 할 수 있다. 중요한 것은 어린이들이 현장에서 감성적으로 느끼는 것이다.

하지만 적극적인 가정도 있다. 유자언 학생(장려상 수상자)의 엄마(유명한 기업인)는 온가족 5명을 거느리고 총출동하였다. 얼마나 자녀 교육에 관심이 많은가 알 수 있는 장면이다.

유자언 학생의 외할머니, 아빠, 엄마, 그리고 남동생

개회식 축사가 끝난 후 정현아 금상 수상자에게 나와 이학준 월드옥타 상해지회장이 상장, 상금과 상품을 수여하였다. 미소를 띈 정현아 학생의 의젓한 표정은 흔히 볼 수 있는 것이 아니다. 학부모들의 양호한 자녀 교육이 엿보이기도 하였다.

학구장 선생님으로부터 상장,상금,상품을 수여받은 장려상 수상자들

박창근 학교장과 이학준 월드옥타 상해지회장으로부터 상장, 상금과 상품을 수여받은 정현아 금상 수상자의 의젓한 모습

이어서 참가자들은 금·은·동 상 수상자 6명의 낭독 동영상을 관람하였다. 솔직히 말해서 들어보지 않고는 어떨 거라 추측할 수도 없다. 여기서 우리는 금상, 은상 자료를 들어보자.

민항2019반 정현아 학생의 낭독(금상)

[청개구리]
비가 주룩주룩 오는 날이었어.
"엄마! 엄마 ! 밖에 나가 놀래요."
"비가 와서 위험하단다."
하지만 아기 청개구리는 엄마 청개구리를 계속 졸랐지.
엄마 청개구리는 어쩔 수 없이 허락해 주었어.
"아가! 대신 개울가에는 절대로 가면 안 된단다."
"네! 알았어요"
그런데 폴짝폴짝 아기 청개구리는 개울가로 뛰어가지 뭐야?
비가 그치고 해님이 쨍쨍 청개구리 마을에 무지개가 떴어.
엄마 청개구리와 아기 청개구리는 노래 연습을 시작했어.
"엄마를 따라 해보렴".
"개굴개굴 개굴개굴"
"싫어! 싫어! 굴개굴개 굴개굴개."
아기 청개구리는 여전히 말을 듣지 않았단다.
엄마 청개구리는 너무 속이 상했지
"흐흐흑! 아기 청개구리가 점점 말을 안 들으니 어쩌면 좋을까"

곤산2017반 김민성 학생(은상)

[호랑이와 곶감]
흰 눈이 소복이 쌓인 어느 추운 겨울날,
깊은 산속 호랑이가 먹을 것을 찾고 있었어.
배속에서는 꼬르륵꼬르륵 소리가 났지.
"아이, 배고파. 뭐 먹을 게 없나?"
밤이 깊어 사방이 캄캄해지자 호랑이는 어슬렁어슬렁 마을로 내려왔지.
이리 두리번 저리 두리번 하며 걷는데

어느 집에 살이 통통하게 오른 소 한 마리가 보이는 거야.

호랑이는 군침을 꿀꺽 삼키고는 그 집으로 슬금슬금 다가갔어.

앞마당으로 들어서니, 방 안에서 무슨 소리가 들렸어.

"으앙으앙, 으앙으앙"

뭐가 못 마땅한지 아이가 떼쓰며 우는 모양이야.

"둥개둥개 우리 아가. 울지 마라, 울지마."

엄마는 아이를 달래려고 애썼어.

"으앙으앙"

하지만 아이는 막무가내야, 영 울음을 그치지 않네.

어쩔줄 몰라하던 엄마가 얼른 꾀를 냈어.

"뚝! 밖에 무서운 호랑이 왔어. 안 그치면 어흥! 호랑이가 물어 간다."

밖에서 듣던 호랑이는 깜짝 놀랐어.

"어 내가 온 걸 어떻게 알았지?"

그런데도 아이는 더 크게 울어 대는 거야.

"어라, 저 녀석은 뭐지? 이 호랑이님이 오셨다는데 무섭지도 않나?"

호랑이는 마음이 몹시 상했지. 그때 엄마가 다시 아이한테 말했어.

"옜다, 곶감! 다디단 곶감이야." 그러자 놀랍게도 아이가 울음을 뚝 그치지 뭐야.

곤산2020반 이준성 학생(은상)

[토끼와 자라]

자라는 넘실넘실 파도를 넘고 넘어 땅에 도착했어.

토끼를 찾아 굽이굽이 산골짜기를 헤맸지.

"두 귀는 쫑긋, 빨간 눈은 말똥말똥, 입은 뾰족, 깡충 걸음 토끼를 못 보았소?"

자라는 묻고 또 물었지만, 토끼를 봤다는 동물은 없었어.

그때, 저쪽에서 누군가 깡충깡충 뛰어왔어.

그림과 똑같이 생긴 것이 틀림없는 토끼였어.

"찾았다! 이제 용왕님이 엄청난 상을 내리겠지"

자라는 뛸 듯이 기뻤지만, 토끼를 속이려고 점잖게 인사했어.

"아이고, 이게 누구신가. 토끼님 아니시오?"

"에헴, 누군데 나를 찾는 거요?"

"저는 용궁에 사는 자라라고 합니다. 토끼님이 똑똑하다는 소문 듣고 모시러 왔지요"

"흠, 똑똑하기로야 내가 제일이지. 한데 용궁에 간들 무슨 좋은 일이 있겠느냐?"

"용왕님께서 높은 벼슬과 금은보화를 내리신다 합니다."

토끼는 자라의 말에 솔깃해 용궁에 가기로 했지.

다음 순서는 심사위원장의 발언이었는데 심사위원장이 부득이한 사연으로 참석 못하게 되어 방미선 교수가 낭독 심사에 대한 말씀을 하였다. 우선 방미선 교수는 지난 11월 29일 낭독 심사를 마친 후 소집된 "심사위원+도우미" 합동회의에서 외부 인사인 심사위원들의 낭독대회에 대한 평가를 아래와 같이 종합하였다.

① 해마다의 낭독대회는 정말 쉽지 않다. 특히 올해도 견지했는데 정말 대단하다.

② 애들이 학업도 바쁘겠는데 열성적으로 참가하는 모습 정말 예쁘고 자랑스럽다.

③ 애들이 우리말로 낭독하는 걸 보고 들으니 민족후대들에 대한 자긍심이 생긴다.

④ 해마다 학생들의 낭독수준이 조금씩 제고되는 모습이 보인다.

이어서 방 교수는 심사위원들의 제안을 다음과 같이 요약하였다.

① 낭독 시 통일된 기준을 만들면 좋겠다. 예 : 앉거나 서거나를 통일.

② 낭독은 읽어야 되는데 채점에서는 감정 또는 표연을 보게 된다. 큰 책을 들고 읽거나 종이를 들고 읽으니 표정을 볼 수 없다.

338

③ 앞으로 온라인 낭독 경연 시 낭독환경에 대한 동일한 규정이 있으면 좋겠다. 예하면 영상 배경 화면이 어지러우면 자연히 감점하게 된다.

④ 이미 4회를 했으니 향후 형식상에서 새로운 돌파가 있었으면 좋겠다. 예하면 암송하여 이야기하는 형식.

⑤ 현장에서 심사위원이 낭독 자료를 제공해 낭독케 하는 것도 일종 방법이다.

그리고 금상을 수상한 정현아 학생의 지도교사인 허선녀 민항2019반 담임교사는 낭독 지도 체험담을 얘기하였고, 선우준 학부모(민항 2017반 선우다윗 학생의 아빠)는 학부모 입장에서 학교에 감사하는 동시에 학교 운영에 대한 보귀한 조언을 남겼다.

방미선 교수   금상 수상자의 지도교사   장려상 수상자 선우다윗의
                  허선녀 선생님   아빠 선우준 학부모

애들과 함께 한 모임이라 시상식을 마치고 회식을 하지 않기로 했다. 하여 참석자들은 시간의 여유가 있어 사진을 많이 남겼다. 그중 교사 위챗방에 오른 사진들을 일부 여기에 옮겨 놓는다. 멈춤만 볼 때는 움직임이 멋져 보였는데 너무 움직임만 보노라면 멈춤이 그리워지기도 한다. 사진은 사진으로서의 가치가 있다.

2020 낭독대회 참가자 일동 (상하이)

수상자 및 그들의 학부모들과 함께

(좌→우) 정현아 아빠, 이학준 회장, 정현아 학생,필자, 정현아 엄마

정현아 학생과 부모님들

지도교사 허선녀 교사와 금상 수상자 정현아 학생

분교 시상식

　분교들에서도 시상식을 열고 상장, 상금, 상품을 수상자들에게 전달하였다. 분교장들과 교사들은 수상한 어린이들과 그들의 학부모들에게 열렬한 축하를 보냈으며 내년에는 더욱 좋은 성과를 따내기를 기원하였다. 2018 - 2019년 연속 2회 금상을 수상한 곤산분교 학부모들은 내년에는 금상을 탈환해야 한다는 의지를 다지기도 했단다. 다른 분교나 학구라면 올에 "은상 2개, 동상 1개"면 만족해야 하는 게 아닌가 하겠건만. 내년 낭독대회의 경연이 벌써 시작된다는 느낌이다. 나는 어릴 때 공부를 하는데 동창생들끼리 점수를 비교하는 것은 별로 의미 없다고 생각하였지만, 이제 와서 보면 때와 경우에 따라서는 점수 유희도 재미없지만은 아니한 것 같다. 시비를 가름에도 숫자를 세야 하는 세상이라. 또한 바로 이러하기에 급별에 너무 집착해도 안 되리라.

곤산분교 낭독대회 시상식 열려
　곤산분교는 역대 낭독대회에서 성적이 가장 우수한 분교·학구다. 2017년 동(상)1 장(려상)2, 2018년 금1 동1 장1, 2019년 금1 은1 동1의 성적을 거두었고 2020년에는 은2 동1의 성적을 거두었다. 곤산분교는 학생이 별로 많지도 않다. 그럼에도 이렇게 우수한 성적을 얻은 데는 분교장 김금실 교사의 능력과 노력이 크게 기여했다고 생각된다. 나는 다른 분교, 다른 학구에서 교사나 학부모를 곤산분교에 파견하여 견학하는 것도 도움되리라 생각한다.

은상 수상자 김민성 학생

은상 수상자 이준성 학생   동상 수상자 장유니 학생

화쵸분교 낭독대회 시상식 열려

지난 수년간 화쵸분교는 정말 힘들게 성장하여 왔다. 낭독대회 성적
을 봐도 발자국마다에 노력의 땀방울이 스며들어 있는 것 같다. 특히
정화옥 분교장이 취임 후 꾸준한 노력을 거쳐 2020년 7월 드디어 주상
하이 대한민국총영사관에 등록하였다. 2017년 장2, 2018년 장1, 2019
년 동1 장2, 2020년 동2 장1이다.

동상 수상자 김이정 학생, 곽준석 학생, 장려상 수상자 김경은 학생

이우분교 낭독대회 시상식 열려(사진 12월 12일 받음)

이우분교는 서해남 분교장의 꾸준한 노력으로 건실하게 성장하고 있다. 이우분교는 2018년부터 낭독대회에 참가하여 역대 성적은 2018년 장3, 2019년 동1, 2020년 장2이다. 향후 더 큰 발전이 기대된다.

이우분교 이영찬 학생과 윤영선 학생

맺음말

네 번째 낭독대회가 잘 마무리되었다. 코로나 때문에 모두가 한데 모이지 못했다는 유감은 남아 있지만 이렇게 어려운 환경에서도 열심히 노력한 어른들과 어린이들, 교사들과 학생들, 학인들과 기업인들, 내부인과 외부인들 모두에게 깊은 감사의 인사를 드린다. 특히 홀로 이번 낭독대회 담당자 역을 맡고 여러 가지 업무를 처리한 전예화 선쟁님에게 감사한다.

머지않아 다가오는 2021년 9월 17일은 화동조선족주말학교 설립 10주년이다. 우리는 노력과 성과와 희망으로 학교 설립 10돌을 맞게 된다.

우리 앞에는 곤란이 적지 않다. 하지만 우리의 전진을 멈추게 할 수 있는 곤란은 하나도 없다.

만난을 이겨내는 3대 법보는 넋과 뜻과 맘이다.

2021년 1월 2일 본부 교사 좌담회 및
본부 장학금 수여식에서의 발언 요지

2021년 1월 3일

2021년 1월 2일 본부 교사 좌담회(오후 1:30 - 3:00)와 본부 장학금 수여식(오후 3:30 - 5:00)이 민항구에 있는 한 아지트에서 열렸다.

이 날 회의에서 한 화동조선족주말학교 2020년 상황과 2021년 과제에 대한 박창근 교장의 발언 요지는 다음과 같다.

회고와 전망

1) 2020년 화동조선족주말학교는 코로나와 싸우면서 수업을 견지하여 큰 성과를 거두었다. 1학기에는 3월 7일부터 전면 온라인 수업 실행, 6월에는 온·오프 라인 수업으로 전환, 2학기에는 전면 오프라인 수업을 실시하였다(단, 한 분교는 계속 온라인 수업).

2) 학교 연례행사인 교사연수회, 장기자랑, 낭독대회는 코로나 사태를 고려하여 영활하게 시간과 장소, 방식을 조절, "온라인+오프라인" 방식을 이용하여 아주 성공적으로 진행하였다.

3) 1학기에는 학생 수가 대폭 감소하였지만 2학기에는 초기부터 증가하기 시작하여 2학기 말에는 작년 말 수준과의 격차를 크게 축소하였다. 2021년 말까지는 300명을 돌파하리라 생각된다. 여기서 상하이 본교 학생 수의 증가가 가장 눈에 띄인다.

4) 본교에서는 학교 설립 이후 처음으로 장학금을 수여하였다. 1학기에는 연속 3년 학습을 견지한 10명 우수 학생들에게 장학금을 수여하였고(1인당 1000원), 2학기에는 우수 장학생 1명, 학년 개근생 11명, 학기 개근생 18명에게 장학금을 수여하였다(총 금액 10100원). 코로나 때문에 모두가 어려움을 겪고 있는 상황에서 수여한 장학금은 침울한 분위기를 타파하고 학생들과 학부모들의 사기를 진작함에 큰 역할을 하였음이 틀림없다.

2021년 학교 설립 10주년 기념활동

2021년 학교 설립 10주년을 맞아 다양한 활동으로 10년간의 경험과 교훈, 노력과 성과를 총화할 것이다. 해야 할 일들은 주로 아래와 같다. 학구·분교들에서 올 계획을 세울 때 고려하기 바란다.
  1) 문예공연(모든 학구·분교 참가)
  2) 체육대회(모든 학구·분교 참가)
  3) 학교 자료집 편집 인쇄

4) 사진첩 편집 인쇄

5) 문집 편집 인쇄

6) 표창 : 지난 10년간 우리주말학교 발전에 기여한 분들을 표창한다.

   ① 우수 교사,

   ② 우수 학생,

   ③ 우수 학부모,

   ④ 후원자(후원 단체, 후원 개인)

7) 기념활동 비용 마련

8) 준비위원회 설립

2021년 새 학기를 맞아

10주년을 성대히 경축하는 목적은 결국 우리 주말학교를 더욱 잘 발전시키려는 것이다. 2021년을 맞아 우리가 완수해야 할 과제들은 주로 아래와 같다.

1) 학생 모집에 더욱 힘써야 한다. 코로나, 한국 기업 대거 철수, 조선족 인구 감소 등이 학생 모집이 힘들게 된 원인임에 틀림없다. 하지만 푸둥학구에서 이미 다음 학기 신입생을 14명 확보한 것을 보면 신입생 공급원이 고갈되지 않았음을 보여준다. 학생 모집은 학구·분교별로 지금부터 시작해야 한다. 학구장·분교장이 직접 틀어쥐어야 한다.

2) 한 학급 정원은 5 - 15명으로 한다. 정원 미달 학급에 대해서는 합반(두 수준 학생들이 공부하는 두 반을 합하여 한 개 반으로 하고 수업은 모둠 수업을 한다.), 학비 조절, 또는 폐반 등 방식으로 처리하게 된다. 대다수 학급의 정상적 운영을 위해 취하는

불가피한 조치임을 이해하기 바란다.

3) 학교 운영 체제에서 학구·분교의 역할과 권한을 강화한다. 학구·분교에서는 학구장·분교장, 교사 대표, 학부모 대표로 구성된 운영위원회를 설립한다.

4) 교사진의 수준을 높이기 위해 노력한다. 신규 교사는 수업 시작 전 1 - 2회의 훈련을 거친다.

5) 학부모와 담임교사의 상의에 의하여 일부 학급에서는 영어권『재외동포를 위한 한국어』교과서를 사용한다.

6) 민항 무용반을 계속 운영한다. 수요가 있으면 다른 학구에서도 무용반을 운영할 수 있다.

7) 아동 축구반 설립을 시도한다.

8) 우리말글을 모르는 조선족 대학생을 위한 한글 속성반을 시험 운영한다. 이는 성격상 문맹퇴치반이다. 올에 두 기를 운영할 계획, 제1기는 10명, 2월 21 - 27일 이노치과 옆 교실에서 시행한다.(제1기 학생 모집 진행 중, 매일 4시간, 연속 7일 수업, 학비 무료, 교과서 무료. 이노치과 황광 원장의 교실지원에 깊이 감사한다.) 제2기는 여름방학 기간에 시행할 예정이다.

9) 조건이 구비된 학급에서는 한국어능력시험 대비 강의도 한다.

10) 학구장·분교장은 현지 상황을 보면서 위챗방을 개설하여 학부모 및 기타 조선족인들의 민족 교육 사업 참여를 강화한다. 모든 위챗방은 문명하게 운영되어야 하며, 국가 법률과 정부 정책에 어긋나는 일은 하지 말아야 하며, 사용 언어는 우리말글로 하기 바란다.

이상이다. 일부 내용에 대하여서는 광범위하게 의견을 수렴하여 2월에 열리는 학구장·분교장 회의에서 최종 결정을 지으려고 한다.

[박창근 정리]

348

제2회 화동조선족주말학교 본교
장학금 수여식 성대히 열려

2021년 1월 7일

작년 7월 11일 화동조선족주말학교에서는 연속 3년간 수학한 10명 본교 우수 학생들에게 장학금을 수여한 적이 있다. 연속 3년간, 즉 연속 6학기를 우리 주말학교를 다니고 학습 성적이 우수하고 출석률이 높은 우수 학생 10명에게 1인당 1000원씩 장학금을 수여하였다.

제1회 화동조선족주말학교 본교 장학금 수여식(2020년 7월 11일)

2020년 9월 2학기에 들어서서 화동조선족주말학교는 수업방식이 온라인에서 오프라인으로 바뀌고 학생 수를 늘리기 위한 일련의 조치를 취하여 학생수가 꾸준히 늘어났다. 아직도 코로나라는 무거운 짐을

지고 나가야 하지만 학교 분위기는 크게 호전되었다. 11 - 12월에 진행된 낭독대회에서는 본선 경연 참가자가 27명, 즉 정상 시기와 같은 수준으로 증가하였다.

이어서 2021년 새해 벽두부터 상하이탄 조선족 사회에서는 희소식이 수많은 조선족 학부모들의 심금을 울린다. 제2회 화동조선족주말학교 본교 장학금 수여식이 민항구 한 아지트에서 성대히 열렸다.

30명 학생들이 제2회 장학금을 받았다. 그중 린강학구 곽윤희 학생은 3년간 연속 수학한 우수 학생으로서 장학금 1000원을 수령하였다. 2016년 입학한 곽윤희 학생은 지난 3년간 학교가 멀고 코로나가 발생하는 등 여러 가지 어려움이 있었지만 수학을 견지하고 성적이 우수하여 이번 장학금을 탈 수 있었다.

제2회 화동조선족주말학교 본교 장학금 수여식(2021년 1월 2일)

그 외 29명은 개근생 장학금을 수령하였다. 그중 11명은 학년 개근상을 탔고(장학금 1인당 500원) 18명은 학기 개근상을 탔다(장학금 1인당 200원). 개근한다는 것, 즉 하루도 빠짐없이 수업을 견지한다는 것은 주말학교에서는 정말 쉽지 않다. 화동조선족주말학교 학생들의 출석률은 보통 85 - 95%다. 이는 다른 조선족 주말학교에 비하면 높은 편이다. 그런데 2020년 상반기 코로나 때문에 온라인 수업을 하였는데도 17명 학생이 개근하였다는 것은 놀랍기도 하다. 하반기 오프라인 수업으로 전환하자 개근생은 23명으로 증가되었다. 학부모들과 어린 이들이 얼마나 수고하였겠는가를 짐작할 수 있다.

코로나 때문에 제반 사회분위기가 침울하고 경제가 아직 여전히 어렵고 주말학교 학생 수가 줄어든 상황에서 수여된 이 두 차례의 장학금은 사회분위기를 개선하고 학생들의 한글 학습 적극성을 높이고 학부모들의 우리말글 교육 열정을 고양시키고 사기를 진작함에 큰 역할을 하였다. 이름을 밝히지 말라고 부탁하신 후원자님에게는 늘 감사하는 마음이다.

1월 2일 제2회 장학금 수여식, 올해 설립 10주년을 맞는 화동조선족주말학교는 이로써 그야말로 멋진 첫발을 내디디었다.

2021년 제1회 학구장 · 분교장 회의 (온 · 오프라인) 기요

2021년 2월 8일

"우리말글 배움의 요람, 전통문화 전승의 거점, 글로번 경쟁력 함양의 장, 민족 정체성 수호의 보루"가 됨을 목표로 하는 화동조선족주말학교는 2011년 9월 17일 출범하여 어언간 10주년을 맞게 되었다.

지난 10년간 저희 학교는 정부 관련 부문의 배려, 호 · 소 · 절 우리 동포들의 관심과 동참, 여러 교사와 학부모 및 학생들의 노력으로 괄목할 만한 성과를 거두어 16개 학구/분교의 50여 개 학급들은 중국 강남지역 방방곡곡에서 샛별처럼 빛나고 있다.

화동조선족주말학교 설립 10주년을 맞아 다양한 기념사업을 통해 지난 10년의 경험과 교훈, 노력과 성과를 총화하고 다음 10년의 획기적 발전을 위한 기틀을 다지기 위한 2021년 제1회 학구장 · 분교장 회의가 1월 31일(오프라인, 상하이)과 2월 6일(온라인, 현지) 열렸다.

1월 31일 회의 참가자 : 박창근, 방미선, 박해월, 전예화, 현국동, 이동승, 김성춘, 최종민.
2월 6일 회의 참가자 : 박창근, 이해영, 정영복, 김금실, 정화옥, 전명욱, 주경철, 장동진, 김병진, 서해남, 최홍매, 황천윤, 문광희.

개교 10주년 기념사업을 추진하기 위해 우선 학구장·분교장·팀장으로 구성된 조직위원회 구성하고 자료집 편집 제작, 기념 축하 행사, 선진인물 표창, 후원자들(단체, 개인)에 대한 감사신 발송 등에 대하여 아래와 같이 합의를 보았다.

1. 조직위원회
- □ 주　임 : 박창근
- □ 부주임 : 박해월
- □ 비서장 : 전예화
- □ 위　원 : 김금실, 김병진, 김성춘, 방미선, 서해남, 이동승, 이해영, 장동진, 전명욱, 정영복, 정화옥, 조동휘, 주경철, 최종민, 최홍매, 현국동.

2. 자료집
1) 개교 10주년 기념 자료집(2011 - 2021년), ※ 담당자 방미선, 김옥화, 김미선.
① 화동조선족주말학교 설립 10주년 자료집

	내용	책임자	임무통지	1차완성	최종 완성	비고
1	교장의 글	박창근				
2	귀빈 대표 축하의 글	박창근				귀빈 대표 선정
3	학구장, 분교장의 글	방미선 김옥화				소감, 수필, 시
4	교사들의 글 학부모들의 글 수료생들의 글	방미선 김미선	2월 28일	4월 30일	7월 31일	소감, 수필, 시
5	설립 10년 래 기초자료 학급,교사,학생 명단 학생 모집,개학,방학 사진 수업,시험,과외활동사진 4대 행사 관련 사진 종이매체에 실린 글	방미선		4월 30일	7월 31일	학급 수,교사 수, 학생 수와 민족 관련. 사진, 기사,영상 정리.

6	한국 재외동포재단 후원 상황	박창근 김금실				교구, 악기 등도
7	설립 10주년 총화	박창근				
8	10년래 특수 공헌 교사,학부모 표창	박창근 방미선				선정, 표창장 제작
9	10년래 후원 단체, 개인 명단	박창근 전예화				
10	교장 이하 전체 교사, 행정인원 표준 사진 각 한 컷	방미선 김옥화 김미선				현직, 원직 교사, 분교장, 학구장, 행정인원
11	"황포강반의 우리말 지킴이"	방미선				

② **연락처 : 방미선 교수, 전화** 15567663053

2) 종이매체에서 본 화동조선족주말학교 10년 여정(2011 - 2021년).

※ 담당자 방미선

□ 자료수집 : 방미선

□ 편　　집 : 방미선

① 수집 원칙

• 종이 매체를 통해 나타난 화동조선족주말학교 관련 모든 자료

• 개인 프라이버시 침해 가능성이 있는 부분은 삭제

② 성과 형태

• 원본, 발표된 글을 오려 백지에 붙여 만든 책, 도서관 소장

• 위의 전자판(무료 배포)

• 전자판을 출력한 사본(학교 도서관, 학구, 분교, +α), 추가 출력 가능

• 사본의 공식 출판 가능성 배제 안함

③ 자료 수집 범위
- 신문(참좋은 세상, 상하이저널, 상해한인신문, 자유코리아 등)에 실린 글
- 잡지에 실린 글
- 책에 실린 글
- 전단지(광고, 학생 모집 등)
- 기타

④ **연락처 : 방미선 교수, 전화** 15567663053

3) 화동조선족주말학교 설립 10주년 기념 앨범(2011 - 2021년).

※ 담당자 정영복
- 사진수집 : 정영복
- 문자 : 수요에 의해 1명 추가 가능.
- 편집 : 전문 업체에 위탁(예 : 淘宝)

① 3항 원칙

재학생 및 그 부모와 현 담임교사, 학교 현임 직원 모두의 사진 포함.
교내외의 공헌이 비교적 큰 분들이 누락되지 않도록 특별히 유의.
기존 사진 or 필요시 새로 촬영.

② 앨범 형태
- 전자판(무료 배포)
- 인쇄물 20책(학교 도서관 소장, 분교, 학구, +α)
- 수요에 따라 추가 인쇄 가능(비용 자부담 여부는 모금 상황 보아 결정)

③ 사진 수집 범위
- 학구/분교의 대표적 건물(교실) 사진(실황 반영)

- 학교 행사 사진(장기자랑, 교사연수회, 낭독대회, 학부모회장 연수회, 장학급 수여식)
- 학구/분교/학급 행사 사진(송년회, 야유회, 명절 등)
- 수업 장면 사진, 단체 or 개인
- 개인 활동사진 : 학생 학습 장면, 교사 강의 장면, 도서 정리 노동 장면 등
- 기타
④ **연락처 : 정영복 홍보팀장**, **전화** 13382171290

3. 개교 10주년 경축대회 – 사례/시상/문예공연/체육대회

개교 10주년 경축대회는 사례, 시상, 문예공연, 체육대회 등 내용과 형식으로 진행한다. 지난 10년간 수많은 후원 단체·개인의 후원에 대한 사례와 우수 교직원·학부모·학생에 대한 시상은 경축대회 중 시행한다. 코로나 사태의 상황에 의해 문예공연과 체육대회는 함께 할 수도 따로 할 수도 있으며, 또한 이 두 행사는 학교 전체 구성원들이 한데 모여 할 수도 있고 분교/학구별로 할 수도 있다. 일단 학교 전체 구성원들이 한데 모여 문예공연 1회, 체육대회 1회를 하기로 계획해 놓는다. 여건이 허락하지 않을 경우 학구/분교별로 하고 동영상을 촬영하여 조합하기로 한다.

3.1 문예공연 ※ 담당자 : 이동승

① 무대 : 230명 규모
② 참여하는 모든 어린이들에게 표현 기회를 부여
③ 모든 문예형식에 가능성 부여
④ 교사와 학부모들에게도 기회 제공
⑤ **연락처 : 이동승 쟈딩학구장**, **전화** 13386017398

※ 상품 : 실물 후원 접수 및 구입

3.2 체육대회 ※ 담당자 : 현국동
① 장소 : 500명 정도 참가
② 참가하는 모든 어린이들에게 기회 부여
③ 다양한 종목에 가능성 부여
④ 교사와 학부모들에게도 기회 제공
⑤ **연락처 : 현국동 푸둥학구장, 전화** 18321395012
※ 상품 : 실물 후원 접수 및 구입

3.3 시상식 ※ 담당자 전예화
① 우수 교사, 우수 학부모, 우수 학생에 대한 시상은 위의 문예공연/
　체육대회 중에 시행한다. 구체적인 시행 방안은 별도로 작성한다.
② **연락처 : 전예화 비서장, 전화 :** 13641876681

3.4 지난 10년간의 후원 단체·개인에 대한 사례. ※ 담당자 : 전예화
① 개교 10주년 경축대회 중 기념사업 조직위원회는 전교 교직원,
　학부모 및 학생들의 뜨거운 마음과 정성이 담긴 감사의 편지를
　그 동안 저희 학교를 후원해 주신 각 단체와 각 개인에게 정중히
　드릴 것이다.
② **연락처 : 전예화 비서장, 전화 :** 13641876681

4. 기념 사업 협찬 관련
　상하이·강소성·절강성 소재 조선족 어린이들을 위한 공익사업으
로서 우리 주말학교는 재정상에서는 "학비+후원+봉사"에 의해 운영되
고 있다. 개교 후 10년간 학교장, 학구장들과 분교장들은 무료봉사를

하고 있지만 학생 수가 적고 학비를 적게 받기 때문에 교실임차료, 강의료, 각종 행사 비용 등을 지불하기 위해서는 부분적으로 외부 후원을 받지 않을 수 없는 것이 우리 주말학교의 현실이다. 지난 10년간 조선족 기업인 등 각계 인사들과 관련 단체들의 후원, 중국내 한국 기업인들과 관련 단체들의 후원, 그리고 한국 재외동포재단의 후원은 우리 주말학교의 건전한 발전에 중대한 기여를 하였다. 이에 우리 주말학교 모든 학생, 학부모와 교직원들은 늘 고맙게 생각하면서 후원자들의 성의와 성금을 우리가 전진하는 원동력으로 전환시키기 위해 노력한다.

개교 10주년을 맞아 이미 후원 의향을 표시한 단체들 및 개인들에게 기념사업 조직위원회에서는 충심으로 감사드린다. 구체적인 후원 방식 등에 대해서는 아래의 연락처로 연락주시면 안내해 드린다.

연락처 : 전예화 비서장, 전화 13641876681.

5. 지난 10년의 총화, 향후 10년의 창조

개교 10주년 기념사업은 우리학교의 업그레이드를 위한 하나의 중요한 계기가 될 것이다. 이를 위해서는 기념사업을 잘 추진하는 동시에 일상 사업도 더욱 잘 하여야 한다. 특히 코로나 사태에 잘 대처하는 동시에 코로나 사태로 인해 생길 수 있는 '침울'한 분위기를 타파하고 학생 모집, 교사진의 강화, 수업 질서의 정상화 등을 유력하게 추진해야 한다. 지난 10년보다 더 멋진 새 10년을 창조하자.

[박창근 정리]

2021 - 1학기를 맞아

2021년 3월 1일

저희 주말학교는 2020년 코로나 사태에 능동적으로 대응하여 온·오프라인 방식으로 정상적인 수업을 견지하였을 뿐만 아니라 장기자랑모임, 교사연수회와 낭독대회를 성공적으로 개최하였습니다.

2021년은 저희 주말학교 설립 10주년입니다. 개교 10주년 기념사업들을 힘있게 추진하는 동시에 주말학교 본연의 수업과 기타 사업들을 잘 추진해 나가야 합니다.

1. 개학 · 방학

학기	개학일	방학일	비고
제1학기(3 - 6월)	3월 6/7일(토/일)	6월 26/27일(토/일)	
제2학기(9 - 12월)	9월 4/5일(토/일)	12월 25/26일(토/일)	

2. 올해의 주제어 : 개교 10주년 기념 사업

개교 10주년을 맞아 〈5대 사업〉을 추진합니다. 즉 3부 자료집의 편집과 2대 행사의 진행입니다. (자세한 내용은 〈2021년 제1회 학구장 · 분교장 회의(온 · 오프라인) 기요〉(2021년 2월 8일) (학교 공식계정 : 화동조선족주말학교 설립 10주년 기념사업 안내)를 참조하기 바랍니다.)

① 자료집 : 〈화동조선족주말학교 연혁과 현황(2011 - 2021)〉(잠정)
　　담당자 : 방미선 교수, 김옥화 교사, 김미선 교사.

② 자료집 : 〈종이매체에서 본 화동조선족주말학교 10년 여정(2011
－ 2021)〉(잠정)

　　담당자 : 방미선 교수

③ 자료집 : 〈화동조선족주말학교 설립 10주년 기념 앨범(2011 －
2021)〉(잠정)

　　담당자 : 정영복 홍보팀장

④ 기념행사 : 개교 10주년 기념 장기자랑(체육대회)

　　담당자 : 현국동 박사

⑤ 기념행사 : 개교 10주년 기념 장기자랑(문예공연)

　　담당자 : 이동승 사장

3. 4대 행사

	행사명	일시	장소	담당자	비고
	화동조선족주말학교 2021년 4대 행사				
1	2021 어린이 낭독대회	□ 3－5월 △ 6월6일(일)	□ 예선,학급소재지 △ 본선,상하이.	전예화	초등반 학생들 행사
2	2021교사연수회	8월 8일(일)	상하이	방미선	학교 교직원
3	제10회 장기자랑 대회 (문예공연)	9월 18일(토)	상하이	이동승	개교기념활동, 각계 귀빈 등 230명 정도
	제10회 장기자랑 대회 (체육대회)	11월 7일(일)	상하이	현국동	개교기념활동, 500명 정도.
4	2019 학부모회장 연수회	12월 5일(일)	상하이	(미정)	1학급 1명 학부모 대표.

＊ 장기자랑(체육대회와 문예공연)은 개교 10주년 기념행사입니다.

4. 제1학기

① 2021년 제1학기(3－6월)는 3월 6/7일 개학입니다.

② 각 학구/분교에서는 소속 학급 담임교사의 임직 상황을 3월 4일
까지 〈교사 명단 일람표〉에 기입하여 방미선 교수한테 바치기
바랍니다.

③ 모든 학구/분교에서는 각 학급 수업진도표를 작성하여 학교에 바치기 바랍니다.

④ 각 학구/분교에서는 개학을 맞아 교실, 교과서, 칠판 및 칠판펜 등이 준비되어 있는가. 3월 3일 전에 최종 확인하고 미흡한 사항은 개학 전에 보완하기 바랍니다.

⑤ 기존 학급들에서는 개학일 첫 시간에 10 - 15분 정도 이용하여 개학식을 열고 개학을 선포함과 동시에 새 학기 수업 진도 및 계획, 개교 10주년 5대 사업 및 기타 행사, 새 학기 요구 사항 등을 전체 학부모와 학생들에게 얘기해야 합니다. 가능하면 학구장/분교장이 참석하여 축사를 하시기 바랍니다.

⑥ 신설 학급들에서는 30분 정도 이용하여 담임교사의 사회로 개학식을 열고 학교 소개, 담임교사의 자기소개, 학부모 대표와 학생 대표의 발언 등으로 진행하기 바랍니다. 되도록 학구장/분교장이 참석하여 지도를 하기 바랍니다.

⑦ 소정의 학비를 수납해야 합니다. 분교에서는 수납된 학비를 분교 자체 관리사용하고 본교에서는 학부모들이 전예화 재무담당자에서 직접 학비를 납부해야 합니다. 본교 학비 기준과 납부 방식에 대해서는 별도로 구체적인 안내가 있게 됩니다.

⑧ 각 학구/분교들에서는 3월 말까지 소속 학급 〈학생 명단 일람표〉와 소속 학급 〈정/부 학부모회장 명단〉을 방미선 교수에게 바쳐야 합니다.

⑨ 모든 학급 담임교사들은 매번 수업이 끝나는 대로 당 학급 학생 출석상황을 학교에 보고해야 합니다. 본부 학급들에서는 오춘실 교사에게, 분교 학급들에서는 최군 교사에게 보고하기 바랍니다. 오춘실·최군 두 분은 이 자료들을 학구별/분교별로 정리하여 교장에게 보고하기 바랍니다.(오춘실 : 전화 18117150619; 최군 :

전화 18817833975)

⑩ 도서관에서는 어린이들이 즐겨 보는 도서들, 그리고 신착 도서들에 대한 홍보를 강화하는 등 여러 조치를 도입하여 도서 이용률을 높이기 바랍니다. 독서량이 높은 학생들을 장려하는 조치도 고려해 보기 바랍니다.

⑪ 이번 학기에도 학구·분교·학급 신설에 의한 신입생 모집, 그리고 편입생/전입생 접수에 노력해야 하며, 그들이 우리 학교 질서에 잘 적응하도록 관심하기 바랍니다.

⑫ 학교 웹사이트와 공식계정에 실린 글들을 많이 참고하기 바랍니다.(학교웹사이트 : wrm.kr ; 공식계정 : baeumteo)

화동조선족주말학교 설립 10주년 기념
2021 조선족 어린이 한국어 낭독대회 요강

2021월 4월 1일

1. 진행 방식 : 1단계인 예선은 학구/분교 소재지에서 하고, 2단계인 본선은 상하이에 모여 한다.

2. 본선 경연 일시 : 2021.06.06(일요일, 상하이), 14:00 - 16:00.

3. 신청자격 : 화동지역 (상하이 , 절강성 , 강소성) 조선족 어린이 (나이 : 6 - 14세).

※ 화동조선족주말학교 유아반 어린이는 이번 대회 참가가 불가하지만 특수 능력자는 관련 자격 심사를 거쳐 본선 경연에 참가할 수 있다.

※ 화동조선족주말학교 재학생 외의 화동지역 조선족 어린이 참가 신청자인 경우 관련 자격 심사를 거쳐 본선 경연에 참가할 수 있다.

※ ⟨2020년 제1회 학구장 · 분교장 회의(온라인) 기요⟩에 따라 낭독대회 본선 경연 중복 참가가 가능하다. 단, 2020년 금상 수상자는 올해에 연속 참가함을 제한한다.

4. 낭독 지정 도서

1) 지정 도서: 10종

(1) 토끼와 자라, (2)흥부와 놀부, (3)서울쥐와 시골쥐, (4)개구리 왕자, (5)콩쥐 팥쥐, (6)신데렐라, (7)해와 달이 된 오누이, (8)바보온달

과 평강공주, (9)백설 공주, (10)혹부리 할아버지.

2) 모든 신청자는 위의 10종 도서 중 가장 감동 받았던 단락이나 함께 나누고 싶은 단락을 자율로 선정할 수 있다. 예전에 선정된 적이 있었던 자료나 이번에 타인에 의해 선정된 자료도 중복 선정할 수 있다.

3) 낭독 대회는 선정된 자료를 "보면서 낭독하는" 방식으로 하고, 낭독 시간은 1-2분으로 한다.

5. 심사위원회 : 외부 인사 5명으로 구성한다. 심사는 낭독자의 "발음, 감정, 태도"를 종합 고려하게 되는데 세부 규정은 제정하는 중이다.

6. 예선/본선 안내

1) 예선 경연 : 본선 경연 참가자를 선발한다.
    (1) 선발 인수 : 1학급 1명
    (2) 선발 방식 : 학급 내 경연(학구나 분교 단위로 조직할 수도 있다)
    (3) 선발 후 제출 서류 : 낭독자료 워드파일, 신청표.
    (4) 제출마감일: 5월 23일까지 학구장/분교장을 통해 본 낭독대회 담당자에게 제출.

2021 조선족 어린이 낭독대회 본선 경연 참가 신청표								
학생 이름 (한글/한자)	나이	성별	학년	주말학교 소속학급	도서	쪽	지도 교사	비고

2) 본선 경연
    (1) 장소 : 상하이에 집중하여 경연.

(2) 일시 : 6월 6일 14:00-16:00

(3) 참가자 : 낭독자, 학구장/분교장, 지도교사, 학부모, 귀빈.

7. 시상

상	수상자	부상 (위안)	비고
금상	1명	500	+상품
은상	2명	(1인당)300	+상품
동상	3명	(1인당)200	+상품
장려상	기타 대회낭독자	(1인당)100	+상품

8. 주최 : 화동조선족주말학교

9. 담당자 :

전예화 선생님(책임), 13641876681

김석매 선생님(보조), 15764372400

10. 오늘의 멋진 무대, 내일의 멋진 인생!

[박창근]

항주분교 설립식에서의 축사

2021년 5월 9일

존경하는 김영철 항주조선족연합회 회장님,
존경하는 안광록 항주조선족연합회 고문단 단장님,
존경하는 장석님 항주 한인회 수석 부회장님,
존경하는 전명옥 항주분교장 선생님 및 교사 여러분,
존경하는 학부모님들 및 참석자 여러분,

안녕하십니까!

오늘 화동조선족주말학교 본교와 분교의 여러 학구장과 분교장들이 축하하러 이곳에 왔습니다. 어느 한 분교가 설립될 때 이렇게 많은 학구장과 분교장들이 모이기는 처음입니다. 우선 저는 화동조선족주말학교를 대표하여 항주분교의 설립을 열렬히 축하합니다!

화동조선족주말학교는 2011년에 설립되어 이미 10주년이 되었습니다. 상하이 양푸구와 푸둥신구에서 출발한 우리주말학교는 10년간의 노력을 거쳐 상하이에는 푸둥, 숭쟝다쉐청, 쥬팅, 민항, 쟈딩, 린강 등 6개 학구가, 강소성에는 소주, 무석, 곤산, 화챠오, 상주, 태창 등 6개 분교가, 그리고 절강성에는 가흥, 소흥, 주지, 이우, 닝버, 항주 등 6개 분교가 있게 되었습니다. 비록 거의 전부 인원이 겸직 또는 "업여"로 주말학교 교육에 참여하지만 학교 규모는 방대하다고 할 수 있습니다. 학생수는 300명 정도, 학급는 50여 개, 교직원은 70여 명입니다. 중국 조선족주말학교 중에서는 아마 제일 규모가 클 것입니다. 전 세계 1800여 개 한글주말학교 중 우리학교는 아마 규모가 큰 데에 속할 것 같습니다.

우리학교에서 가르치는 것은 주로 두 가지, 하나는 우리말글이고, 다른 하나는 전통문화입니다. 전통문화 교육에는 우리민족의 가요, 무용, 체육, 유희, 그리고 예의범절, 풍속습관 등과 김치담그기 등 실기 훈련도 포함됩니다. 책에서만 배우는 것이 아니라 실천 중에서, 특히 학생들 상호간의 교류와 접촉에서 배우게 됩니다.

이를 위해 우리학교에서는 해마다 4대 행사를 진행합니다. 즉 장기자랑, 교사연수회, 낭독대회, 학부모회장 연수회 등입니다. 올에는 개교 10주년 기념사업들 때문에 위의 행사 일정을 조정하였습니다. 낭독대회는 6월 6일, 교사연수회는 8월 8일, 장기자랑 문예공연은 9월 18일, 장기자랑 체육대회는 11월 7일, 학부모회장 연수회는 12월 5일에 하게 됩니다. 항주분교 어린이, 선생님과 학부모 여러분도 위의 관련 행사에 참가하기 바랍니다.

그외에 우리주말학교에서는 개교 10주년을 맞아 3가지 책을 만들고 있습니다. (1)『종이 매체에 실린 화동조선족주말학교 10년 여정(2011-2021)』, (2)『화동조선족주말학교 설립 10주년 기념 종합자료집』, (3)『화동조선족주말학교 설립 10주년 기념 앨범』입니다. 그리고 『조선족주말학교 운영방식 모색 10년』이란 책은 제가 복단대학에서 정년퇴임한 후 화동조선족주말학교를 세우고 운영하는 과정에서 쓴 계획서, 축하문과 발언고 등을 모은 것입니다. 머지않아 한국에서 출판하게 됩니다.

우리는 지난 10년을 총화하고 새로운 10년을 창조하려 합니다. 학교 운영에서 여러 가지 새로운 아이디어와 제안들을 내놓고 있습니다. 우선 세 가지입니다.

1) 우리말글 교육대상을 어린이들로부터 확대하여 각종 형식의 성인 한글반도 운영하려 합니다.

2) 수업을 주말에만 하던 데로부터 주중 수업도 가능토록 하려 합니

다. 그리고 "방학반", "야학" 등도 가능토록 하려 합니다.

3) 휴교상태에 처해 있는 두 개 분교를 부활시키고, 재단 등록이 안 되어 있는 분교의 재단등록을 추진하며, 남경 등 중요 도시에 분교를 설립하기 위해 계속 노력할 것입니다.

우리 화동조선족주말학교의 분투목표와 노력방향은 "우리말글 배움의 요람, 전통문화 전승의 거점, 글로벌 경쟁력 함양의 장, 민족정체성 수호의 보루"가 되는 것입니다. 긴 안목에서 보면 호소절의 조선족, 즉 중국 강남 지역 조선족 사회가 살아남으려면 조선족주말학교가 살아남아야 하고, 조선족주말학교가 살아남으면 이 지역 조선족 사회도 살아남을 수 있습니다.

마지막으로, 항주분교의 고속 성장을 기원하며, 우리 함께 강남지역 조선족 사회와 교육의 번영 발전을 위해 노력합시다!

감사합니다.

2021 조선족 어린이 낭독대회 심사위원회 출범

2021년 5월 25일

개교 10주년을 맞아 화동조선족주말학교에서는 여러 가지 기념사업이 추진되고 있습니다. 지난 2017년에 시작된 낭독대회는 제5회를 맞게 되었습니다. 기념사업 때문에 낭독대회 본선 경연일을 앞당기어 준비 시간이 크게 줄었지만 학구/분교들에서는 열심히 준비하여 예선을 거쳐 본선 경연 참가자를 선발하였습니다. 푸둥학구에 신설한 성인반 학생들도 기념 낭독을 하기로 했습니다. 역동적인 시대적 모습을 보여준다고 할까, 올해 심사위원회도 혁신 양상를 보이고 있습니다. 한 차례의 대면 회의 및 여러 차례의 위챗방 검토를 거쳐 심사위원회에서 보내온 자료들을 아래에 공개합니다.

1. 2021 낭독대회 심사위원회는 5명으로 구성한다. 구성원이 많이 바뀌었는데 심사위원회 구성의 합리화를 위한 노력의 소산이라 할 수 있다.

2. 모든 심사위원은 6월 6일 출석해야 하며, 부득이한 원인으로 결석하게 될 경우 반드시 6월 4일 정오 전에 심사위원장에게 신고해야 하고, 이와 동시에 당사자는 심사위원 자격을 상실한다. 학교장은 6월 5일까지 신임 심사위원을 추가 위촉한다.

3. 심사위원들은 개회 1시간 전에 대회장소에 도착하여 예비회의를 연다.

4. 심사 위원 명단은 낭독대회 당일 대회 석상에서 공개한다.

5. 심사위원들이 채점할 때 심사기준은 아래와 같다.

화동조선족주말학교 낭독대회 심사기준			
항목	점수(100점)	심사 중점	채점(예)
낭독	40%	유창성	38,5
발음	30%	정확도	29,5
감정	20%	표현력	19,2
청중	10%	호응도	9,9
계			97,1

(심사위원회)

6, 각 심사위원은 자기 개인의 이해에 의해 채점하되, 모든 낭독자
   들에게 자기 나름의 기준을 동일하게 적용해야 한다.

7. 각 심사위원의 각 낭독자에 대한 평점은 100점 만점으로, 소수점
   아래 한 자리까지를 유효 숫자로 한다.

8. 심사 위원 5명이 공개 제출한 점수 중 최고 점수 하나와 최저
   점수 하나를 빼고 나머지 세 점수를 합산하여 낭독자의 최종 득
   점으로 한다. 만점은 300점이다. 예 : 심사위원들의 채점 결과가
   98.0, 98.0, 95.0, 89.0, 89.0일 경우, 최종 득점은 98.0+95.0+89.0
   =282.0이 된다.

9. 동점이 발생하여 "필요 순위" 판정이 불가능할 경우, 지정 도서
   중에서 심사위원장이 선정한 동일 구절을 해당 낭독자들이 추가
   낭독하도록 하고 심사위원들의 채점을 거쳐 순위를 정한다.

10. 심사위원장은 위의 심사 결과에 의해 낭독자들의 등수를 정하고
    발표한다.

[박창근 정리]

2021 조선족 어린이 낭독대회 자료집 머리말

2021년 5월 30일

반론은 있겠지만 여기서는 모든 민족 언어의 자연적인 발전 과정은 "선(先)구어 후 (後) 문어"라고 설정한다. 우리민족은 수천년의 역사를 자랑하지만, 혹은 우리민족은 수천년 전의 고조선 시대에 이미 자기의 음성 언어가 있었겠지만, 민족 고유의 문자 언어, 즉 한글의 역사는 아직 600년도 안되고, 더욱이 한글을 민족 전체가 보편적으로 사용하기는 겨우 100여 년밖에 안된다.

이렇게 문자 언어적 측면에서 보면 한국어는 역사가 일천한 언어다. 그런데 한국어는 포르투갈어와 함께 2007년에 국제 "특허협력조약"(PCT)이 지정한 국제공개어가 되었고 관련 업무는 2009년부터 시작되었다. 다른 국제공개어인 영어, 프랑스어, 러시아어, 스페인어, 중국어, 아랍어는 유엔공용어이고, 독일어, 일본어, 포르투갈어는 사용 인구가 1억을 넘음을 고려하면 한국어의 국제 위상이 상당히 높음을 알 수 있다.

한국어가 세계 10대 언어 중의 하나로 평가되면서 한글을 배우는 사람도 아주 많아졌다. 더욱 많은 사람들의 한국어 학습을 격려하여서일까, 한국인들은 한글이 배우기 쉽다는 것을 특별히 강조한다. 그러면 한글은 과연 그렇게 배우기 쉬운 문자인가? "선구어 후문어"라는 자연적 언어학습 과정으로 한글을 배운 필자는 당연히 그렇게 느꼈었다. 한글은 표음문자 중의 음소문자라 표의문자나 음절문자보다 배우기 쉽다고 평가하는 말을 들으면서 그렇다고 수긍하기도 하였다.

그런데 화동조선족주말학교 개교 10주년이 되는 올 초에 한 학부모한테서 그집 애가 주말학교에서 2년이나 배웠는데 한글로 된 책을 읽을 줄 몰라 이제는 주말학교에 보내지 않는다는 얘기를 들었는가 하면, 내가 직접 한 학급에 가서 한 학생한테 한글 책을 읽어보라 하였는데 제대로 읽지 못함을 목격하였다. 그애는 이미 주말학교를 수년간 다닌 애다. 한글 배우기가 이렇게 힘든가? 나는 고민하지 않을 수 없었다.

결과적으로 나는 한글을 너무 쉽게 생각한 것이 잘못이라는 결론에 이르렀다. 우리말을 할 줄 아는 한민족 구성원에게는 한글이 배우기가 아주 쉬울 수 있지만 우리말을 할 줄 모르는 사람에게는 한글은 결코 배우기 쉬운 문자가 아니다. 한글 학습에서의 곤란을 너무 무시했던 것이 우리말글 교육이 여의치 않은 하나의 원인이라고 생각하게 되었다.

한글은 통상 음소인 자모의 발음이 그대로 음절인 "글자"에 반영되기에 자모 발음과 철자법만 알면 한글로 쓴 모든 단어와 문장을 읽을 수 있다고 오평된다. 한글 배우기를 "식은 죽 먹기"로 간주하는 주 이유가 바로 모든 "글자" 속 자모의 발음과 홀로 있는 자모의 발음이 고도로 일치하다는 것이다. 이 양자의 "일치 여부"로 음소문자를 평가할 때 한글은 영어 문자보다는 훨씬 우수하다고 할 수 있지만 다른 음소 문자인 러시아어나 독일어 등보다는 별로 우수하다고 할 수 없다. 정확한 결론은 좀 더 깊은 비교 연구를 거쳐야 도출할 수 있겠지만 한글은 결코 유리 상태의 자모 발음이 단어나 문장 중에서 변하지 않는 문자는 아니라는 것을 알 수 있다. 이에 대한 인식의 부재로 한국어 교학에서 발음, 낭독 등 환절이 너무 홀시된 것 같다.

사실상 한글은 각 자모가 단독으로 있을 때의 발음과 그들의 단어나 문장에서의 발음은 아주 많은 차이를 보여준다. 한국어에서 연음, 경음화, 음의 동화, 첨가와 생략 등은 대단히 널리 발생한다. 때문에 한국어는 자모(예: ㄱ, ㅏ, ㅂ, ㅅ)의 발음을 안다고 하여 자모로 구성된 "글자"의 발음(예 : ㄱ, ㅏ, ㅂ, ㅅ ⇒ 값 ⇒ 갑)을 바로 알 수 있는 것이 아니고, "글자"의 발음을 안다고 하여 "글자"로 구성된 단어의 발음(예:국+

민⇒국민⇒궁민)을 바로 알 수 있는 것이 아니며, 각 단어의 발음을 안다고 하여 이들로 구성된 복합단어의 발음(예 : 겉+모습 ⇒ 겉모습 ⇒ 건모습)이나 단어결합의 발음(예 : 연잎+위에 ⇒ 연닙+위에 ⇒ 연니 뷔에)을 바로 알 수 있는 것이 아니다.

때문에 한국어 교학에서 음성 언어 교학은 반드시 크게 중요시되어야 한다. 특히 말하거나 들을 기회가 별로 없는 환경에서 한국어를 배우는 어린이들에게는 낭독이 말하기 능력과 듣기 능력을 양성하는 가장 기본적인 훈련 방식의 일종이라 할 수 있다. 또한 낭독을 잘 하려면 관련 발음법을 배우고 한국인의 언어생활 습관을 알아야 하며, 특히 반복적인 낭독훈련을 거쳐야 한다. 우리 주말학교의 우리말글 교육은 어린이들이 "한글을 보면 소리 내어 읽을 수 있도록" 하는 것을 하나의 가장 기본적인 요구사항으로 하고 있다. 학부모들도 어린이들이 이러한 수준에는 달할 것을 바란다. 2017년부터 해마다 열리는 "조선족 어린이 낭독대회"는 아직 매우 부족하지만 이를 위해 나름대로의 기여를 하고 있다.

지난 10년을 회고하면서 반성해 보노라니 향후 학생들의 낭독 능력 향상에 더욱 노력해야 하겠다는 생각으로 어깨가 무거워진다. 하지만 코로나와의 전쟁 속에서도 낭독대회에 적극 참여하는 교사, 학부모와 어린이들이 있기에 필승의 신심은 여전하다.

마지막으로 2021년 낭독대회를 준비하느라 수고한 모든 분들과 해마다 낭독대회를 후원하는 월드옥타 상해지회에 깊은 감사의 인사를 드린다. 그리고 낭독대회 자료집을 만드느라 수고한 이해영 교수에게 깊이 감사한다.

화동조선족주말학교에서 편집 인쇄한 자료집

1. 교사연수회 자료집

1) 2016 화동조선족주말학교 교사연수회 자료집. 2016년, 총 142쪽.
2) 2017 화동조선족주말학교 교사연수회 자료집. 2017년, 총 196쪽.
3) 2018 화동조선족주말학교 교사연수회 자료집. 2018년, 총 82쪽.
4) 2019 화동조선족주말학교 교사연수회 자료집. 2019년, 총 196쪽.
5) 2020 화동조선족주말학교 교사연수회 자료집. 2020년, 총 108쪽.

2. 낭독대회 자료집

1) 2017 조선족 어린이 낭독대회 자료집. 2017년, 총46쪽.
2) 2018 조선족 어린이 낭독대회 자료집. 2018년, 총66쪽.
3) 2019 조선족 어린이 낭독대회 자료집. 2019년, 총54쪽.
4) 2020 조선족 어린이 낭독대회 자료집. 2020년, 총62쪽.

3. 학부모회장 연수회 자료집

1) 2016 화동조선족주말학교 학부모회장 연수회 자료집. 2016년, 총100쪽.
2) 2017 화동조선족주말학교 학부모회장 연수회 자료집. 2017년, 영상자료.
3) 2018 화동조선족주말학교 학부모회장 연수회 자료집. 2018년, 총50쪽.
4) 2019 화동조선족주말학교 학부모회장 연수회 자료집. 2019년, 총82쪽.

부록 II

'뿔뿔이'와 '풀뿌리'—화동조선족주말학교에서 느낀다

채영춘[11]

'뿔뿔이'와 '풀뿌리'는 어원이나 의미에서 전혀 색다른 단어임에도 쌍둥이처럼 안겨오는 데는 아무래도 우리 민족의 근성과 생태를 떠올리는 그 무언가가 잠재해있는 까닭이 아닐까 싶다.

'뿔뿔이'의 흩어져 떠나간다는 의미와 달리 '풀뿌리'는 식물체를 땅에 고착시키고 물과 영양물질을 흡수하여 생장조절 물질과 식물호로몬을 합성하여 번식기능을 수행하는 끈질긴 정착력의 대명사로 인식돼왔다. 그러니까 '뿔뿔이'는 떠난다로, '풀뿌리'는 고착된다로 완전히 상반되는 뜻을 담고 있다. 전혀 색다른 의미의 단어지만 조선족의 150여년 역사에 신통히 걸맞은 표현이 아닌가 하는 생각을 가져본다.

150여년 전, 우리 선인들은 살길을 찾아 '뿔뿔이' 중국땅으로 이주하여 들어와 개척의 첫 괭이를 박으면서 중국조선족의 억센 '풀뿌리'를 내렸다. 그리고 150년 후, 글로벌시대에 부응한 조선족 후예들은 해외와 국내 여러 지역으로의 '뿔뿔이' 대이동으로 새로운 디아스포라 다문화 삶의 '풀뿌리'를

---

11) 채영춘 프로필 : 1951년 3월, 중국 길림성 연길시 출생. 연변대학 중문학부 졸업. 연변주 당위 "지부생활" 잡지사 총편집, 연변텔레비전방송국 국장, 연변주 신문출판국 국장, 연변주 당위선전부 상무부부장 역임. 현재 "연변일보" 논설위원, 연변대학 객원교수, 중국작가협회 회원. "연변일보" 해란강 문학상, "청년생활" 화신문화상, 연변주 "진달래 문예상" 영예상, 창작상, 연변주 민족문화전승발전 돌출기여인물상 등 수상. 에세이집 "내일도 연은 하늘에서 날 것이다", "샘이 깊은 물", "岁月情", "내일은 오늘에서 모양 짓는다" 등 출간.

내리고 있다.

그런데 우리 민족의 '뿔뿔이'와 '풀뿌리' 사이를 합성시키는 연결고리가 민족교육이 아닌가 한다. 다시 말해 '풀뿌리'를 낯선 땅에 내리기 위한 점착제와 같은 기능이 민족교육의 힘으로 완성되는 것이다.

1906년 중국조선족 근대교육의 효시로 되는 서전서숙을 불씨로 지펴진 근대 민족교육의 불길은 조선족이 뿌리를 내린 동북지역에 470여개의 조선인 사립학교의 탄생을 가능하게 하면서 중국조선족 '풀뿌리' 정착을 위한 정신적 밑거름으로 될 수 있었다.

돌이켜 보면 조선족의 이동과 정착을 동반한 민족교육 향학열이야말로 우리 민족이 그 어떤 열악한 환경에서도 끈질기게 삶의 뿌리를 내릴 수 있게 한 내적 동력이었다.

개혁개방 이래 단일한 동북지역 조선족 거주 구도가 변화돼 국내 연해지역으로 폭넓게 확산세를 타면서 우리 민족 지성인들의 향학열은 국내 심장부에서 새로운 흐름을 탄다.

일전에 필자는 SNS을 통해 화동조선족주말학교의 멋진 활약상을 읽으면서 가슴 뭉클한 감동을 느꼈다.

세계가 주목하는 국제도시 상해에 보란 듯이 오픈한 조선족주말학교가 내건 슬로건이다.

"우리말과 글 배움의 요람, 전통문화 전승의 거점, 글로벌경쟁력 함양의 장, 민족정체성 보전의 보루!"

연해지역 도시의 조선족인구는 급증하고 있지만 민족교육 기관이 거의 없는 이런 도시에서 우리 말, 우리글 이 조선족 어린이들로부터 점점 멀어져가고 있으며 중국 조선족 사회에서 '우리 말 벙어리', '우리 글 문맹'이 양산되고 있는 안타까운 현실에 제동을 걸기 위한 대안으로 발족시킨 조선족주말학교이다.

"말로만 중요성을 강조하고 이론적 연구에만 그쳐서는 아무런 의미가 없다."면서 설립한 상해조선족주말학교가 그 영향력이 확대되어 화동조선족주말학교로 변신하면서 올해로 10년을 맞는다. 그 선두에 복단대학 박창근

376

교수가 총대를 메고 있다. 뛰어난 지략과 식견, 탁월한 학문적 수양을 겸비한 '천재'로 소문난 명문대 교수가 민족의 운명을 걱정하여 여생을 화동지역 조선족 어린이들과 함께 한다는 집념으로 벌리고 있는 거사를 두고 필자는 '뿔뿔이' 흩어져있는 화동지역 조선족들을 민족교육의 힘으로 통합시켜 중국대지에 억센 '풀뿌리'로 뿌리를 내리도록 이끄는 21세기 화동의 '서전서숙'을 떠올리게 한다.

올해 초 코로나19가 확산되기 시작할 때에도 화동조선족주말학교는 '온라인 수업' 방식을 도입하여 3월초에 개학, 개강하였고 6월초부터는 '온 · 오프라인 수업'을 병행하였으며 9월에 시작된 제2학기에는 '대면수업'으로 전문 복귀하였다. 코로나 19가 창궐했던 때에도 화동조선족주말학교의 수업은 멈추지 않았다는 말이 된다.

"2020년의 승자는 코로나가 아니라 우리다! 코로나와의 싸움에서 승리는 우리 민족 차세대, 차차 세대의 우리말과 글 및 전통 문화교육에 대한 의지와 열정, 헌신정신이 있었기에 가능하였고 이러한 의지와 열정, 헌신정신의 현실화에 기여한 올바른 방안, 방법과 방식이 있었기에 가능하였다." 화동조선족주말학교 교장 박창근 교수의 자랑찬 독백이다.

연변은 전국의 유일한 조선족자치주로서 나라의 민족자치법과 민족어문 정책의 혜택을 받는 고장이다. 우리나라의 민족어문 정책은 1954년에 헌법에서 법규로 규정된 이래 현행헌법에 이르기까지 단 한 번도 변한 적이 없다. 1982년에 제정된 현행헌법은 4차에 걸쳐 일부 수정되기는 했지만 민족어문 정책과 관련된 내용만은 한마디도 수정하지 않고 있다. 우리는 참으로 좋은 정책을 향유하고 있어 맘만 먹으면 조선족 언어문자와 관련하여 많은 실제적인 일들을 해낼 수 있다.

올해에 필자는 주안의 몇몇 조선족 촌을 돌아볼 기회가 있었다. 빈곤해탈 공략전을 거친 시골마을들은 깔끔한 모습으로 사람들을 반기고 있었다. 하지만 촌의 공중장소와 길 양켠에 세워진 게시판과 표어판, 회의실 안팎에 울긋불긋 도배된 각항 제도, 건강지식을 망라하여 모든 글들은 청일색 한어로 되어 있었다. 조선족이 대부분인 촌이라 한어글을 알아보는 촌민들이 극소수에 불과해 아쉬운 점이 많았다.

연변은 조선족자치주이다. 자치주면 응분한 역할을 발휘해야 한다. 중국 조선족의 구심점으로서의 책무감을 명기하고 우리 자신의 확실한 '풀뿌리' 의식으로 '뿔뿔이' 흩어져가는 조선족사회를 정신적으로 융합시키기 위한 반듯한 민족 언어문자 교육 성채의 구축, 우리 연변이 감당해야 한다. 화동 조선족주말학교가 주는 계시이다.

출저 : 연변일보
책임편집 : 림홍길
2020년 12월 31일

[특별 인터뷰] 박창근 화동조선족주말학교 학교장

상해한인신문
Shanghai Korean News

2020년6월17일자 신문

〈특별인터뷰〉 박창근 화동조선족주말학교장, 조선족동포사회 참다운 스승이자 등불!

http://shkonews.com/bbs/board.php?bo_table=specialnews&wr_id=58

박창근 화동조선족주말학교장, 조선족동포사회 참다운 스승이자 등불! 길림성 화룡시, 문화대혁명, 길림공업대학, 복단대학, 시스템…

2020.06.18

상해한인신문12시 34분 697 0

박창근교장 화동조선족주말학교 길림성화룡시 문화대혁명 복단대학 시스템학 중국조선족과학기술자협회 국민훈장

[2020년 한국언론진흥재단 후원] 재외동포 전문가 인터뷰1

〈본지는 한국언론진흥재단과 (사)세계한인언론인협회 후원으로 '재외동포 분야별 전문가 인터뷰'를 시리즈로 보도한다. 금년은 대한민국임시정부 수립 101주년을 맞아 새로운 100년을 시작하는 첫 해이다. 한중수교 28주년을 맞은 올해 한국과 중국 관계가 더욱 발전하고 재외동포한인사회가 코로나19 위기를 슬기롭게 극복하기를 희망한다.〉

박창근 화동조선족주말학교장, 조선족동포사회 참다운 스승이자 등불!

1947년 길림성 화룡시 출생, 1966년 고교 졸업을 한 달 앞두고 '문화대혁명' 발발

1975년 길림공업대학 졸업, 1978년 복단대학 대학원 입학 이후 상해에서 활동

독자적인 시스템학 체계수립, 복단대학 국제문제연구원 한국연구센터 교수역임

2011년 화동조선족주말학교 설립 전후 10여 년간 봉사활동 지속, 민족교육요람

2019 세계한인의 날 유공포상자 〈국민훈장 석류장 수상〉, 한인동포사회 영광

"탁월한 학술연구활동에 이어 한민족 미래 위한 청소년교육에 헌신"

제13회 세계한인의날 유공 포상자 전수식 '국민훈장 석류장'(2019년 10월31일, 상해총영사관)

고향은 길림성 연변조선족자치주 화룡시, 발해국 유적 중심지 및 항일독립운동 봉오동 – 청산리전투 승리 지역

박창근 교장은 1947년 중국 길림성(吉林省) 연변조선족자치주(延边朝鲜族自治州) 화룡시(和龙市)에서 출생하여 올해 73세를 맞은 어르신이다. 중화인민공화국이 1949년 10월 건국 되었으니 박창근 교장선생님 나이가 중국 건국 햇수보다 많은 셈이다.

한국인을 포함해 중국 등 해외에 거주하고 있는 한민족에게 '연변' '조선족자치주' '화룡시'라는 단어는 유구한 5천년 역사를 생각하면 항상 가슴을 뛰게 하는 단어이다.

박 교장의 고향인 길림성 화룡시에는 아직까지 발해(渤海) 유적이 많이 남아 있다. 역사를 전공하는 학생들이 발해시대의 고성과 고분 등 유적지를 찾아 방문하는 곳이다.

박창근 교장은 "발해국이 역사무대에서 퇴출한 후 우리민족의 주활동무대는 한반도로 위축되었다. 하지만 중국 동북지역을 중심으로 우리민족의 명맥이 끊이지 않고 아직까지 유지되고 있다"면서 "중국조선족은 중국 한족을 포함해 56개 민족 중 평균문화교육수준이 가장 높은 민족이다"고 강조했다.

이어 박 교장은 "조선족의 문화교육 수준이 높다는 것은 주관적인 것이 아니다. 민족별 인구당 대학진학 학생수 및 고등교육 지표 등 객관적인 조사 자료를 바탕으로 입증되고 있다"고 설명했다.

특히 길림성 화룡시는 지금으로부터 100년전인 1920년 10월 항일독립운동 당시 김좌진 - 홍범도 장군이 이끈 독립군이 청산리전투에서 일본군을 대파한 곳이다. 화룡시에는 '청산리항일대첩기념비'(青山里抗日大捷纪念碑)가 세워져 있으며 '항일독립운동' 역사를 보존하고 있다.

청산리전투에 앞서 1920년 6월7일 홍범도 장군이 이끄는 독립군은 화룡시 봉오동전투에서 일본군을 섬멸하고 항일독립전쟁의 첫 승리를 기록하였다. 대한민국 정부는 금년 6월7일 봉오동전투 승리 100주년을 기념하여 최초로 '봉오동전투 전승 100주년 기념식'을 국가보훈처 주관으로 개최하였다.

항일독립전쟁에서 역사적인 첫 승리를 기록한 봉오동전투, 그리고 이어진 청산리대첩의 중심에 길림성 화룡시가 있는 것이다. 현재 길림성 화룡시는 용정시(龙井市) 및 안도현(安图县)과 동서로 인접하고 남쪽에는 백두산에서 발원한 두만강이 북한과 변경을 가르며 흐르고 있다. 길림성은 고조선 시대 이후 고대 한민족 중심세력을 이룬 예맥(濊貊)족이 활동을 지속하였던 한민족 근간이 되는 곳이다.

고등학교 졸업 한달 앞둔 1966년 5월 문화대혁명 발발, 농촌 하방 생활 경험 이후 1972년 25세 나이에 늦깍이 대학 입학

길림성 화룡시에서 고등학교 3학년에 재학 중인 '학생 박창근'은 뛰어난 성적을 유지하여 1966년 봄 중국 제일의 명문대학인 북경대학(北京大学)에 원서를 제출하였다.

평소 책을 좋아하고 공부에 남다른 소질을 가지고 있었던 모범적인 '학생 박창근'은 길림성 우수청년 대표들이 모인 대회에서 유일하게 "학습 경험"을 소개할 정도로 수많은 청소년 학생들의 본보기로 성장하고 있었다.

하지만 대학 입학시험을 앞두고 한 달 전인 1966년 5월 중국 문화대혁명(文化大革命)이 발발하자 정규 대학입시 과정은 취소되었으며 '학생 박창근'에게 힘겨운 고난이 시작되었다.

고등학교 3학년 졸업반으로서 2년 동안 문화대혁명을 경험해야 했다. 이어 '지식청년'으로서 길림성 하룡현(당시는 '시'가 아니라 '현'이었음) 도심에서 100km 떨어진 농촌으로 이동하여 동료 학생들과 집체 하방(下放) 생활을 시작하였다.

그시기 중국에서는 학교를 졸업하고 농촌에 간 청년들을 '지식청년'이라 불렀다.

박창근 교장은 "제가 하방 생활을 하던 농촌은 북한과 경계를 하고 있던 두만강 접경지역이었다. 우리는 농민들과 함께 모든 일을 해야 했다. 모내기, 콩밭기음, 가을걷이, 탈곡 등 농사일만이 아니라 겨울에는 소달구지를 몰고 왕복 30km나 되는 깊은 산에 가서 땔나무를 해오기도 하였다"고 말했다.

또한 "당시 낮에는 일을 하고 밤이면 회의가 많았다. 그럼에도 저는 피곤함을 무릅쓰고 회의 후에 거의 날마다 외국어 공부를 하였다"고 전했다.

'지식청년 박창근'은 아동저수지 건설 노동현장에서도 1년 반 동안 일을 했다. "메와 정, 화약으로 바윗돌을 깨고 목도로 운반하였다. 엄동설한에 바윗돌이 너무 무거워 멜대가 어깨 위에서 두 동강 나던 정경은 아직도 자랑스럽게 느껴진다"고 회고했다.

매일 10시간의 강도 높은 육체노동, 그리고 48명 젊은이들이 한 방을 쓰는 열악한 환경에서도 '지식청년 박창근'은 시간만 있으면 독서를 하였다. 아동저수지는 현재도 화룡시에서는 유명한 저수지이다.

박 교장은 "청년학생으로서 문화대혁명 현장을 2년 동안 경험하고, 지식청년으로서 농촌과 저수지 공사현장에서 4년을 생활하는 등 총 6년의 경험은 저를 단련시키는 계기가 되었다"고 말했다.

고등학교 졸업 6년 이후 '지식청년 박창근'은 25살이던 1972년 길림공업대학(현 길림대학)에 입학하여 공부를 다시 지속한다.

사진 왼쪽부터 系統学基礎(上海辞书出版社 2005년 개정판, 600쪽, 초판 1994년), 시스템학(범양사출판부 1997년, 296쪽), '韩国产业政策'(上海人民出版社 1998년, 600쪽), 세계화와 한국의 대응(백산자료원 2003년, 583쪽)〉

사진 왼쪽부터 韩中关系史(한국어를 중국어로 번역, 도서출판아르케 2005년), 끝없는 탐구 빛나는 20년 - 중국조선족과학기술자협회 20년 발자취(도서출판씨앤씨 2009년), 解读汉江奇迹(同济大学出版社 2012년, 447쪽), 중국의 개혁개방과 신동북아질서(인터북스 2010년, 370쪽), 한반도 평화와 통일(인터북스 2015년, 263쪽)〉

1978년 복단대학 대학원 입학하며 상해 도착, 30년간 학문연구에 전념. 독자적 시스템학 체계 구축 및 복단대 교수 역임. 다수 논문-저서 출간

더욱 깊이 있는 학문연구를 위해 '청년 박창근'은 1978년 중국 명문대학인 복단대학 대학원에 입학을 한다. 31살 나이에 상해에 첫발을 내디딘 것이다.

1978년부터 상해에 거주한 '박창근 교수'는 40년이 넘게 상해에서 활동을 이어가고 있다.

복단대학 대학원을 졸업하고 꾸준한 학문연구에 정진하여 1992년 독자적인 시스템학 체계를 수립하는 성과를 냈다.

박창근 교수는 "저는 1980년대 초부터 1990년대 초반까지 시스템학 이론연구를 하였다. 시스템학은 시스템과학 중 기초이론으로서 복잡계를 연구했다"고 밝혔다.

박 교수는 독자적 시스템학 체계를 구축하여 연구결과는 중국어로 〈系统学基础, 1994년 초판, 2005년 개정판〉에 서술되었다. 영어로 〈Major systems theories throughout the world(1991년)〉란 글을 국제시스템과학협회 기관지 (계간지, 80쪽 중 29쪽 차지함)에 발표한 적도 있다.

한글로도 〈시스템학〉(1997년)이란 책을 펴냈다. 이 책은 범양사출판부에서 〈신과학총서〉중 한국어로 쓴 많지 않은 책 중의 하나다.

그 후 시스템 개념과 이론을 이용하여 하나의 복잡계로서의 한국에 대한 연구를 실행했다.

한국산업정책(韩国产业政策, 중국어로 중국에서 출판, 1998년), 세계화와 한국의 대응(중국어, 한국어, 영어로 된 논문 44편 수록, 한국에서 출판, 2003년), 중국의 개혁개방과 신동북아질서(한국어로 한국에서 출판, 2010년), 한강기적의 풀이(解读汉江奇迹, 중국어 번체자로 한국에서 2009년 출판, 중국어 간체자로 중국에서 2012년 출판), 한반도 평화와 통일(한국어로 한국에서 출판, 2015년) 등 다수의 저서를 출간했다.

특히 박창근 교수는 1992년 복단대학 한국연구센터 발기인으로 참여하여 한국과 중국관계 연구에도 기여하였다. 이어 복단대학 국제문제연구원 한국연구센터 교수를 역임하고 2007년 11월 정년퇴임하였다. 퇴임 후 2008년부터 동제대학 아태연구센터 겸임교수도 역임했다.

중국조선족과학기술자협회 설립 초기부터 2016년까지 상해이사회 부회장 및 회장 역임, 2010년부터 2016년까지 조선족과학기술자협회 부이사장 역임. 2008년부터 왕성한 활동 전개

박창근 교수는 1989년 설립된 중국조선족과학기술자협회 회원으로서 초기부터 활동을 하였다. 중국 민정부에 등록한 협회이며 중국조선족 엘리트들이 가장 많이 참가한 단체로서 조선족사회 발전에서 중요한 역할을 담당하고 있다.

박 교수는 초창기부터 중국조선족과학기술자협회 상해지역 활동을 맡아 2016년까지 장기간 협회 부이사장 겸 상해지역 이사회 부회장, 회장을 역임하였으며, 정년퇴임 후 2008년부터 다양한 활동을 전개하였다. 협회 활동에서 "상해모식"이란 말이 나올 정도로 박창근 교수는 상해이사회 회장으로서 협회가 상해에 뿌리를 내릴 수 있도록 든든한 기초를 만든 것이다.

상해지역에서는 2008년부터 매년 학술교류회를 개최하고 있다. 과학기술, 기업경영, 대학 교육과 학습 등 각 분야에서 교류와 협력을 위한 자리를 마련해오고 있다.

또한 상해이사회는 2013년부터 상해 소재 대학에서 공부하는 조선족 대학생들에게 장학금을 지급하고 있다. 상해시 여러 대학에서 공부하는 우수한 조선족 대학생들을 발굴하여 지원하는 사업이다.

박창근 교수는 "조선족과학기술자협회 활동에 참석하고 기금을 후원하여 주시는 기업인과 기타 인사들이 있기에 사업을 유지할 수 있었다"고 말했다.

상해이사회는 조선족 과학기술자들의 학술교류, 기업인들의 경영 경험 교류, 조선족 대학생들의 참여와 우수 대학생들에 대한 장학금 지급, 대학 신입생 환영회 등을 통해 조선족 사회의 건전한 발전에 기여하였다.

2011년 화동조선족주말학교 설립, 교장으로 봉사하며 현재까지 10년간 한 민족 미래 꿈나무 양성

2011년 9월17일 길림성 연변조선족자치주 교육국의 지지와 상해시 양푸구 교육국의 허가로 복단구시연수학원 조선어반이 출범하였다. 이것이 바로 화동조선족주말학교의 시작이다.

박창근 교장은 "주말학교 설립 취지는 △민족어 - 민족문화 전승을 통한 우리민족 정체성의 보전, △우리민족의 글로벌 경쟁력 강화, △우리민족 가정의 삶의 질 향상, △우리민족 가정의 교육 투자 효과의 최대화, △새로운 우리민족 지역사회의 형성 발전에 기여함을 목적으로 하고 있다"고 소개했다.

상해시 - 강소성 - 절강성 등 중국 화동지역에 거주하는 조선족 학생들에게 '민족 교육'을 위해 주말학교를 개교한 것이다.

주말학교 설립 초기 상해에 한정된 학급을 편성하였으나 이후 강소성과 절강성 등 화동지역으로 확대하였다. 2020년 6월 현재 상해에 5개 학구, 강소성에 6개 분교, 절강성에 5개 분교가 운영되고 있다.

학생 수는 초창기의 20 - 30명에서 300여명, 교사 수는 초창기의 2명에서 50여명, 학급 수는 초창기의 2~3개에서 50여개로 증가하였다.

박 교장은 "화동조선족주말학교의 성장은 우리민족 젊은이들이 우리말글 교육과 전승에 대한 욕구가 얼마나 절박한가를 단적으로 보여준다고 할 수 있다. 조선족주말학교라 하지만 다문화가정 어린이, 한족 어린이, 한국인 자녀도 저희 학교를 다닐 수 있다"고 전했다.

박창근 교장은 "금년에는 코로나19 바이러스 전염병으로 3월7일부터 온라인수업을 진행하고, 6월6일부터는 등교수업도 병행하고 있다"고 밝혔다.

화동조선족주말학교는 매년 '교사 연수회'와 '학부모회장 연수회'를 실시하고 있으며, 한국 정부에서 주관하는 '교장 – 교사 초청 연수회'에도 참여하고 있다. 금년 8월 절강성 닝보시에서 교사 연수회를 개최할 예정이다.

또한 주말학교는 2012년부터 주말학교 설립을 기념하여 매년 '화동지역 조선족 어린이 장기자랑대회'를 개최하고 있다. 교직원과 학생 – 학부모 등 400~500여명이 넘는 인원이 참여하는 행사로서 화동지역을 대표하는 청소년 교육 교류행사이다. 금년도 장기자랑 대회는 코로나 영향으로 9월에 개최한다.

매년 11월에는 '조선족 어린이 낭독대회'를 개최하여 학생들이 그동안 배운 실력을 발표하고 학습기량을 높이는 계기로 만들고 있다.

조선족 자녀들의 우리말 – 우리글 – 문화 계승이 미래 발전의 원동력

화동조선족주말학교가 안정적으로 운영되기 위해서는 공부할 수 있는 교실 확보가 가장 큰 관건이다. 임대를 통해 교실 공간을 확보하려면 비용을 마련하는 것도 쉽지 않다. 한국어 도서 10,000여권을 보유한 도서관을 운영하느라 자금 압박은 더욱 크다.

주말학교 교사 모집도 쉽지 않은 일이다. 주말학교 교사들은 대다수 여교사이다. 그들은 아내, 자녀의 엄마임과 동시에 직장인이기 때문에 이 4가지 역할을 실행해야 한다. 이렇게 어려운 교사이기에 임직 기간이 보통 2 – 3년을 초과하기 쉽지 않은 것도 현실이다.

박창근 교장은 "주말학교 신입생을 보면 90~95%는 우리말글을 전혀 모른다. 상황은 날로 심각해지고 있다. 특히 다문화 가정 자녀들이 많아지면서 어려움이 증가하고 있다"면서 "중국 조선족은 개혁개방 이후 조선족의 분산화로 이민족으로 동화가 가속화되고 있다"고 상황을 설명했다.

이어 박 교장은 "가장 중요한 것은 우리문화와 우리말의 전승이다. 화동조선족주말학교는 〈전통문화 전승의 거점, 우리말글 배움의 요람, 민족정체성 수호의 보루〉 역할을 해야 한다"고 강조했다.

또한 "우리문화와 우리말글이 가정에서 존속되지 못한다면 조선족 디아스포라는 더 이상 존속하지 못한다. 조선족 가정에서 전통문화와 우리말글을 지켜나가야 한다"며 역설했다.

박창근 교장은 정년퇴임 후 조선족사회를 위해 일하는 자원봉사자로서 10여 년간 급여를 받지 않는다. 분교장들도 마찬가지다. 학생들이 내는 수업료는 교실 임차료 및 교사 강의료를 지불하기에도 역부족인 상황이다.

박 교장은 "주말학교 자금 해결을 위해 다양한 노력을 하고 있다. 학비수납, 한국 재외동포재단 지원, 조선족 개인 - 기업 - 단체 등의 후원, 학교장 및 분교장들의 무료 봉사 등이다"고 말했다.

박창근 교장, 2019 세계한인의 날(10월5일) 유공 포상자 〈국민훈장 석류장〉 수상

대한민국 외교부는 2019 세계한인의 날(10월 5일) 유공 정부 포상자 명단을 발표했다. 박창근 화동조선족주말학교 교장은 '국민훈장 석류장'을 수상하였다.

작년 10월 31일 개최된 유공 포상자 전수식에는 최영삼 상하이총영사를 비롯하여 화동지역 한인단체 대표단, 화동조선족주말학교 교사 대표와 학부모 대표들이 참석하여 축하했다.

최영삼 총영사는 "박창근 화동조선족주말학교 교장은 2011년 처음으로 주말학교 개설하여 중국내 조선족동포 자녀들이 우리말과 글을 배울 수 있도록 교육에 헌신하신 분이다"고 치하했다.

박창근 교장은 "우선 화동지역 조선족 사회의 형성과 발전을 위한 저의 노력에 대한민국 국민과 정부에서 국민훈장을 주신 데 대하여 깊은 사의를 표한다"면서 "제가 받은 국민훈장은 그동안 함께 하신 적이 있거나 지금도 함께 하시는 모든 분들과 공유하고 싶다. 이 훈장에는 제가 영원히 잊을 수 없는 그들의 정성과 지지, 협조와 동참이 깊숙이 새겨져 있다"고 말했다.

박 교장은 이어 "모든 영예는 과거의 노력에 대한 인정인 동시에 미래의 노력에 대한 주문이다. 저는 예전과 다름없이 꾸준히 노력하겠다"고 소감을 말했다.

73세 나이에도 멈추지 않은 '봉사와 헌신', 〈상해 조선족 인명록〉 발간 작업 시작

박창근 교장의 조선족사회 발전에 대한 '봉사와 헌신'은 아직도 지속되고 있다.

박 교장은 "저는 올에 만 73세이다. 두보의 말대로 '인생칠십고래희'라 생각하면 이제는 이미 살만큼 살았다고 생각할 수 있다. 하지만 요즘 '백세시대'라 생각하면 아직은 갈 길이 멀다고 생각한다. 제가 소망하는 것은 몇 가지가 있다"고 말했다.

■ 먼저 화동조선족한글주말학교를 발전시키는 것이다. 주말학교가 향후 중국 조선족사회의 중요한 민족교육기관으로 자리매김하도록 하겠다는 것이다.

■ 다음으로 호소절(沪苏浙, 호: 상해, 소: 강소성, 절: 절강성) 조선족사회가 건전하게 발전하는 것이다. 호소절은 중국에서 가장 살기 좋은 곳이지만 경쟁이 가장 치열한 곳이기도 하다. 우리 조선족이 이 지역에서 버텨내려면 건전한 조선족사회가 형성되어야 한다고 강조했다.

■ 또한 <상해 조선족 인명록> 발간에 집중하고 있다. 편집출판이 조속한 시일에 완성되도록 편집위원들과 현재 작업을 하고 있다.

길림성 화룡시에서 20여년을 살았으며, 상해에서 40년을 넘게 활동하고 있는 박창근 교장은 30도가 넘는 6월의 무더운 날씨에도 다른 두 분의 동료들과 함께 수천 권에 달하는 한글 도서를 옮기고 정리하는 수고를 마다하지 않고 있다.

'청년 박창근'에서 '교수 박창근'으로 활동을 지속하였고 이제는 '교장 박창근'으로서 우리민족 미래세대를 위한 73세 어르신의 '봉사와 헌신'에 박수를 보내며 건강이 함께 하기를 기원한다.

[편집자註 : 포털사이트 네이버 등 인터넷에서 '재외동포 전문가'를 검색하면 더욱 생생한 사진과 자료를 볼 수 있다]

[특별 인터뷰] 박창근 화동조선족주말학교 학교장

[상해한인신문]

2019년11월20일자 신문

〈특별인터뷰〉 박창근 화동조선족주말학교 교장, 화동지역 조선족 동포사회의 등불!

http://shkonews.com/bbs/board.php?bo_table=specialnews&wr_id=43

상해한인신문
Shanghai Korean News

박창근 화동조선족주말학교 교장, 화동지역 조선족 동포사회의 등불! 세계한인의 날(10월5일) 유공 포상자 〈국민훈장 석류…

2019. 11. 21

상해한인신문11시 15분 330 0

화동조선족주말학 | 박창근 교장 | 세계한인의 날 | 국민훈장 석류장 | 중국조선족과학기술자협회 | 복단대학

[특별 인터뷰]

박창근 화동조선족주말학교 교장, 화동지역 조선족 동포사회의 등불!

2011년 화동조선족주말학교 설립하여 9년간 봉사활동 지속, 민족교육 요람

2019 세계한인의 날 유공포상자 〈국민훈장 석류장 수상〉, 동포사회의 영광

1. 2019 세계한인의 날(10월5일) 유공 포상자 〈국민훈장 석류장〉 수상하신 소감은?

우선 화동지역 조선족 사회의 형성과 발전을 위한 저의 노력에 대한민국 국민과 정부에서 국민훈장을 주신 데 대하여 깊은 사의를 표한다.

제가 받은 국민훈장은 그동안 함께 하신 적이 있거나 지금도 함께하시는 모든 분들과 공유하고 싶다. 이 훈장에는 제가 영원히 잊을 수 없는 그들의 정성과 지지와 협조와 동참이 깊숙이 새겨져 있다.

모든 영예는 과거의 노력에 대한 인정인 동시에 미래의 노력에 대한 주문이다. 저는 예전과 다름없이 꾸준히 노력하겠다.

2. 화동조선족주말학교 설립 목적은?

2011년 9월 17일 길림성 연변조선족자치주 교육국의 지지와 상해시 양푸구 교육국의 허가로 복단구시연수학원 조선어반이 출범하였다. 이것이 바로 화동조선족주말학교의 시작이다.

설립 취지는 △민족어 - 민족문화 전승을 통한 우리민족 정체성의 보전, △우리민족의 글로벌 경쟁력 강화, △우리민족 가정의 삶의 질 향상, △우리민족 가정의 교육 투자 효과의 최대화, △새로운 우리민족 지역사회의 형성 발전에 기여함을 목적으로 하고 있다.

3. 주말학교 설립 초기와 현재의 규모는?

화동지역에 거주하는 조선족 인구가 많지 않고 대도시 교통사정이 대단히 어렵다는 것을 고려하여 "학생들의 거주지 근처에 배움터를 만든다"는 원칙을 바탕으로 화동조선족주말학교 학급을 구성하였다.

상해에 국한된 조선족주말학교에서 상해, 강소성 및 절강성을 망라한 화동지역으로 발전하여 2018년 12월 기준으로 상해에 5개 학구, 강소성에 6개 분교, 절강성에 5개 분교가 운영되고 있다. 2019년 자료는 금년 12월 집계 예정이다.

학생수는 초창기의 20 - 30명에서 339명, 교사수는 초창기의 2명에서 49

명, 학급 수는 초창기의 2~3개에서 51개로 증가하였다.

이러한 성장은 우리민족 젊은이들의 우리말글 교육과 전승에 대한 욕구가 얼마나 절박한가를 단적으로 보여준다고 할 수 있다. 조선족주말학교라 하지만 다문화가정 어린이, 한족 어린이, 한국인 자녀도 저희 학교를 다닐 수 있다.

4. 주말학교 교사 모집에 어려움은?

주말학교 교사는 주로 조선족 교사이다. 우리말과 우리문화, 그리고 중국어와 중국문화도 알고 있다. 그들이 주말학교 교육에서 적합하다는 것이 수년간 실천에서 입증되었다.

저희 학교 교사들은 각종 연수나 학습을 통해 자기들의 부족한 점을 보완하면서 어린이들을 가르치고 있다.

특히 주말학교 교사들은 대다수 여교사이다. 그들은 아내, 자녀의 엄마임과 동시에 직장인이기 때문에 이 4가지 역할을 실행해야 한다. 결국 교사들의 임직 기간이 보통 2 - 3년을 초과하기 쉽지 않다.

올 1학기가 끝난 후 본교에서는 14명 교사 중 9명이 퇴임하였다. 방학기간에 12명의 교사를 새로 채용하였다. 본교 현임 18명 교사 중 임직기간이 1년 이상인 교사는 5명 밖에 없다. 12명 교사는 저희 주말학교에서 강의한 지는 2개월 밖에 안 된다.

5. 교육장소 준비와 운영은?

상해지역 조선족 인구 분포를 고려하면 조선족 어린이 전체가 한 곳에 모여 수업한다는 것은 불가능하다.

그럼에도 각지 교육 현장에서 수업에 필요한 교실이 있어야 한다. 교실 공간을 찾아 임대차 계약을 맺는 것은 쉽지 않다. 문제는 비용이 너무 많이 든다. 주말에만 사용하기에 이용률이 너무 낮아 매입하여 사용하는 것은 불가능하다.

만약 큰 자금으로 학교용 공간을 구입하여 주말학교 교실로 이용하는 동시에 조선족 종합 문화공간, 조선족 회관으로 사용한다면 좋을 것이다. 문제는 자금 확보가 쉽지 않다는 것이다.

일부 기업들과 협력으로 한 공간을 다자 공용하는 방식으로 이용하는 것이 가능할 수 있다. 정부 기관 공간을 일부 빌려 사용하는 것도 일종의 대안일 수 있다.

6. 학생들은 어떤 과목을 배우고 있나?

저희 학교는 단순한 언어학원이 아니다. 가르치는 과목은 한국어 한 과목 이지만 실제는 두 과목이라 할 수 있다. 하나는 우리말글이고 다른 하나는 우리민족 문화이다.

우리말글을 가르치는 동시에 우리민족 전통 예의, 전통 가요와 무용, 풍 속습관 등을 가르친다. 학생들에게 인사법, 김치담그기 등도 가르친다.

교과서의 경우, 수년 전까지는 〈맞춤 한국어〉란 교과서를 사용하였다. 최근에는 〈재외동포를 위한 한국어〉를 주로 사용한다.

7. 학부모의 참여와 역할은?

조선족 어린이들에 대한 우리민족 문화와 언어 교육은 조선족 사회 전체 가 담당해야 한다. 주말학교에서는 교사가 주도적 역할을 하지만 그 외에서 는 학부모가 주도적 역할을 해야 한다.

학부모들의 동참이 없이 주말학교 교육만으로는 성공할 수 없다. 관건은 교사와 학부모의 협력이다.

우선 학부모에게 가정에서 자녀와 함께 우리말을 쓸 것을 권장한다. 개학 식, 방학식, 송년회, 명절, 야유회 등을 조직하여 교사, 학부모, 자녀들이 함께 교류하도록 한다. 또한 교사와 학부모가 어린이들을 데리고 김치 담그 기 등 다양한 활동을 수행하도록 하고 있다.

8. 매년 봄 개최되는 어린이장기자랑 체육대회 행사는?

매년 5월 중순에 실시하는 '장기자랑'은 2012년부터 하고 있다. 학교 행사 중에서 규모가 가장 크고 참여 인원이 많다. 참가자 수가 약 400 - 500명 정도다. 교사, 학부모, 어린이들이 함께하는 행사다.

1 - 3회는 주로 노래와 춤이었다. 그래서 '장기자랑'이란 이름을 넣었다. 우리 민족 노래와 춤을 통해 민족 문화를 체험케 한다.

제4회부터는 주로 체육활동이고 동시에 학생들이 노래와 춤도 하게 한다. '장기자랑' 행사에서 '수료증'도 발급한다.

학부모들이 많이 참가하기에 성황을 이루고 있다. 화동지역 조선족 사회의 성대한 행사라고 할 수 있다. 학부모들도 학생들과 함께 체육 활동에 참여한다.

9. 매년 가을 열리는 조선족어린이 낭독대회 행사는?

낭독은 학생들의 우리말 발음능력, 문자 식별능력, 발화능력을 제고하고 한글 도서 읽기에 흥미를 갖도록 하는 중요한 역할을 한다. 제1회 낭독대회는 2017년 11월 5일 개최하였다. 올해는 3회 대회를 개최했다.

낭독대회는 우선 도서 10종을 지정하고, 각 도서 중 읽고 싶은 단락을 선정한다. 또한 표준어 발음 표기를 해주고, 본선 대회에서 낭독을 한다. 심사위원들의 엄정한 심사로 수상자를 선발한다.

조선족 어린이 낭독대회 참가자는 학교 초등반 학생들이다. 각 학급에서 경연을 거쳐 1학급 1명씩 선발한다. 이렇게 뽑힌 애들이 상하이에 모여 본선에 참가하다.

10. 교사 연수 및 학부모와 협조는?

학교에서 가장 많은 노력을 기울이는 행사는 교사연수회이다. 교사들의 수준이 학생들의 수준을 결정할 만큼 중요하다.

본교 교사 18명 중 13명이 임직한 지 2 - 3개월 밖에 안되고 나머지도 임직한지 1 - 3년밖에 안 된다.

한글주말학교 교사에 대한 이해, 민족사, 민족문화, 한글 지식, 교수법 등에서 학교 교사들의 재학습이 필요하다. 해마다 2박 3일로 교사 연수회를 조직하고 있다.

재외동포재단에서 조직하는 한글학교 교사연수회/교장연수회에도 학교 교사/분교장들이 적극 참여하고 있다. 화동한글학교 연수회에도 적극 참여하고 있다.

학부모는 조선족 학생들의 주말학교 입학 여부를 결정한다. 이미 입학한 학생의 한글 수준 향상에도 학부모들이 큰 역할을 한다.

1주일 2시간 수업에 의존해서는 한글 수준 향상이 힘들다. 부모들이 아이들과 우리말을 하고 주말학교 학습에 관심을 가져야 한다.

11. 학교 운영에 재정적인 어려움은?

저희 학교는 비영리적 공익교육기관이다. 도서 관리원 1명, 자원봉사자 1명 외에 다른 전문 직원이 1명도 없다. 현재까지 교장은 급여를 받지 않는다. 분교장들도 마찬가지다.

학생들이 내는 수업료는 교실 임차료 및 교사 강의료를 지불하기에도 역부족이다. 학교에서 조직하는 교사연수회, 낭독대회, 장기자랑대회, 학부모회장 연수회 등에도 적지 않은 비용이 수요 된다.

학교장인 저는 교사 모집과 관리, 학생 모집과 관리, 교실 임차, 수업 관리, 일부 재무 업무 등을 해야 한다. 교실 청소, 도서 운반과 배치, 실내장식 관련 노동도 하고 자료집도 직접 만들어야 한다.

저희 학교는 자금 해결을 위해 다양한 노력을 하고 있다. '학비' 수납, 한국 재외동포재단 지원, 조선족 개인 - 기업 - 단체 등의 후원, 학교장 및 분교장들의 무료 봉사 등이다.

지금까지 저는 "무급 교장"으로 일을 했다. 앞으로 누가 이것을 승계할지 걱정이다.

12. 한인단체나 기관 등의 후원은?

조선족 기업인과 일부 학부모들이 장기간 지원을 하고 있다. 상해조선족여성협회와 중국조선족여성기업가협회, 월드옥타 상해지회, 상해한국상회, 한국 재외동포재단 등에서 후원을 한다. 후원 금액과 시기는 일정하지 않다.

13. 조선족사회에서 한민족 고유의 우리말과 우리문화를 계승하려면?

주말학교 신입생을 보면 90~95%는 우리말글을 전혀 모른다. 상황은 날로 심각해지고 있다. 특히 다문화 가정 자녀들이 많아지면서 어려움이 증가하고 있다.

발해국이 역사무대에서 퇴출한 후 우리민족의 활동무대는 한반도로 위축되었다. 하지만 중국 동북지역에서 우리민족은 명맥이 끊기지 않았다. 한반도로부터 끊임없이 인구가 유입되었기 때문이었다.

중국 조선족은 개혁개방 이후 조선족의 분산화로 이민족으로 동화가 가속화되고 있다. 가장 중요한 것은 우리문화와 우리말의 전승이다. 한글주말학교는 "우리말글 배움의 요람, 민족정체성 수호의 보루" 역할을 하고 있다.

우리문화와 우리말글이 가정에서 존속되지 못한다면 조선족 디아스포라는 더 이상 존속하지 못한다. 조선족 디아스포라의 존속을 위해서는 조선족 가정에서 전통문화와 우리말글을 지켜나가야 한다.

14. 복단대학 교수 역임 등 지금까지 활동은?

연변조선족자치주 화룡시 출생이다. 1972년 길림공업대학 입학, 1978년 복단대학 대학원 입학한 이후 계속 상하이에 살고 있다.

저는 1980년대 초부터 1990년대 중반까지 시스템학 연구를 하였다. 시스템과학 중 기초이론 연구로 복잡계를 연구했다.

독자적 시스템학 체계를 구축하여 연구결과는 중국어로 〈系統学基礎, 1994년 초판, 2005년 개정판〉란 책에 서술되었다. 영어로 〈Major systems theories throughout the world(1991년)〉란 글을 국제시스템과학협회 기관지(계간지, 80쪽 중 29쪽 차지함)에 발표한 적이 있다.

한글로는 〈시스템학〉(1997년)이란 책을 펴냈다. 이 책은 범양사 출판부에서 〈신과학총서〉 중 책저자가 한국어로 쓴 책이다.

다음은 시스템 개념과 이론으로 실행한 하나의 복잡계로서의 한국에 대한 연구를 발표했다.

한국산업정책(韓国产业政策, 중국어로 중국에서 출판, 1998년), 세계화와 한국의 대응(중국어, 한국어, 영어로 된 논문 44편 수록, 한국에서 출판,2003년), 중국의 개혁개방과 신동북아질서(한국어로 한국에서 출판, 2010년), 한강기적의 풀이(解读汉江奇迹, 중국어로 중국에서 출판, 2012년), 한반도 평화와 통일(한국어로 한국에서 출판, 2015년) 등이다.

중국조선족과학기술자협회는 중국 조선족 과학기술자들이 조직한 협회이며, 1989년 설립되었다. 중국 민정부에 등록한 협회로 조선족 발전에서 중요한 역할을 하고 있다.

이 협회 상하이 지역활동은 2016년까지 제가 오랫동안 맡아 추진하였다. 특히 2008년부터 상하이 지역 협회활동은 획기적인 발전을 이루었다.

조선족 과학기술자 학술교류, 조선족 대학생에 과학기술 보급과 장학금, 대학 신입생 환영회 등을 통해 조선족 사회의 건전한 발전에 기여하였다.

15. 박창근 교장선생님께서 특별히 하고 싶은 일이나 소망은?

저는 올에 만 72세이다. 두보의 말대로 '인생칠십고래희'라 생각하면 이제는 이미 살만큼 살았다고 생각할 수 있다. 하지만 요즘 '백세 시대'라 생각하면 아직은 갈 길이 멀다고 생각할 수도 있겠다. 제가 소망하는 것은 몇 가지이다.

먼저 화동한글주말학교를 발전시키면서 어떤 형식이 가장 적합할까에 대한 연구를 하고 싶다. 좀 더 이론적으로 검토할 시간 여유가 있었으면 좋겠다. 주말학교가 향후 중국 조선족 사회의 중요한 민족어 교육기관으로 자리매김하도록 연구할 가치가 있는 과제이다.

두 번째는 〈상해 조선족 인명록〉편집출판이 조속한 시일에 완성되었으면 좋겠다. 제가 수년 전 발의하였고 추진했던 사업이다. 하지만 현재 중단 상태에 있다. 빠른 시일 내에 이 사업이 추진되기를 바란다.

세 번째는 상하이에도 천진시와 같이 조선족 전체를 아우를 수 있는 사회단체가 설립되기를 기대한다. 상하이 조선족들이 하나의 사회를 구성하였음을 보여주는 징표가 될 것이다.

네 번째는 상해 - 강소성 - 절강성 거주 조선족인들이 많이 있는 지역에 조선족회관이 설립되기를 기대한다. 예를 들면 상하이에서는 푸둥, 민항, 쟈딩, 쥬팅, 숭쟝다쉐청 등 지역에 조선족회관이 설립되기를 기대한다.

강소성이나 절강성 일부 지역에서 이런 회관을 설립하는 것이 더 쉬울 수도 있다. 그리고 상하이에서도 어느 한 구에서 먼저 해 볼 수도 있다. 이를 위해 가장 필요한 것은 돈보다도 마음이다.

[편집자 註 :화동지역 조선족사회의 리더로서 바쁜 시간을 할애하여 인터뷰에 응해 주신 박창근 교장 선생님께 감사를 드린다]

이달 기자

| 저자소개 |

박창근(朴昌根)

- 출생지 : 중국 길림성 화룡시
- 직장 : 복단대학 국제문제연구원 교수(정년퇴임)
- E - mail : parangsae47@163.com

길림공업대학(현 길림대학) 졸업(1975년); 복단대학 대학원 졸업, 철학
석사(1981년) ; 독자적인 시스템학 체계 수립(1992년) ; 복단대학 한국연
구센터 발기인(1992년); 한국학 연구(1992년 이후); 복단대학 국제문제
연구원 한국연구센터 교수, 2007년 11월 정년퇴임. 동제대학 아태연구
센터 겸임교수(2008 - 2015년), 중국 조선족 과학기술자협회 부이사장
(2010 - 2016년), 화동조선족주말학교 교장(2011년 이후).

연구업적

- 독자적 시스템학 체계를 구축하고 다수의 논문과 최초의 시스템학 저
  서《系统学基础》(1994년 초판; 2005년 개정판, 복단대학 국제문제 연구
  총서)를 발표. (한국어로 출판된 박창근 『시스템학』(범양사출판부,
  1997년) 참조)
- 한국 산업정책의 역사 · 구조 · 기능 · 경험 · 교훈에 대한 다수의 논문
  과 체계적인 저서《韩国产业政策》(1998년)을 발표.
- 한국의 산업화 과정, 민주화 과정, 그리고 한국인의 전통사회가치관과
  산업화 및 민주화와의 관계에 대한 이론적 · 실증적 연구를 통하여 한
  국 현대화 모델에 관한 다수의 논문(본인의 논문집 『세계화와 한국의
  대응』(한국 백산자료원, 2003년) 참조)과 체계적인 저서《解讀漢江奇
  跡》(중국어 번체자본, 2009년; 중국어 간체자본 2012년)을 발표.
- 시스템학 이론과 국제관계이론을 이용하여 중국의 개혁개방, 한반도와

신동북아질서에 대한 다각적인 연구를 추진, 다수의 논문을 발표(그중 한국어로 된 논문들은 본인의 논문집『중국의 개혁개방과 신동북아질서』(2010년 한국 출판)와『한반도 평화와 통일』(2015년 한국 출판)에 수록.)

논문

- 130여편 발표(중국어, 한국어, 영어, 일본어)

저서

- 系统科学. 공저, 上海 : 上海人民出版社, 1987년(470쪽)
- 系统科学论. 西安 : 陕西科技出版社, 1988 (180쪽)
- 系統·信息·控制. 공저, 上海 : 华东师大出版社, 1990년(317쪽)
- 系统学基础. 初版, 成都 : 四川教育出版社, 1994년(673쪽) ; 修订版, 上海 : 上海辞书出版社, 2005년(660쪽)
- 시스템학. 서울 : 범양사출판부, 1997년(296쪽)
- 韩国产业政策. 上海 : 上海人民出版社, 1998년(600쪽)
- 세계화와 한국의 대응. 서울 : 백산자료원, 2003년(583쪽)
- 解讀漢江奇跡. 보령 : 도서출판 씨앤씨, 2009년(중국어 번체자본, 466쪽)
- 중국의 개혁개방과 신동북아질서. 서울 : 인터북스, 2010년(610쪽)
- 当代韩国经济. 공저, 上海 : 同济大学出版社, 2010년(370쪽)
- 解读汉江奇迹. 上海 : 同济大学出版社, 2012年(중국어 간체자본, 447쪽)
- 한반도 평화와 통일. 고양 : 인터북스, 2015년(264쪽)

번역

- 科学技术思想史. [日]山崎俊雄编, 일본어→중국어. 上海 : 上海机械学院, 1983년
- 资源物理学. [日]槌田敦著, 일본어→중국어. 上海 : 华东化工学院出版社, 1990년

- 韓中关系史(上冊). [韩]金翰奎著, 한국어→중국어. 서울 : 도서출판 아르케, 2005년
- 生命系统. [美]James Grier Miller 著, 공역, 영어→중국어
- 关于一般系统论([奧]L. v. Bertalanffy 著, 自然科学哲学问题丛刊, 1984年 第4期, 독일어→중국어)등 논문 다수, 중국어로 번역

편서
- 대형 문헌자료집(210×284mm, 1144쪽)『끝없는 탐구 빛나는 20년 - 중국 조선족과학기술자협회 20년 발자취 - 』편집 출판. 보령 : 도서출판 씨앤씨, 2009년.

사회활동
- 중국 조선족 과학기술자협회의 상하이 지역 책임자로서 2008년부터 2016년까지 상하이 지역 학술교류회를 9차 조직하였음.
- 중국 동제대학 아태연구센터와 한국 국제뇌교육대학원대학교 아시아 평화연구소의 자매결연과 공동학술교류를 추진, 2008년부터 7차 공동 학술교류를 진행했음.
- 2011년 복단구시연수학원 조선어반 설립을 계기로 화동조선족주말학교의 설립과 운영을 책임지고 추진, 화동지역 조선족 자녀들의 민족어 교육에 종사하고 있음.

수상
- 국민훈장 석류장, 대한민국 정부로부터 2019년 10월 5일 제13회 세계 한인의 날 수상.

조선족주말학교 운영방식 모색 10년

초판 인쇄   2021년 7월 5일
초판 발행   2021년 7월 10일

지 은 이 ┃ 박 창 근
펴 낸 이 ┃ 하 운 근
펴 낸 곳 ┃ 學古房

주   소 ┃ 경기도 고양시 덕양구 통일로 140 삼송테크노밸리 A동 B224
전   화 ┃ (02)353-9908 편집부(02)356-9903
팩   스 ┃ (02)6959-8234
홈페이지 ┃ http://hakgobang.co.kr/
전자우편 ┃ hakgobang@naver.com, hakgobang@chol.com
등록번호 ┃ 제311-1994-000001호

ISBN 979-11-6586-395-1   93370

값 : 24,000원

■ 파본은 교환해 드립니다.